信号设备故障应急处置指导手册

《信号设备故障应急处置指导手册》编委会　编

中国铁道出版社有限公司

2025年·北　京

内 容 简 介

本书共分六章，内容涵盖了信号设备故障处理程序、处理思路以及现场常见设备的故障应急处置方法，对一些关键性、难点性问题通过图片和文字相结合的方式进行描述，以便使读者能够快速掌握故障应急处置方法，减少信号设备故障对正常行车秩序的干扰。

本书可供铁路信号系统有关人员和一线作业人员学习参考。

图书在版编目(CIP)数据

信号设备故障应急处置指导手册/《信号设备故障应急处置指导手册》编委会编. —北京:中国铁道出版社,2016.6(2025.2重印)

ISBN 978-7-113-21743-3

Ⅰ.①信… Ⅱ.①信… Ⅲ.①铁路信号-信号设备-故障修复-技术手册 Ⅳ.①U284.92-62

中国版本图书馆CIP数据核字(2016)第088842号

书　　名：信号设备故障应急处置指导手册
作　　者：《信号设备故障应急处置指导手册》编委会

责任编辑：朱敏洁　**编辑部电话：**(010) 51873147　**电子信箱：**zhuminjie1105@163.com
封面设计：崔丽芳
责任校对：孙　玫
责任印制：高春晓

出版发行：中国铁道出版社有限公司(100054，北京市西城区右安门西街8号)
网　　址：https://www.tdpress.com
印　　刷：北京铭成印刷有限公司
版　　次：2016年6月第1版　2025年2月第7次印刷
开　　本：787 mm×1 092 mm　1/16　**印张：**9.5　**字数：**228千
书　　号：ISBN 978-7-113-21743-3
定　　价：42.00元

编　委　会

前　言

随着铁路列车运行速度的不断提高，行车密度的逐渐加大，电气化、电子化设备更加高端，对从事铁路信号设备维修人员的素质，要求越来越高。为了进一步提高现场信号工故障应急处置能力，有效压缩故障延时，编者通过多年从事信号维修工作和教学工作经验，编写了《信号设备故障应急处置指导手册》，力求提高从事现场信号维修人员在非正常情况下的故障处置能力，理清分析故障的思路。

本书共分六章，内容涵盖了信号设备故障处理程序、处理思路以及现场常见设备的故障应急处置方法，对一些关键性、难点性问题通过图片和文字相结合的方式进行描述，力求使读者能够快速掌握故障应急处置方法，减少信号设备故障对正常行车秩序的干扰。

第一章简要介绍了故障处理的原则、程序、思路、方法以及故障处理过程中的风险提示。

第二章至第五章主要针对信号常用设备，轨道电路、道岔、信号机、电缆故障的处理，通过监测数据、测试数据图片示例，故障处理表格化，通过现象与图片示例对比，故障处理更加清晰化。

第六章主要针对电子设备，包括计算机联锁、电源屏的相关操作和应急处置进行编写。计算机联锁设备厂家及型号多种多样，控制台的显示及操作、应急处置方法等多种多样，特针对不同厂家、不同型号设备针对控制台操作、联锁设备的倒机、故障应急处置等进行分类编写。电源屏厂家不同，电源切换方法、故障应急处理存在差异，也分类进行了编写。

本书适用于信号系统有关人员和一线作业人员。

因编者水平有限，手册中难免有疏漏、错误之处，敬请读者批评、指正。

编　者

2016 年 4 月

目　录

第一章　故障处理概述 …… 1
第一节　信号设备故障处理基本原则 …… 1
第二节　故障处理思路及方法 …… 1
第三节　设备故障处理风险提示 …… 2
第四节　信号设备故障应急处理程序 …… 3
第二章　轨道电路故障处理 …… 4
第一节　ZPW-2000A 轨道电路故障处理 …… 4
第二节　25Hz 相敏轨道电路故障处理 …… 12
第三节　高压脉冲轨道电路故障处理 …… 20
第三章　道岔故障处理 …… 26
第一节　ZD6 道岔(六线制)故障处理 …… 26
第二节　S700K 道岔故障处理 …… 35
第四章　闭塞设备故障处理 …… 42
第一节　64D 半自动闭塞故障处理 …… 42
第二节　四线制方向电路故障处理 …… 49
第五章　信号机及电缆故障处理 …… 57
第一节　信号机故障处理 …… 57
第二节　电缆故障处理 …… 62
第六章　电子设备故障处理 …… 68
第一节　计算机联锁设备故障处理 …… 68
第二节　计算机联锁设备倒机操作 …… 75
第三节　电源屏设备故障处理 …… 95
第四节　电源屏设备操作 …… 96
附录 1　常用器材说明 …… 110
附录 2　信号设备故障调看测试项目 …… 114
附录 3　常用单元电路图 …… 125

第一章　故障处理概述

第一节　信号设备故障处理基本原则

1. 各级设备故障指挥和处理人员，要坚持“安全第一”原则，严格遵守安全规章制度，严禁违章指挥、违章处理设备故障，防止设备故障影响范围扩大。

2. 电务设备故障应急处理，应遵循“先抢通、后恢复，先正线、后侧线”的原则，积极按照设备故障处理应急预案组织设备抢通。

(1)变压器箱(盒)损坏时，箱盒内电缆、软线可采取不按标准配线方式临时抢通。

(2)站内或区间主干电缆故障应立即倒用备用芯线，既有电缆无备用芯线时，可采用明缆或软线临时导通措施处理，但必须设专人看守。

(3)道岔转辙设备损坏而抢险备料无法及时送达时，现场设备故障处理人员应立即向段调度和车站报告，按照“先正线、后侧线”原则，结合站场情况，可将联结到发线或使用率较低的道岔转辙设备暂时停用拆卸，优先恢复正线设备，备料到达后及时对被拆卸设备进行恢复。

(4)高柱信号机损坏(进站、进路、特殊信号机除外)就近无应急备用器材时，可使用矮柱信号机或拆卸停用其他利用率较低的矮型同类信号机临时替代。

(5)进站、进路、特殊高柱信号机损坏，可用五显示矮型信号机临时替代，或使用能够满足该类信号机联锁条件的其他措施临时抢通。

(6)发生轨道电路设备损坏，汇报段调度同意后可停用拆换其他影响面较小或者机车、车辆走行概率较低的区段器材先行处理。

3. 发生原因不明自动恢复的设备故障，必须对设备进行彻底的检查测试，排除异状并进行连续 48 h 实时监测。

4. 设备故障发生后，段调度和值班干部要充分利用指挥中心的微机监测、CTC/TDCS 等设备进行分析，实时盯控，指挥现场实施故障处理。

5. 故障恢复销记开通前，应对有关设备进行全面联锁试验和验证，确保联锁关系百分之百正确。

6. 区间设备故障需要立即赶赴现场处理故障时，可以申请轨道车或搭乘列车前往故障地点。

第二节　故障处理思路及方法

1. 作业分析法。作业后发生故障，重点检查和怀疑作业范围内的影响。

2. 设备替代法。对重点怀疑的器材使用好的器材替换来进行排除。

3. 优选法。即平分法，就是合理地选择测试点判断范围。如在分线盘进行测试可以判断故障点在室内或室外；在网络线的中间点测试可以将故障点查找范围缩小1/2。

4. 比较法。一是与发生故障设备运行正常时测试的电气特性数据进行比较，二是与同类型设备运行正常时测试的电气特性数据进行比较，通过对比数据来判断故障点。

5. 切除法。对于因短路或绝缘不良引发的设备故障，可用切除法分片、分段甩开设备，逐步进行查找。电源负载短路或输出异常时，可以将负载设备逐一接入电路，进行测试、判断。

6. 排除法。对可能造成故障的各种原因逐一排查，排除造成故障的一个或多个因素。

7. 观察法。对设备进行检查，找出异状处所。看设备是否有破损、移位、变色、缺失、烧结等明显的异常；手摸检查线头焊接是否牢固、端子是否松动、螺丝是否紧固；耳听设备是否有异常声响；鼻闻有无焦糊气味等。

第三节　设备故障处理风险提示

1. 人身安全事故风险。故障处理过程中违反劳动安全规章制度，存在摔伤、电击、雷击、坠落、车辆伤害等人身伤亡事故风险。

2. 升级为行车事故的风险。故障发生后没有办理登记停用手续；故障处理中违反电务"七严禁"、"三不动"、"三不离"等基本规章制度；故障修复后，对有关设备未进行全面、彻底的联锁试验和验证，具有设备故障升级为事故的风险。

3. 影响范围扩大的风险。故障处理中不能找到设备位置、不会测试、不会更换器材时，未如实汇报，盲目进行操作，造成电源短路、误动在用设备、烧毁器材等问题，使故障升级、影响范围扩大。

4. 故障延时增加的风险。因监测数据不准、仪表状态不良造成误判，因携带工具不齐、通信不畅影响处理进程，均有故障处理时间加长的风险。

5. 故障重复发生的风险。遇设备故障自动恢复，原因不清楚；设备故障排查不彻底，造成设备故障重复发生的风险。

6. 轨道电路故障处理中的风险。①断轨造成的红光带，没有确认工务接续夹板已经安装(含临时连接线)、轨道电路接收曲线平滑正常、红光带消失3个条件满足就盲目销记，存在故障重复发生或牵引电流烧损设备的风险；②在停用区间轨道电路时，没有同时停用防护该轨道电路的区间信号机，存在误导行车组织的风险；③判断为绝缘单边破损时，没有用短路线短路另一侧的绝缘，并断开XB箱内的熔断器，因牵引电流不畅，存在器材烧损的风险；④移频轨道电路倒用备用电缆芯线时，未使用规定的芯线绞组，存在残压超标或频率干扰的风险。

7. 道岔故障处理中的风险。①道岔尖轨密贴不良、各关键的固定安装装置螺栓松动，盲目恢复道岔正常使用，存在列车脱线的风险；②故障处理中随意扳动道岔，没有通知现场人员，存在夹伤作业人员的风险；③在使用万用表电阻挡判断道岔故障启动电路时，突然扳动道岔，存在烧坏仪表的风险。

8. 高柱信号机作业风险。登高作业没有戴安全帽、正确使用安全带以及雷雨天气登高作业，存在劳动安全的风险。

第四节　信号设备故障应急处理程序

1. 及时签到。值班信号工接到设备故障通知后应立即赶到信号楼(运转室)签到,确认故障发生、车站通知和到达的时间。

2. 询问观察。签到后对控制台显示情况(含报警信息、文字提示)、值班员办理情况、列车运行情况等进行看、听、问、试(值班员办理试验),掌握第一手资料。

3. 初步判断。根据掌握的情况,初步确认设备故障的原因。属于值班员办理有误时,应及时给予指导。

4. 登记停用。若确认设备故障,须在运统 46 上登记停止电务设备的正常使用,并明确影响范围(此时应注意提醒值班员使用变通进路、引导接车、改变接车股道等方法,尽量减少对行车的影响)。

5. 向上级汇报。确认设备故障后,应在 5 min 内汇报段调度和车间值班干部。汇报内容应包括故障发生时间、现象、影响列车、设备停用情况,以及工区故障处理人员及分工等信息。

6. 判断处理。设备故障处理人员要综合分析控制台各类设备故障提示信息、微机监测信息、联锁机和电源屏报警信息、室内外测试数据、当日作业内容等因素,判断设备故障范围,并按预案组织处理。

7. 试验销记。设备故障处理完毕,经试验良好后,及时在“行车设备检查登记簿”上销记,并向段和车间汇报。

第二章　轨道电路故障处理

第一节　ZPW-2000A 轨道电路故障处理

一、ZPW-2000A 故障处理流程图（图 2-1）

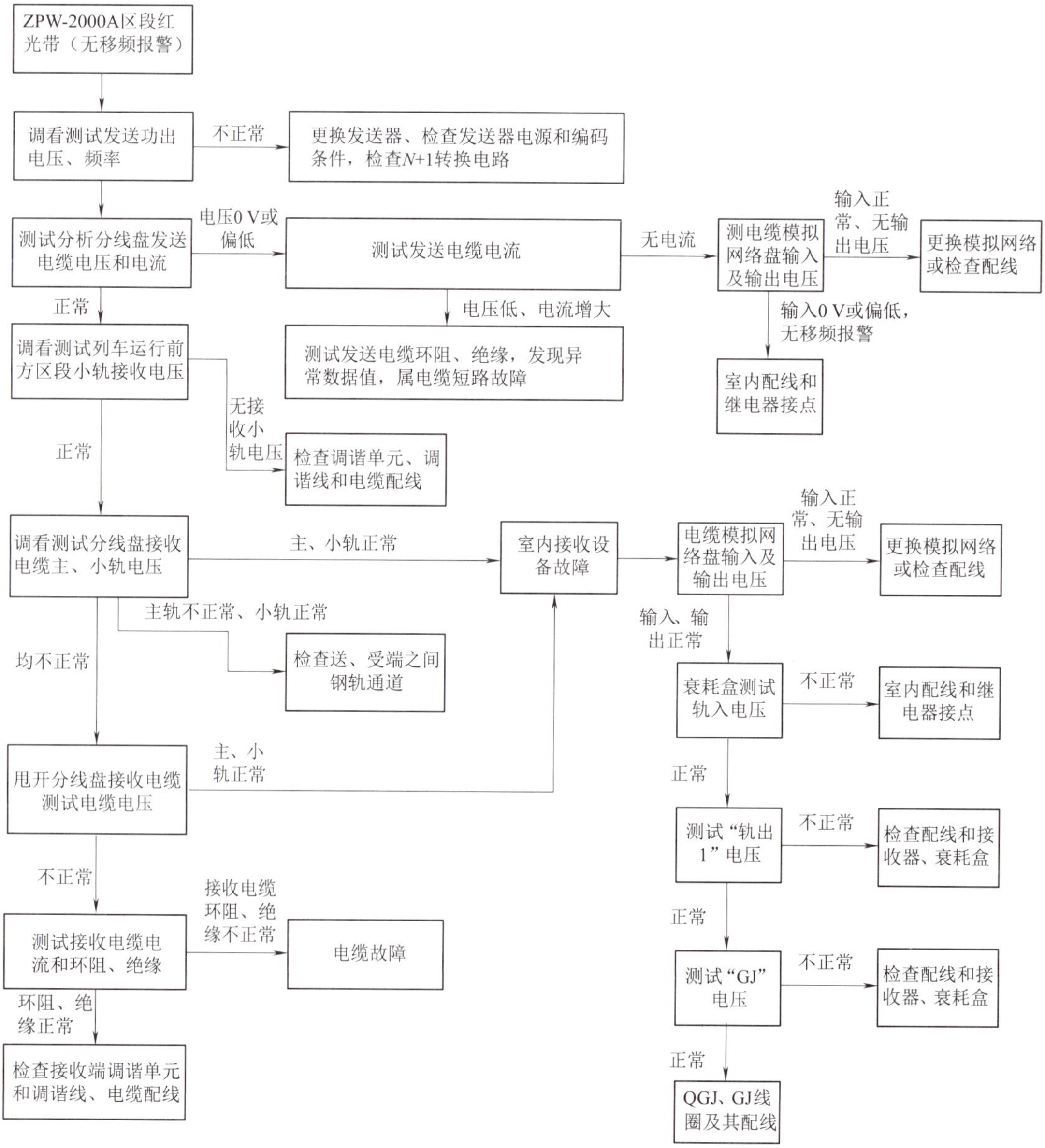

图 2-1　ZPW-2000A 故障处理流程图

二、ZPW-2000A 轨道电路故障处理程序及注意事项

（一）故障处理程序（表 2-1）

表 2-1　ZPW-2000A 轨道电路故障处理程序

故障现象	步骤	具体内容
区间红光带	故障询问	1. 发生故障时机（包括突然发生、车过后发生、中午还是半夜等）。 2. 天气情况，隧道是否返潮。 3. 电务和外单位作业情况。
	应急准备	1. 了解现场情况，准备交通工具（工区、车间、段）。 2. 工区、车间、段迅速集结人员，现场负责人根据人员现状进行分工，明确和上级单一联系方式，准备区间应急包，图纸、仪表（万用表、移频表、兆欧表等）、工具、联系电话、灯具、器材、材料，重点了解存放位置和备品备件是否齐备，随时向故障地点进行调集。 3. 甩掉电缆模拟网络盘上的防雷，观察故障有无消失。 4. 微机监测数据调看分析（本区段、相邻区段、信号机点灯状态和电流等），发送和接收电缆绝缘测试。
	微机监测调看、测试和初步判断	1. 有移频报警，观察衰耗器发送灯未亮灯，检查发送器电源 24 V、发送器后部配线检查，参与编码继电器状态和接点。无移频报警，观察衰耗器发送灯亮灯情况，根据微机监测电压分析大致故障点。 2. 判断室内发送设备故障，需分别测量衰耗器功放输出、电缆模拟网络盘输入及输出电压，确定故障具体位置（主要有发送器电源、发送通道的继电器接点、电缆模拟网络盘、编码接点、发送器后部配线），室外重点检查电缆是否混线。判断室内接收设备故障，需测量电缆模拟网络盘输入及输出、衰耗盘信号轨入、轨出电压及“GJ”、“XGJ”电压，QGJ、GJ 状态，从而进一步确定故障具体位置（主要有接收器、衰耗器、电缆模拟网络盘、衰耗器后部连接线）。 3. 判断故障在室外发送设备，室外分别测量匹配变压器电压、调谐单元电压以及轨面电压，从而进一步确定故障具体位置（主要有发送电缆、匹配变压器、调谐单元、等阻线）。判断故障在室外接收设备，室外主要测试接收轨面电压。接收轨面电压正常，说明补偿电容及通道良好，故障在接收端器材，分别测量调谐单元、匹配变压器电压进一步确定故障具体位置（主要有调谐单元、匹配变压器、防雷元件、空芯线圈、接收电缆）。如果接收轨面电压不正常，说明室外该区段轨道通道、轨距杆、外单位过轨连接线及补偿电容存在不良，需进一步测试确认。

（二）注意事项

1. 若有切割区段，必须分清 AG(G2)、BG(G1)，若运行前方 AG(G2)红光带，则两个分割 AG(G2)、BG(G1)区段同时红光带，若后方分区 BG(G1)出现红光带，则不影响前方 AG(G2)区段正常使用。

2. 使用微机监测和仪表测试时，需全面掌握故障区段的移频发送电压、载频、低频等信息，包括发送电压、载频、低频信息，轨入电压、主轨出电压、小轨接收电压等，防止误认非本区段频率电压，造成错误判断。

3. 发生区间轨道电路故障时，切勿盲目赶赴现场查找，可以通过调看故障区段和相邻区段“小轨道电压”，判断故障大概位置。如：分线盘发送电压正常并且本区段接收小轨道电压正常，说明故障在发送端和通道；如果分线盘发送电压正常并且本区段接受小轨道电压不正常，说明受端设备故障。

4. 发生站间分界处轨道电路故障时，要查看相关站联设备是否正常，还要联系相邻站工区，调看相邻站分界处区段的主轨和小轨电压以及查看站联设备是否正常。

5. 使用仪表检查测试时，注意表挡和频率，分清上下行设备和端子号，防止设备误动或

扩大影响范围。

6. 电缆故障时必须成对更换备用电缆，电缆使用应满足“同频的发送、接收线对不能同缆，同频线对不能同一四芯线组”的原则。倒换电缆后必须进行分路试验及残压测试，保证联锁关系正确。

7. 怀疑机械绝缘节不良时，可以使用“轨道绝缘在线测试仪”测试判断，也可以结合调看站内和区间轨道电路电压曲线综合判断。

（三）ZPW-2000A 故障处理常见问题（表 2-2）

表 2-2 ZPW-2000A 故障处理常见问题

故障现象	常见原因		发生概率	备注
区段红光带	室内	衰耗盘调整端子配线脱落	★★★	施工检修涉及衰耗盒调整端子的作业
		室内继电器接点不良	★★	无规律发生，可能自动恢复
		电缆模拟网络配线脱落	★	施工检修涉及模拟网络调整端子的作业
	室外	通道内的塞钉线脱落或接触不良	★★★★	列车通过后曲线波动或闪红
		检查杆塔地线火花间隙是否良好	★★★	列车通过接近曲线波动或闪红
		通道不良	★★★	曲线波动或闪红
		外界影响，轨面短路	★★☆	区段空闲时曲线波动或闪红
		调谐单元引接线破皮碰钢轨	★★☆	曲线波动或闪红
		调谐单元内电容、防雷元件击穿	★☆	曲线波动或闪红
		靠近送端的电容失效	★★	曲线波动
		调谐单元器材故障	★☆	红光带
		室外电缆不良	☆	曲线波动或闪红

三、ZPW-2000A 轨道电路故障处理方法（表 2-3）

表 2-3 ZPW-2000A 轨道电路故障处理方法

查找步骤	判断及查找方法	示例和图片
一、判定故障处所与微机监测调看	1. 同一闭塞分区发生多个分割区段红光带时，应先检查列车运行前方分割区段。如图：4325BG 向室外发送功出电压时，需检查运行前方 4325AG 区段空闲，通过在 4325BG 室内发送电路内串接 4325AG-GJ 第 4 组前接点来实现。当 4325AG 占用时，4325AG-GJ 落下，切断 4325BG 室外发送电压，造成 4325BG 分线盘发送电压是 0 V，依照此原理，当发生分割区段红光带时，需检查列车运行前方分割区段是否正常，相关继电器是否正常吸起。	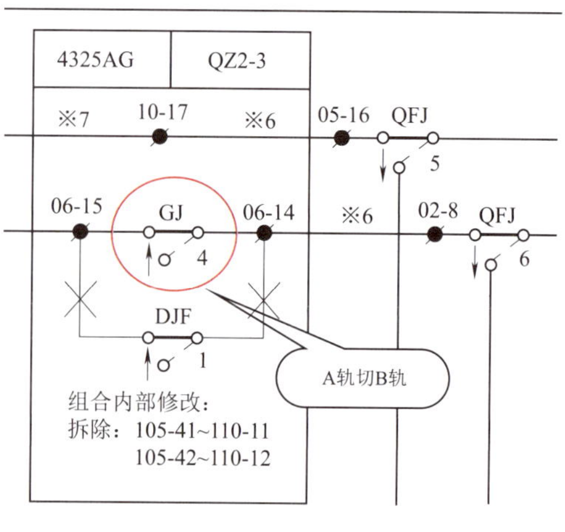

续上表

<table>
<tr><th>查找步骤</th><th>判断及查找方法</th><th>示例和图片</th></tr>
<tr><td rowspan="2">一、判定故障处所与微机监测调看</td><td>2. 两个闭塞分区红光带的判定。判断前方区段信号机红灯是否灭灯，若灭灯，先查找信号机红灯灭灯故障。此类故障涉及红灯转移原理，如图：当 2028 信号机灭灯且 2028G 占用红光带，为实现占用区段防护，需将列车运行后方 2042 信号机改点红灯。电路实现方法：在 2042G 室内发送电路中并接 2028G-GJ 和 T2028-DJF 前接点，当 2028G 占用（GJ 落下）且 T2028 信号机灭灯（DJF 落下），切断 2042G 室内发送电源，造成 2042G 红光带，因 2042G 红光带，所以防护该区段的信号机 T2042 改点红灯。</td><td>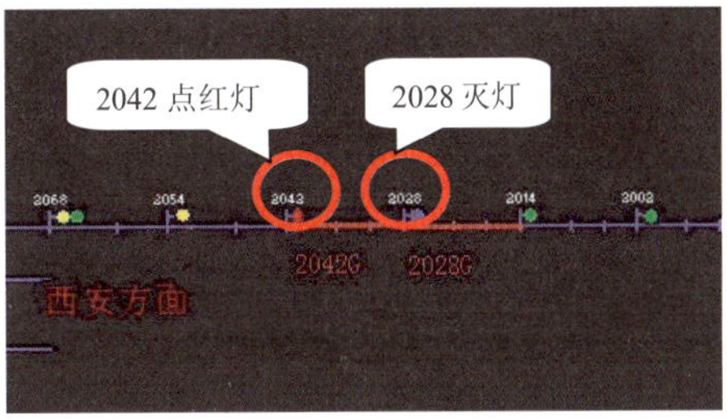

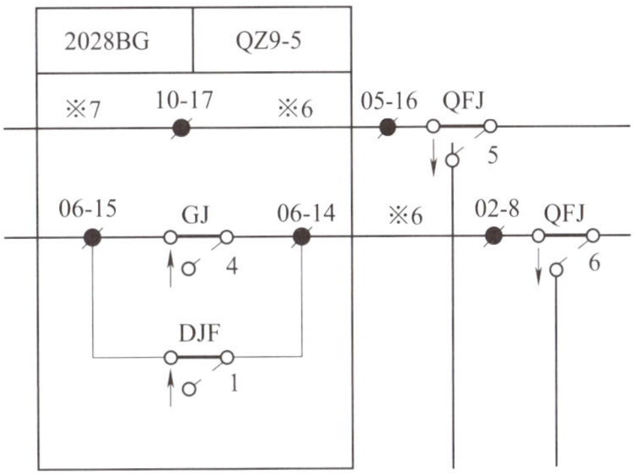
</td></tr>
<tr><td>3. 本站发车方向最外方区段红光带的判定。首先检查邻站站联条件是否送过来，检查 GJF（邻）、DJF（邻）是否同时落下，若同时落下，先查找站联条件故障。
如图所示：DJF（邻）、GJF（邻）继电器状态。</td><td>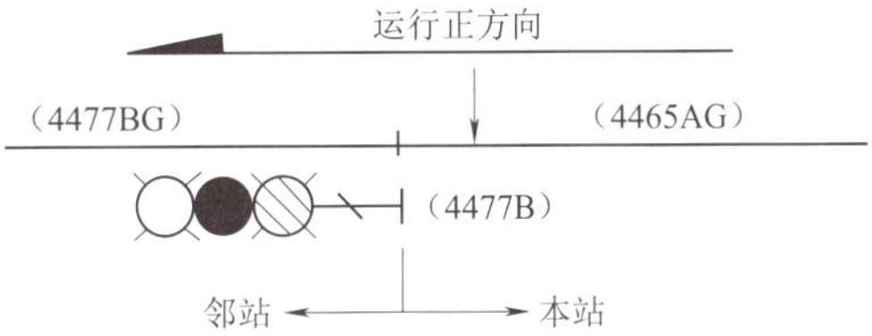

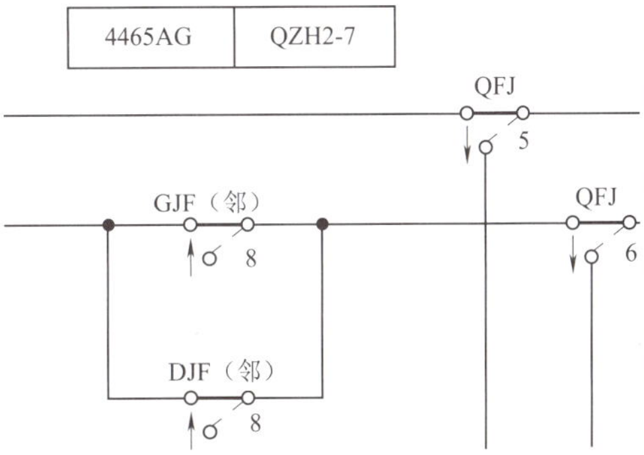
</td></tr>
<tr><td>二、判断发送端室内外故障</td><td>发送端室内外判断方法。通过微机监测，调看发送分线盘电压，若正常或偏高，故障在发送端分线盘至室外，需测试环阻，确认故障大致范围；若发送端电缆电压为 0 或偏低，使用钳形表测试发送电缆电流，若无电流是室内故障，若电流较平时增大，属室外短路故障，需测试环阻，确认故障性质。</td><td><table>
<tr><th>序号</th><th>设备名称</th><th>移频发送电压(伏)</th><th>移频送端分线盘电压(伏)</th><th>移频受端分线盘电压(伏)</th><th>移频主轨入电压(毫伏)</th></tr>
<tr><td>8</td><td>1550BG</td><td>136.0</td><td>0.0</td><td>0.81(占用)</td><td>7(占用)</td></tr>
<tr><td>9</td><td>1537AG</td><td>135.8</td><td>59.6</td><td>12.00(空闲)</td><td>1446(空闲)</td></tr>
<tr><td>10</td><td>S1LQAG</td><td>78.7</td><td>44.1</td><td>11.41(空闲)</td><td>1807(空闲)</td></tr>
<tr><td>11</td><td>1551CG</td><td>110.5</td><td>49.2</td><td>10.96(空闲)</td><td>1601(空闲)</td></tr>
</table></td></tr>
</table>

续上表

<table>
<tr><th>查找步骤</th><th>判断及查找方法</th><th>示例和图片</th></tr>
<tr><td rowspan="3">(一)室内发送端故障查找</td><td>1. 检查测试发送功出电压是否正常。若电压为0,检查测试"+1"发送功出电压,此时,若仅移频报警,轨道电路不亮红,则更换发送器即可。发送器和"+1"发送器的发送功出电压均为"0"V,检查发送器工作电源良好,故障点在低频编码条件电路或选择载频电路。</td><td>
<table>
<tr><th>序号</th><th>设备名称</th><th>移频发送电压(伏)</th><th>移频送端分线盘电压(伏)</th><th>移频受端分线盘电压(伏)</th><th>移频主轨入电压(毫伏)</th></tr>
<tr><td>8</td><td>1550BG</td><td>0.6</td><td>57.1</td><td>10.45(空闲)</td><td>1288(空闲)</td></tr>
<tr><td>28</td><td>+1FS(X)</td><td>78.0</td><td>未知</td><td>未知</td><td>0</td></tr>
<tr><td>29</td><td>+1FS(S)</td><td>109.8</td><td>未知</td><td>未知</td><td>1(占用)</td></tr>
</table>
</td></tr>
<tr><td>2. 测试电缆模拟网络"设备"电压是否正常。若无电压,故障点在发送器的发送输出s1、s2端子至发送模拟网络端子1、2间的配线及继电器接点条件上。若正常,测试"电缆"电压。</td><td>
</td></tr>
<tr><td>3. 测试电缆模拟网络"电缆"电压是否正常。若无电压或降低,拆下发送电缆,测试模拟网络"电缆"电压和电缆环阻,判断电缆模拟网络、电缆或送端设备故障点;若电压变化不大,则进一步测试分线盘电流,区分室内外故障,可用移频表电流挡在区间分线柜测试发送电缆电流(工区应掌握设备正常时回路电流值),若测得电流较大,说明分线盘至室外匹配变压E1、E2有短路点,若无电流将电缆甩开,测试分线盘送端电压,若接近电缆电压,则说明电缆开路。</td><td>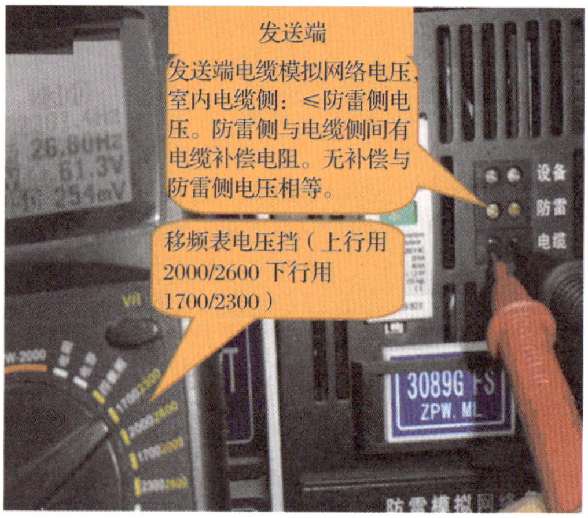
</td></tr>
<tr><td>(二)发送端室外故障查找</td><td>1. 室外送端故障的判断。微机监测调看运行前方区段的小轨电压是否正常,若正常,则判定送端从室内到室外轨面正常,故障在送端至受端轨道通道间。若不正常,则故障在室内到室外送端轨面间。如右图红箭头示例,2088G接收端无主轨信号亮红。但测试2076G接收端有2088G送端发送过来的小轨信号,则2088G发送端至轨面正常。无小轨信号则2088G发送端信号未送达轨面。</td><td>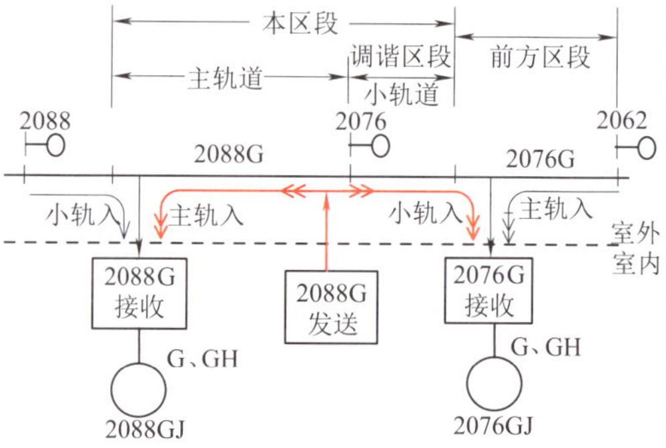
</td></tr>
</table>

续上表

查找步骤	判断及查找方法	示例和图片
(二)发送端室外故障查找	2. 室内至室外送端轨面间故障的查找。①室外测试发送端 E1、E2 电压判断送端电缆是否正常。若电压正常或高于正常值，则送端电缆良好，若无电压或电压降低，甩开 E1、E2 电缆芯线，测试电缆电压，若仍然无电压或电压很低，则发送电缆故障，和室内配合通过测试环阻、线间绝缘、对地绝缘对电缆故障点进行判断确认，应急处理时，先倒用贯通芯线恢复设备，再查找电缆故障点。	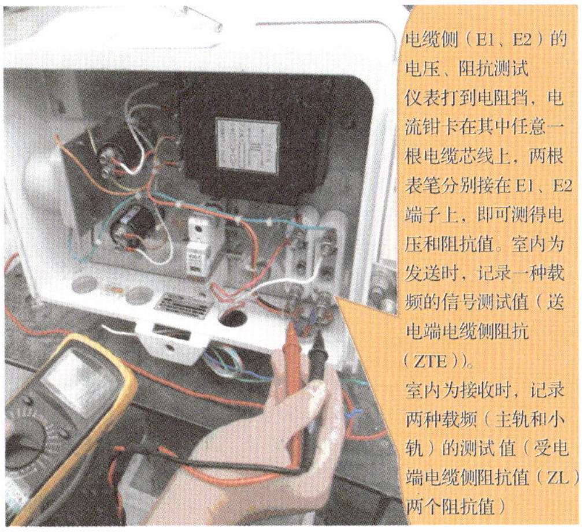
	②送端 E1、E2 至轨面间故障查找。测试送端 V1、V2 电压、调谐单元电压、轨面电压判断查找 E1、E2 至轨面间器材和各部连接端子是否正常。器材包括：匹配变压器、调谐单元、调谐线等。	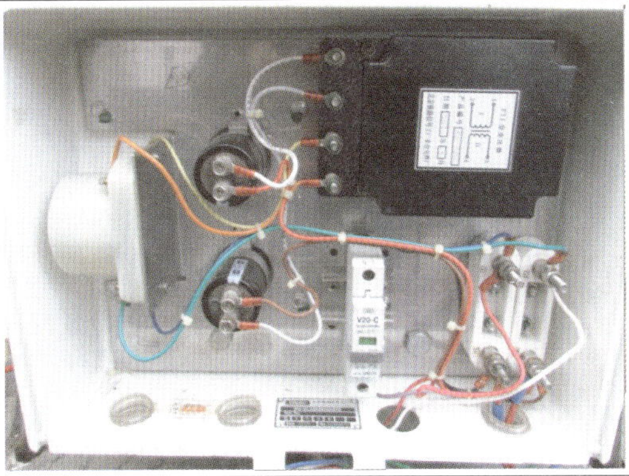
	3. 主轨通道故障查找。从送端至受端进行查找。要首先通过测试调谐线电流和轨面电压的方法，判断是开路故障还是短路故障。若电压下降，电流增大，则为短路故障，可使用“轨道电路故障诊断仪”顺着钢轨通道进行判断查找，当电流变化大的地点，即为短路点。若电压升高，电流变小或无电流，则为开路故障，用电压法判断，当电压变化大的地点，即为开路点。	 
三、判断接收端室内外故障	接收端室内外判断方法。调看微机监测，接收分线盘电压是否正常，若电压正常或升高，判定室外设备正常，故障在室内。若电压降低(如右图)，应甩开电缆，判断室内是否有短路故障，若无短路，则故障在接收端分线盘至室外。	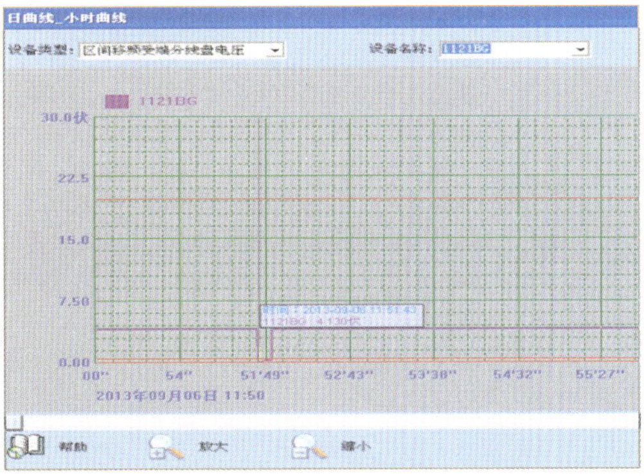

续上表

查找步骤	判断及查找方法	示例和图片
	1. 接收端室外故障的判断。当测试无主轨电压亮红时，要通过微机监测同时调看本区段接收的小轨电压是否正常，若正常，判定受端从室外轨面到室内接收电路正常，故障在室内送端至受端轨面间。若不正常，则故障在室外受端轨面到接收分线盘间。如右图示例，2076G无主轨信号亮红时，如果2076G接收端的2088G小轨信号正常，则轨面至2076G室内接收端正常，如果两种信号都没有，故障在室外受端轨面到接收分线盘间。	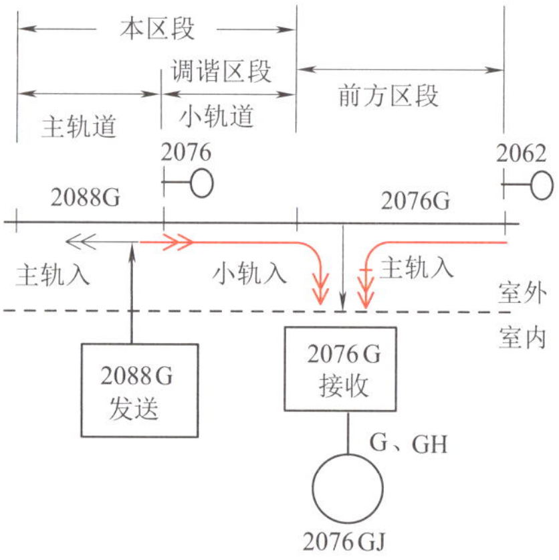
（一）室外接收端故障查找	2. 室外受端轨面到接收分线盘间故障查找。①测试接收端E1、E2电压判断E1、E2至轨面间是否良好。若电压正常或高于正常值，则E1、E2至轨面间良好，故障在E1、E2至室内间；若无电压或电压降低，甩开E1、E2电缆芯线，测试E1、E2电压，若仍然无电压或电压很低，则E1、E2至轨面间故障，通过测试轨面电压、调谐单元电压、V1、V2电压判断查找轨面至E1、E2间器材和各部连接端子是否正常。器材包括：匹配变压器、调谐单元、调谐线等。	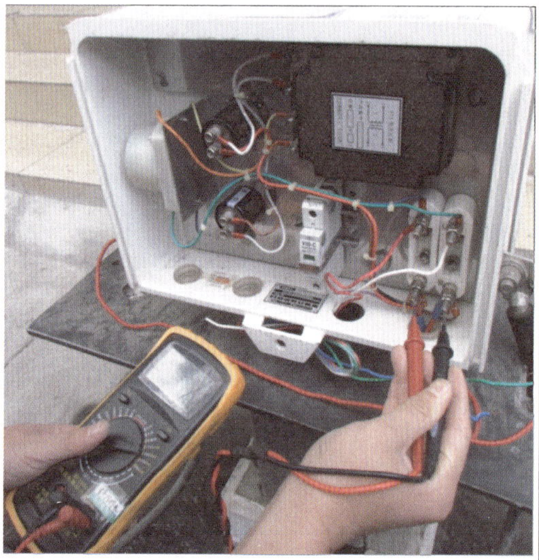
	②接收端E1、E2至室内间故障查找。室内测试接收端分线盘电压判断接收端电缆是否正常。若电压正常或高于正常值，则接收端电缆良好，若无电压或电压降低，甩开分线盘接收端电缆芯线，测试电缆电压，若仍然无电压或电压很低，则接收电缆故障，通过测试环阻、线间绝缘、对地绝缘对电缆故障点进行判断确认（测试受端电缆环阻时需拔掉送、受端电缆防雷模拟网络盘）。确认电缆故障时，先倒用贯通芯线恢复设备，再查找电缆故障点。	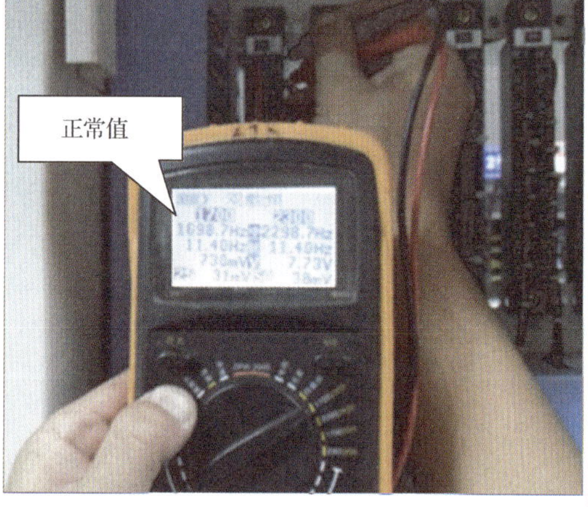

续上表

<table>
<tr><th>查找步骤</th><th>判断及查找方法</th><th>示例和图片</th></tr>
<tr><td rowspan="4">(二)室内接收故障查找</td><td>1. 测试接收电缆模拟网络“电缆”电压是否正常。若电压不正常，则故障在接收分线盘至电缆模拟网络“电缆”间。若电压正常或升高，测试电缆模拟网络“设备”电压。</td><td>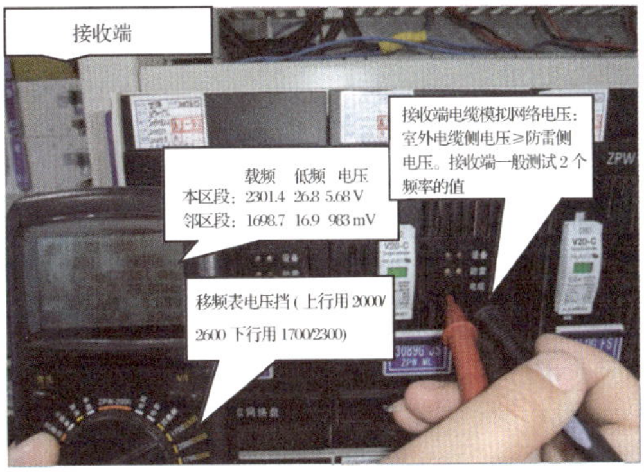
</td></tr>
<tr><td>2. 测试接收电缆模拟网络“设备”电压是否正常。若电压变低，则插座后面连线开路或电缆模拟网络故障，应检查连线，若开路，重新焊接；连线良好，则更换电缆模拟网络即可。若电压正常或升高，测试衰耗盘“轨入”电压。</td><td>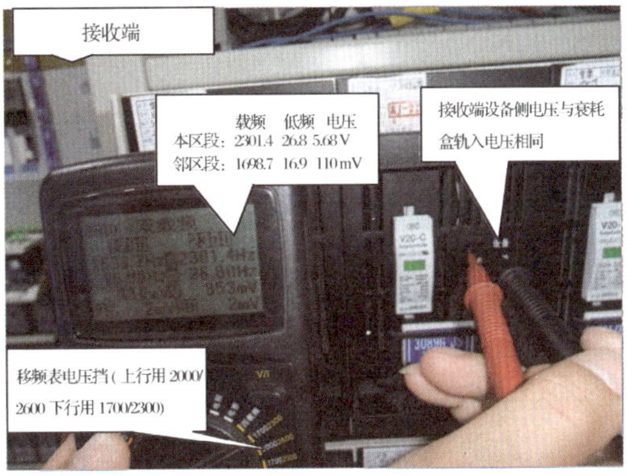
</td></tr>
<tr><td>3. 测试衰耗盘“轨入”电压是否正常。若不正常，故障在衰耗盘的轨道输入 c1、c2 端子至接收模拟网络端子 1、2 间的配线及继电器接点条件上。若正常，测试“轨出 1”电压。</td><td>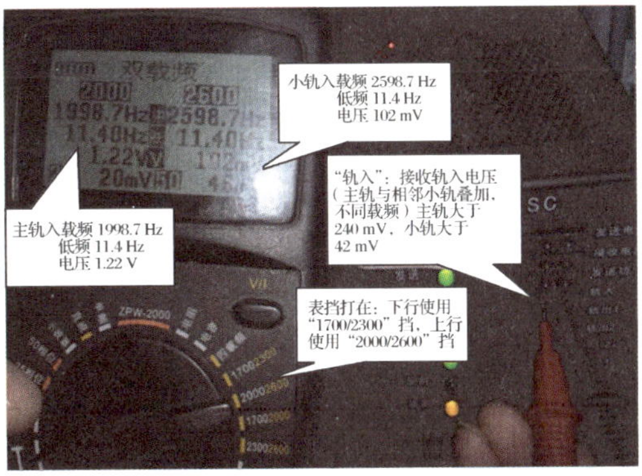
</td></tr>
<tr><td>4. 测试“轨出 1”电压是否正常。若不正常，则检查衰耗盘主轨调整电平连线，若连线不正常，对连线进行处理，若连线正常，则衰耗盘故障，更换衰耗盘。若“轨出 1”电压正常，测试“GJ”电压。</td><td><table>
<tr><th>序号</th><th>设备名称</th><th>移频发送电压(伏)</th><th>移频送端分线盘电压(伏)</th><th>移频受端分线盘电压(伏)</th><th>移频主轨入电压(毫伏)</th><th>移频小轨入电压(毫伏)</th><th>移频主轨出电压(毫伏)</th></tr>
<tr><td>3</td><td>3129G</td><td>134.5</td><td>75.9</td><td>8.70(占用)</td><td>1225(占用)</td><td>90.2</td><td>187.7(占用)</td></tr>
<tr><td>4</td><td>3141G</td><td>134.4</td><td>76.3</td><td>0.04(占用)</td><td>6(占用)</td><td>148.2</td><td>6.1(占用)</td></tr>
<tr><td>5</td><td>3155BG</td><td>134.6</td><td>100.6</td><td>0.04(占用)</td><td>3(占用)</td><td>5.4</td><td>1.0(占用)</td></tr>
<tr><td>6</td><td>3155AG</td><td>133.7</td><td>96.3</td><td>5.76(空闲)</td><td>943(空闲)</td><td>158.3</td><td>653.2(空闲)</td></tr>
</table></td></tr>
</table>

续上表

查找步骤	判断及查找方法	示例和图片
(二)室内接收故障查找	5. 测试“GJ”电压是否正常。若正常或升高，而区间轨道继电器QGJ落下，测量QGJ线圈1、4上是否有大于20 V的直流电压，若有，QGJ故障，更换继电器即可，若线圈没有电压，检查衰耗盘端子a30、c30至QGJ线圈1、4间的配线是否断线。如果“GJ”和QGJ线圈1、4上电压都很低或没有电压，检查配线良好时，更换接收器和QGJ。	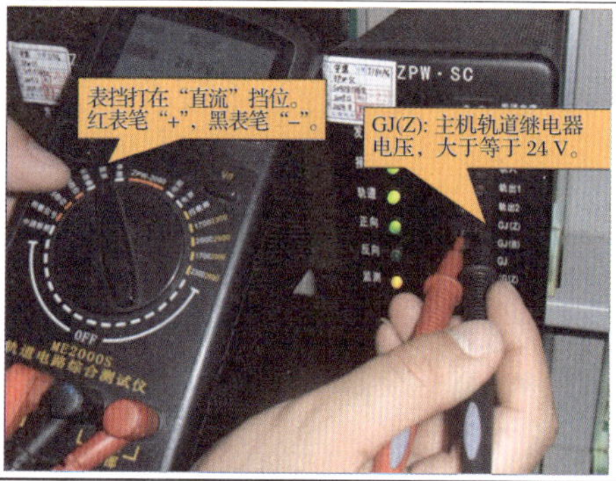
	6. 若QGJ吸起，控制台仍出现红光带，则需检查GJ是否吸起，如果没有吸起，测试1、2线圈电压，有正常电压，则更换GJ继电器，没有则检查相关配线。	

第二节　25Hz 相敏轨道电路故障处理

一、25Hz 相敏轨道电路故障处理流程图(电子接收器)(图 2-2)

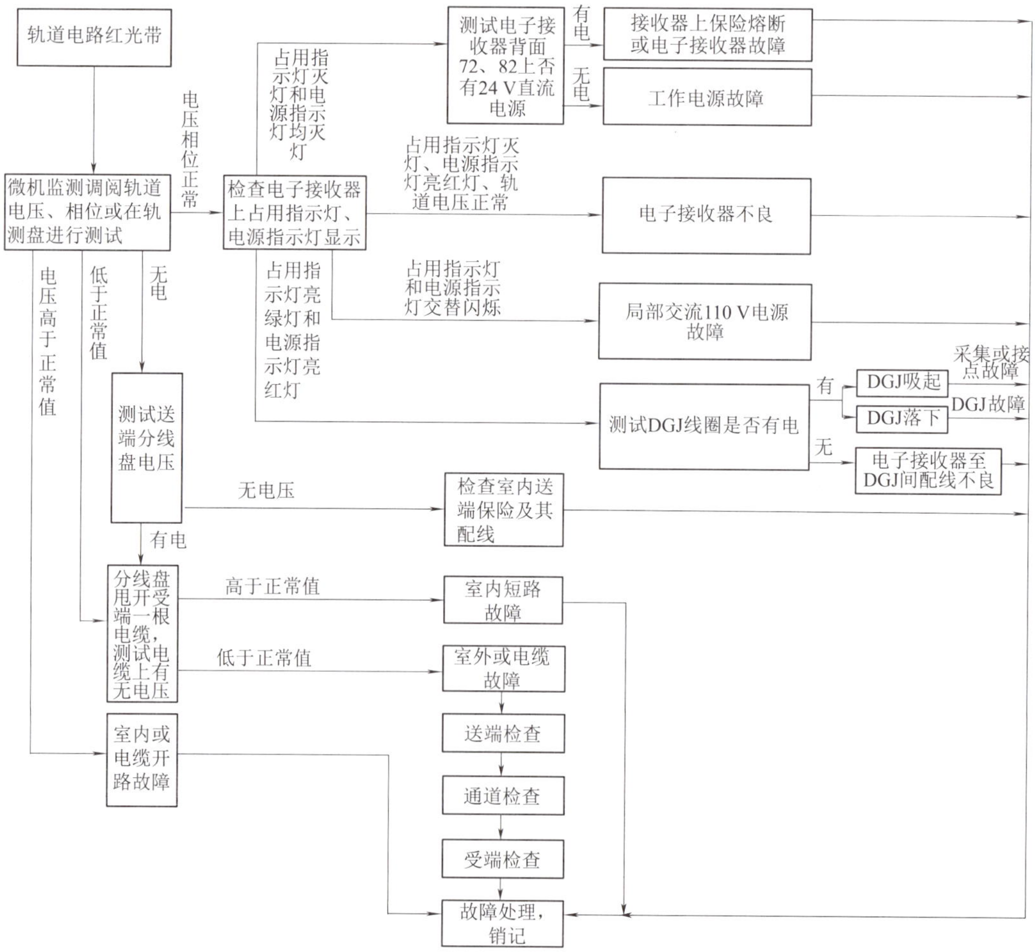

图 2-2　25Hz 相敏轨道电路故障处理流程图

二、25Hz 轨道电路故障处理程序及注意事项

(一)故障处理程序(表 2-4)

表 2-4 25Hz 轨道电路故障处理程序

故障现象	步骤	具体内容
区段红光带	故障询问	1. 发生故障时机,列车运行情况,控制台现象、有无报警、天气情况。 2. 外单位作业(施工)情况(可查阅运统 46,了解外单位作业)。
	应急处理	1. 签到,了解现场情况,建议值班员变更进路。向上级汇报室外处理人员、驻站防护员和机械室处理人员姓名,联系方式。 2. 工区、车间、段迅速集结人员。现场负责人根据人员现状进行分工,明确和上级单一联系方式,准备图纸、仪表(万用表、移频表、兆欧表等、轨道绝缘在线测试仪)、工具、电台、灯具、材料,重点了解备品备件是否齐备及存放位置,随时向故障地点进行调配。 3. 微机监测回放、数据调看分析,发送和接收电缆绝缘测试。
	通过微机监测调看和测试初步判断故障范围	1. 通过微机监测,分析故障区段和相邻区段电压、相位曲线。 2. 观察电子接收器上工作表示灯和占用表示灯的显示(工作表示灯:正常状态下点亮红灯,无电工作电源或熔断器熔断时灭灯;占用表示灯:区段空闲时绿灯,占用时灭灯;无交流 110 V局部电源时两灯交替闪烁)。 3. 观察继电器状态(GJ 或 GJF)。 4. 拔掉分线盘防雷元件或防雷补偿器,测试接收端电压。 5. 接收端无电压,测试分线盘发送端电压是否正常。接收电缆至电子接收器 73、83(或二元二位轨道线圈)完全短路时接收端也无电压。 6. 接收端电压偏低,可甩掉分线盘接收端一根电缆,测试接收端电缆上电压。当电压高于正常值时,可判断为室内故障,如硒堆击穿;电压偏低则为室外故障。 7. 两相邻区段同时红光带,重点检查分界钢轨绝缘(25Hz 轨道电路与高压脉冲、ZPW-2000A轨道电路相邻时,不进行极性交叉检查)。 8. 测试送端抗流线电流:偏低,通道开路(塞钉线断股、塞钉孔接触不良、抗流线不良等);电流大于正常值,通道短路(轨距杆、道岔安装装置不良,外单位过轨金属物短路);无电流时需结合 XB 内部器材电压和 BE 电压综合分析。 9. 测试受端抗流线电流:电流偏高,BE 轨道侧短路;电流偏低,通道有短路;电流正常需结合 XB 内部器材电压和 BE 电压综合分析。 10. 通道检查:除外观检查外,可使用“轨道电路故障数字智能诊断仪”进行短路判断;也可用电压法、电流法进行判断(电压、电流明显变化点为故障点)。 11. 经测试怀疑电缆不良时,先断开综合防雷测试电缆绝缘,若电缆绝缘不良及时倒用贯通备用芯线或使用备用线临时倒接。

(二)注意事项

1. 处理轨道电路故障,应利用微机监测站场回放、电压日曲线功能,调阅故障区段相邻区段状态,回放故障前后时段的电压曲线,进行比对。

2. 一送多受区段发生故障时,应对各接收分支电压进行调阅分析,初步判断为发送端故障、某接收分支故障、开路或短路故障。

3. 注意轨道电路区段的供电方式,不发码区段多为分咽喉集中供电,发码区段为单独供电。

4. 故障处理中应将微机监测数据与实测数据进行比对,考虑采集错误或采集点位置不同的因素。

5. 处理轨道电路故障时建议使用具有选频功能的仪表。如无选频表,应考虑电码化和牵引电流对轨道电路的干扰,容易出现测试数据不准确。

6. 处理轨道电路故障应合理运用电流法和电压法,并将两种方法测试的数据综合进行分析。

7. 工区可建立轨道电路各回路电流参考表，便于故障时进行比对。

8. 当发生多个区段红光带时，应重点考虑电源屏、电缆故障的可能。

9. 若电源屏故障，及时联系电源工区进行指导处理。应注意电源屏上的声光报警。可采用断开各输出空开分步甩开负载的方法来判断故障。

10. 分线盘甩线判断完毕后应及时恢复分线盘电缆；日常应加强备用器材检查，确保型号、状态良好；更换备用器材时，需核对型号与在用的一致。

（三）25Hz 轨道电路故障常见原因（表 2-5）

表 2-5　25Hz 轨道电路故障常见原因

故障现象	常见原因		发生概率	备注
轨道电路红光带	室内	防雷补偿器、防雷元件、防护盒不良	★★★	断轨、换轨、打雷
		继电器	★	更换继电器作业后
		电子接收器不良	★	更换电子接收器作业后
		配线不良	☆	组合架作业后
	室外	轨缝有铁屑粘连、金属物短路	★★★★★	侧磨严重区段、下坡道、列车过后
		外单位作业影响	★★★★	外单位作业时
		绝缘节绝缘破损、扣件碰夹板	★★★	夏季、枕木空掉、窜轨部位、施工完毕
		胶接绝缘不良、轨距杆不良	★★★	上道时间过长
		限流电阻、隔离盒、轨道变压器不良	★	
		角钢绝缘不良、护轮轨短路通道	★	新上设备、作业完毕
		杆塔地线火花间隙不良	★	列车接近时、通过后
		室外电缆、抗流盒故障	★	外单位作业、换轨后

三、25Hz 轨道电路故障处理方法（表 2-6）

表 2-6　25Hz 轨道电路故障处理方法

查找步骤	判断及查找方法	示例和图片
一、区分故障处所判断故障性质	1. 处理轨道电路故障时，应首先利用微机监测对故障区段数量、故障区段分支、故障时以及故障前后电压曲线、列车运行情况等进行回放分析。初步判断故障发生原因和位置。注意观察电子接收器上各表示灯和继电器的状态。 2. 通过测试分线盘接收电压进行室内外故障判断。 ①当测试故障区段接收电压比正常值高（如：故障时 21 V，正常时 18 V），则多为室内开路故障（室内设备全部被甩开）。 ②若接收电压比正常值低或为“0”V，需应进一步在分线盘甩开接收电缆，在电缆上测试判断。（分线盘甩开接收端电缆时，要确认清楚端子） a. 在分线盘甩开接收端电缆，测试电缆电压，比正常值略高时，则判断室外正常，故障点在室内。（测试时正确选择万用表挡位，确保测试数据准确） b. 在分线盘甩开接收端电缆，测试电缆上电压值仍为“0”或较低，则需进一步在分线盘测试发送电源是否正常、接收端电缆环阻测试是否正常，若发送电源正常则判断故障点在室外。	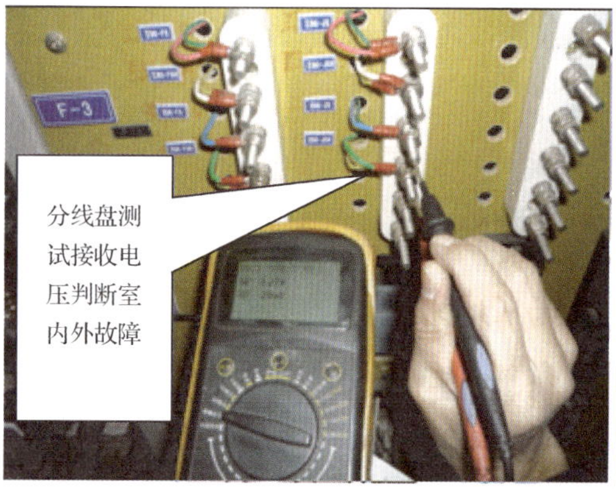

续上表

查找步骤	判断及查找方法	示例和图片
一、区分故障处所判断故障性质	3. 电缆故障判断方法：用电流表测试发送、接收端电缆回路电流值来判断，如果电流值较大，则判断该回路有短路，电流值为零，则判断该回路存在开路。（日常需要掌握轨道电路正常工作时回路的电流值，以便在故障判断时作参考对比）	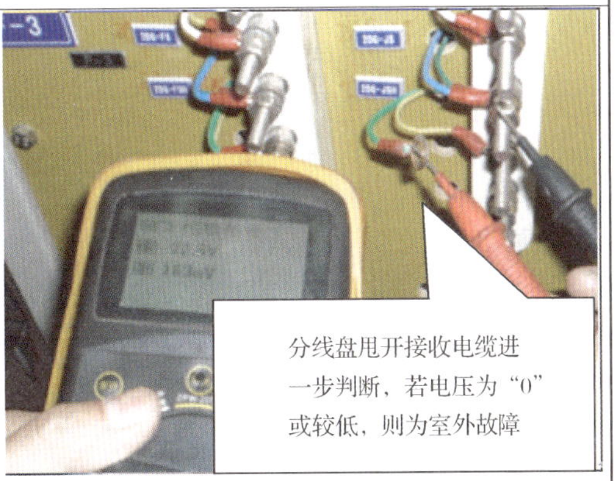 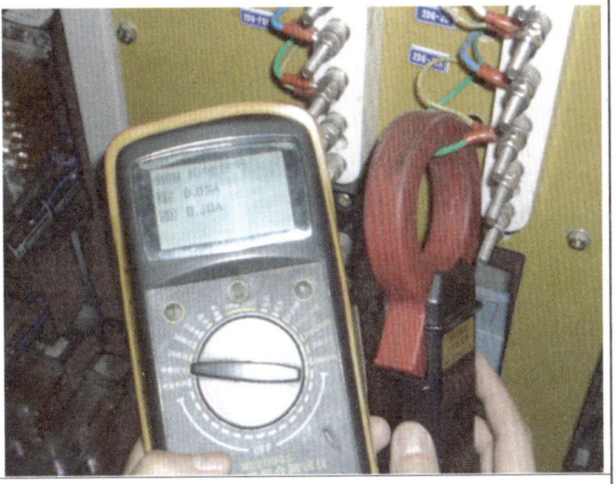
二、室内故障查找	1. 发送端故障判断。 ①非发码区段（集中供电）发送电源可从分线盘至电源屏按图逐段、逐端子测试判断，用电压法即可完成。 ②发码区段则为每区段单独供电，可从分线盘至室内隔离盒、BMT、熔断器、电源屏按图逐段、逐端子测试判断，用电压法即可完成。 2. 接收端故障判断。当接收电压正常、在分线盘甩线前或在分线盘甩线后测得电压比正常值高时，均为室内接收故障（处理室内接收电路故障时，应先恢复分线盘接收电缆）。 a. 接收电压正常时处理方法：测试接收端电压正常时，同时测试相位是否正常，电压正常相位不正常多为防护盒故障（内部 LC 电路完整，仅电子元器件参数变化）可直接更换。测试接收电压、相位均正常，需检查电子接收器是否正常、GJF 是否吸起。如果电子接收器、GJF 均正常，多为联锁机采集电路故障。电子接收器重点检查占用表示灯是否灭灯（占用时灭灯，空闲亮绿灯），电子接收器上电源指示灯是否点亮红灯（有工作电源、熔断器完整），32、42 是否有 24 V 直流输出电源，51、61 端子是否有交流 110 V 局部电源（无局部电源时，两灯交替闪烁），72、82 是否有 24 V 直流工作电源，73、83 是否有20 V左右轨道电压。GJF 重点检查线圈（1、4）上是否有 24 V 直流电源。	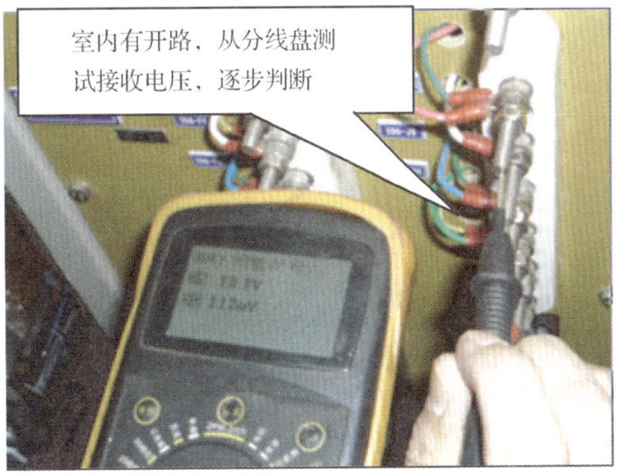 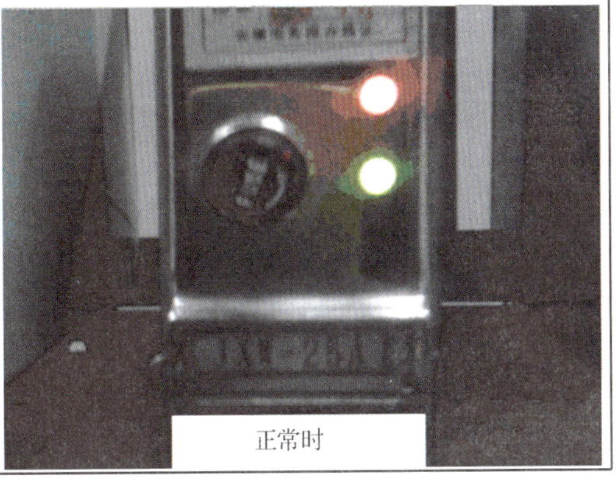

续上表

查找步骤	判断及查找方法	示例和图片
二、室内故障查找	b. 分线盘甩线前电压比正常值高时处理办法：分线盘甩线前轨道电压比正常值高时，多为室内开路故障。如从分线盘至组合架配线开路时，则微机监测显示轨道电压为 0 V（因为微机监测轨道电压采集点在分线盘以后的组合架侧面端子上），而分线盘实测电压应比正常时略高。此种故障可用电压法从分线盘开始至电子接收器 73、83 按图逐端子进行测试判断，电压从有变无即为开路点。应重点检查分线盘万科端子状态（配线与端子接触不良、万科端子内部不良）、检查各端子焊接状态（是否存在虚焊、脱焊、断线等情况）。 c. 故障时电压偏低或为 0，分线盘甩线后电缆上测得电压比正常值高时处理办法： 第一种情况，当故障时轨道电压偏低，多为防雷元件故障、防护盒故障（内部 LC 电路开路或短路）、防雷补偿器故障（硒堆击穿半短路）、电子接收器内部故障等器材不良造成，或为防护盒并联支路开路造成（故障时分线盘接收端电压略等于正常值的一半）。处理器材故障时，如防雷元件、防雷补偿器可直接甩开，防护盒、电子接收器建议直接更换，然后观察微机监测电压变化情况（微机监测不能真实反应轨道电压变化时，需在分线盘进行测试）。甩开或更换器材时应尽量逐个进行，有利于故障原因的分析查找。 第二种情况，当故障时分线盘轨道电压为 0 V 时，多为室内电路完全短路造成。在更换器材后仍无法恢复时，应重点怀疑室内架间配线、各器材并联支路配线间有短路。此种故障建议采用断线法（电压法）进行判断。断线法：如始终以分线盘为测试点，从分线盘开始至电子接收器，依次逐端子甩开配线，当甩开某端子后分线盘电压上升时，说明该端子后方（电子接收器方向）存在短路现象，应继续依次甩线，当甩开某端子后分线盘电压无变化时，说明该端子至前一端子（分线盘方向）间存在短路现象。 3. 不良配线检查方法：若判断为某段配线断线或混线，只能采用按图捋线的方法对配线进行检查。	 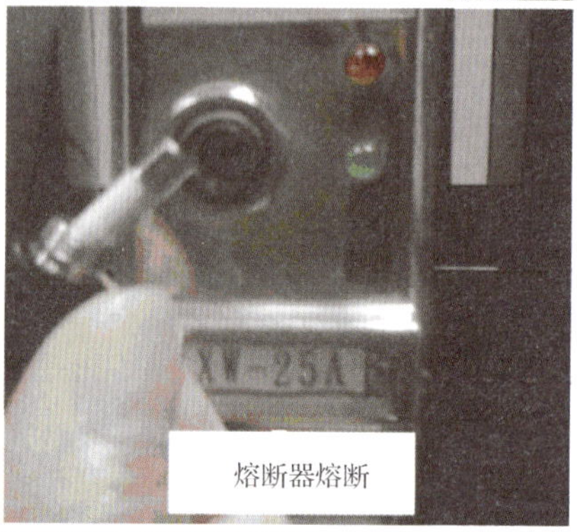   

续上表

查找步骤	判断及查找方法	示例和图片
三、室外故障性质判断	1. 电流法：可从送端开始用电流钳依次测试各单元回路是否有电流，如果电流大于正常值，说明该回路有短路；如果电流为 0，说明该回路有开路。测电流时注意使用具有选频功能的万用表；建议工区建立各单元回路电流参考表，便于故障分析。如轨道变压器Ⅰ次回路、Ⅱ次回路，抗流变压器轨道圈回路。隔离变压器两侧电流基本一样；发送端电流略高于接收端； 2. 电压法：首先测试送端限流电阻电压，和正常值进行比较。 ①如果比正常值高，说明电源已送至送端 XB 箱室外，初步判断为电阻之后有短路故障。 ②如果和轨道变压器Ⅱ次侧电压值很接近，而 XB 箱至抗流变压器端子无电压时，进一步测试轨道变压器Ⅱ次侧回路电流值，如电流为零，判断为该限流电阻器内部开路，如测试电流值较大，则判断为该回路有短路。 ③如果和正常值接近，应按图逐步测试抗流变压器信号圈、轨道圈、轨面电压等进行判断。	 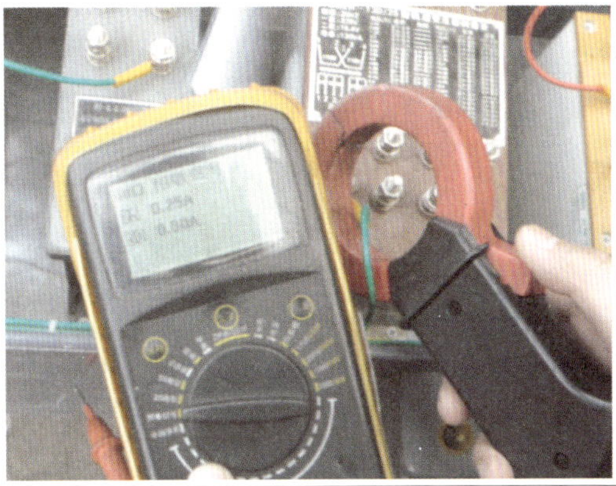
四、室外开路故障查找	1. 在送端 XB 箱盒内 1A 熔断器上测量电压是否送到发送电缆端子上，若无电压，则分线盘至送端 XB 箱间电缆开路，倒用备用贯通电缆即可。 2. 送端 XB 箱电缆端子上电压正常时，测量送端的变压器Ⅰ次侧电压，变压器Ⅰ次侧上无电压，说明送端电缆端子至变压器Ⅰ次侧之间开路，重点检查发送端 1A 熔断器、室外隔离变压器及箱盒软配线线环状态。 3. 送端变压器Ⅰ次侧电压正常，测量送端轨道变压器Ⅱ次侧电压，若无电压，应检查轨道变压器状态及各部端子紧固情况，必要时更换。 4. 测试发送端轨道变压器Ⅱ次侧若有电，而抗流变压器信号圈端子若无电，则轨道变压器Ⅱ次侧至抗流变压器端子之间有断点。重点检查限流电阻、10A 熔断器、隔离变压器以及箱盒配线。 5. 测试发送端轨道变压器Ⅱ次侧、抗流变压器信号圈端子电压正常，进一步测试抗流变压器轨道圈电压、送端轨面电压，沿通道往接收端依次进行查找。	 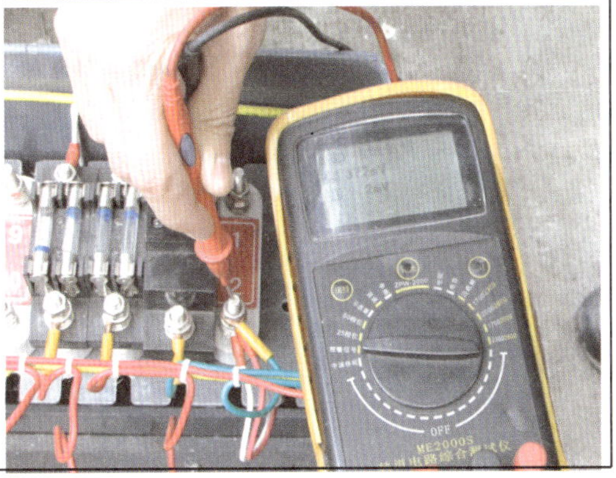

续上表

查找步骤	判断及查找方法	示例和图片
四、室外开路故障查找	6. 通道检查，用万用表电压挡从送端沿通道往受端方向测试轨面电压，当发现轨面电压由有变为无的地点，即为通道开路点；对于钢轨接头可以使用“轨道绝缘在线测试仪”电压挡测试接头电压在 0.01 V 以下或用电阻挡测量接头电阻在 50 Ω 左右，说明接头良好（测试轨面电压时首先保证轨面无锈蚀，表笔接触良好）。 7. 对受电端的测试应从通道至箱盒再到室内方向的顺序进行，判断方法同送端。	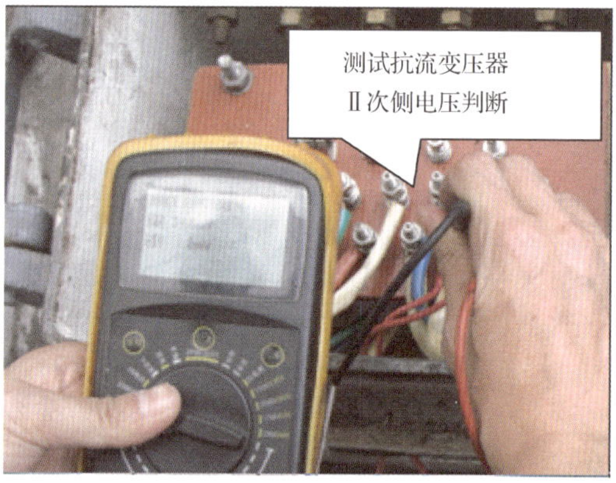 
五、室外短路故障查找	1. 判断为短路故障后，可以使用电压法查找，甩开发送端 XB 箱至抗流变压器信号圈端子，当甩开端子测试配线电压比正常值明显升高时，则短路点在测试点之后。 2. 也可以使用电流法进行查找，依次测量各回路电流值进行比较（轨道变压器Ⅱ次侧回路、抗流变压器轨道圈回路），当测试回路中信号电流值比正常升高时，则判断该回路有短路，应进一步检查。对于通道短路点的查找，建议使用“轨道电路故障数字智能诊断仪”进行查找，沿送端至受端方向查找，短路点前后电流会有明显的变化。也可以将卡钳张开在轨面上从送端至受端滑动，当滑动到某处电流有明显变化时，则为短路点。（附“轨道电路故障数字智能诊断仪”使用说明） 3. 测量送端抗流变压器抗流线电流，若抗流线电流大于正常电流值，说明短路点在抗流轨道圈至接收端方向。 4. 对于带适配器抗流变压器，当适配器的 LC 串联支路断线或“RD”熔断时，轨道端电压值下降约二分之一，相位角大幅变化。当电容击穿短路，在 3 A 熔断器未熔断时，信号圈相当于短路，轨道端电压接近 0 V，相位角变化较大。当电感短路轨道电路电压无明显变化，相位角有较大变化。	  GD318-A型 轨道电路故障数字智能诊断仪

续上表

查找步骤	判断及查找方法	示例和图片
五、室外短路故障查找	5. 对道岔区段内的绝缘进行测试时，绝缘正常时，绝缘两侧的电流无明显变化，在跳线至分割绝缘处，应没有电流；绝缘不正常时，在跳线与分隔绝缘处就会测到电流。 6. 无受电分支的区段，测量时，跳线中应没有电流，无受电分支的跳线测量有电流时，说明在无受电分支的通道内有短路现象。 7. 对通道的查找，应重点检查轨距杆、道岔安装装置绝缘、道岔各部杆件绝缘等。 8. 对于电码化区段，还需对区段内补偿电容进行测试，电容被击穿后，区段电压会明显下降。（股道、预告区段是占用电码化发码区段，红光带后会自动发码，测试电压、电流时要使用选频表，或断开电码化发码电路，否则测试数据会造成误判）	 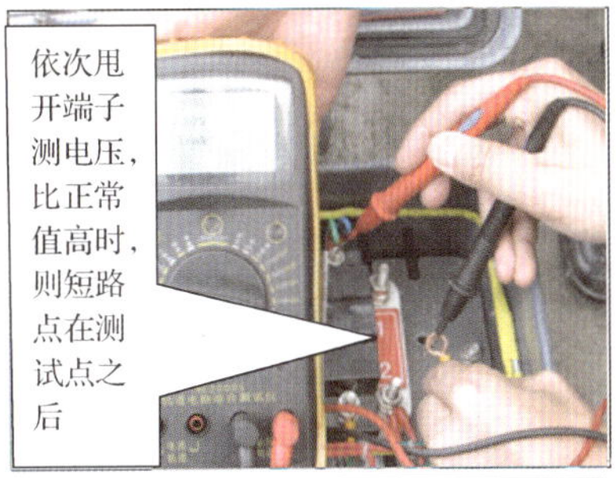 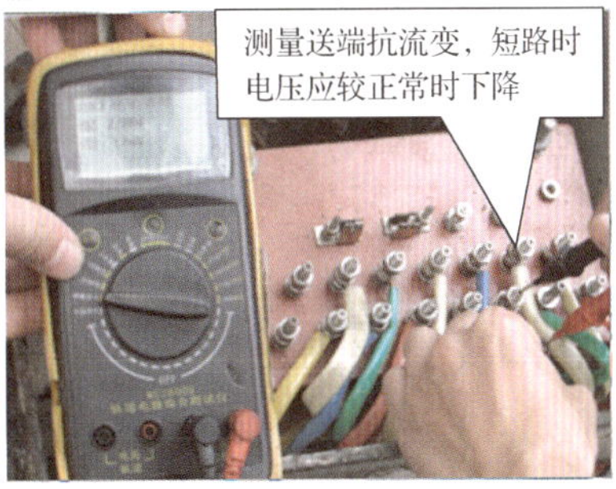  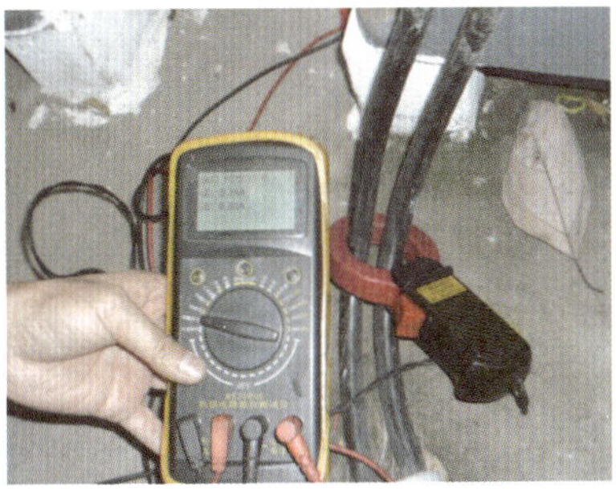

四、GD318-A 轨道电路故障数字智能诊断仪(使用说明书)

1. 使用时,将诊断仪传感器放在钢轨表面。

2. 打开电源开关,液晶屏自动显示频率和相应电流值。若所测电流小于 500 MA,蜂鸣器发出报警提示。

3. 25/50 Hz 按键:打开电源显示 25 Hz,按键触发显示 50 Hz 电流值。

4. 移频按键:打开电源显示移频信号频率及相应的电流值,触发按键,频率可从 550 Hz、650 Hz、750 Hz、850 Hz、1 700 Hz、2 000 Hz、2 300 Hz、2 600 Hz 轮换显示频率和相应的电流值。若所测电流小于 500 MA,蜂鸣器发出报警提示。

5. 夜间使用,打开背光开关,开启背光灯。

第三节　高压脉冲轨道电路故障处理

一、高压脉冲轨道电路故障处理流程图(图 2-3)

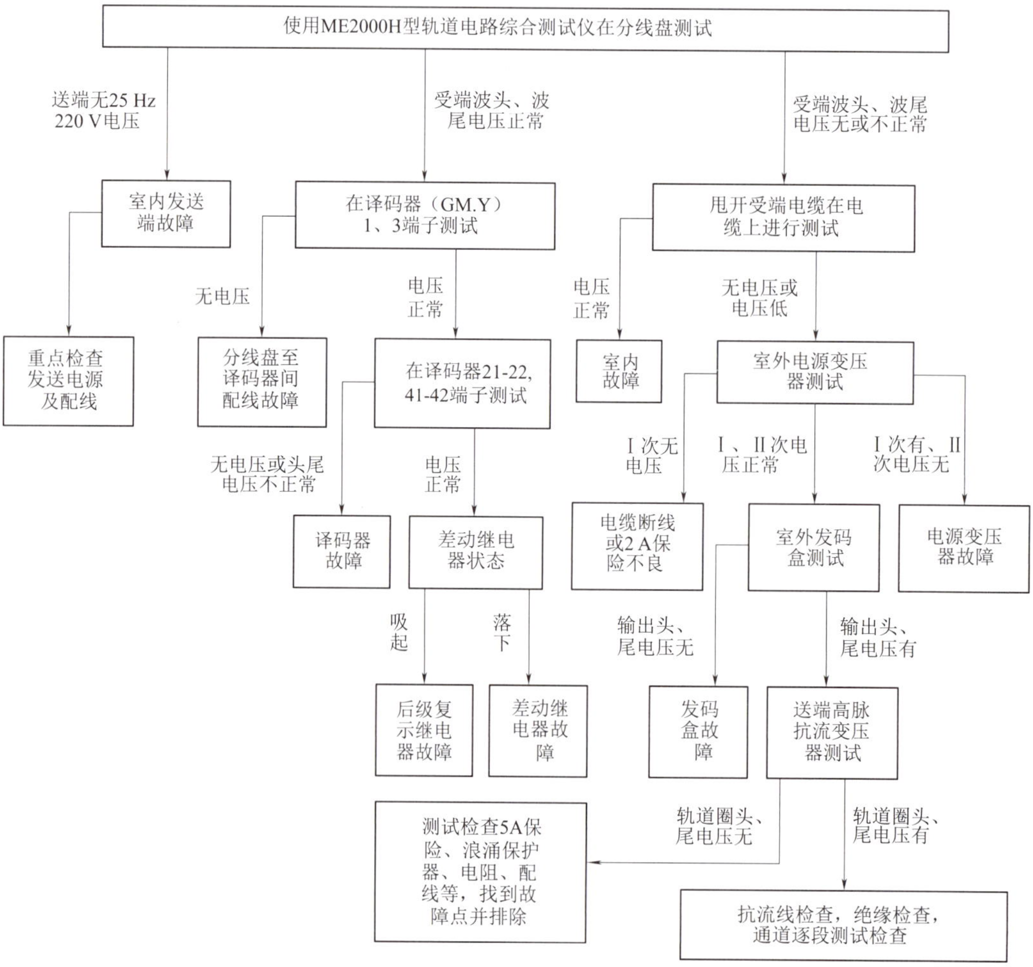

图 2-3　高压脉冲轨道电路故障处理流程图

二、高压脉冲轨道电路故障处理程序及注意事项

（一）故障处理程序（表 2-7）

表 2-7　高压脉冲轨道电路故障处理程序

故障现象	步骤	具体内容
区段红光带	故障询问	1. 发生故障时机（询问值班员和通过微机监测调看列车运行情况）。 2. 天气情况。 3. 电务和外单位作业（施工）情况（可查阅运统 46，了解外单位作业）。
	应急准备	1. 签到，了解现场情况，登记停用，准备交通工具（工区、车间、段）。 2. 工区、车间、段迅速集结人员，现场负责人根据人员现状进行分工，明确和上级单一联系方式，准备图纸、仪表（万用表、ME2000H 型轨道电路综合测试仪）、工具、电台、灯具、材料，重点了解备品备件是否齐备及存放位置，随时向故障地点进行调集。 3. 通过微机监测初步判断故障范围。
	微机监测调看测试和初步判断	1. 通过微机监测调看或分线盘测量相应区段接收端子无电压或电压偏低，甩掉分线盘接受端一根电缆，测试接收端电缆电压，电压高于正常值，说明室内短路，电压偏低说明室外短路或开路。 2. 通过微机监测调看或分线盘测量相应区段接收端子电压正常，说明室内故障。 3. 判断为室外故障时，测试送端抗流线电流：电流偏低通道开路（塞钉线、各种跳线阻抗测试、抗流适配器电压测试）；电流大于正常值，通道短路（轨距杆、过轨线、道岔安装装置绝缘测试检查、抗流适配器电压测试）；无电流测试 XB 内部器材电压（断路器压降、电源变压器电压、脉冲发码盒电压、电码化隔离盒和电阻电压等）和 BE 一、二次电压（断路器和适配器电压、浪涌保护器状态）。测试受端抗流线电流：电流正常，测试 XB 内部器材电压（隔离盒和抑制器电压）和 BE 一、二次电压（断路器和适配器电压、四头电容电压、浪涌保护器状态）。 4. 经测试怀疑电缆不良时，先断开综合防雷测试电缆绝缘，若电缆绝缘不良及时倒用贯通备用芯线或使用备用线临时倒接。 5. 两区段同时红光带或电压同时变化，首先分解钢轨绝缘。

（二）注意事项

1. 电码化区段在处理故障时首先要甩开电码化发码条件（断开相应发送器开关），恢复成无电码化的轨道电路。

2. 送端电源变压器输出为高电压（300 V、400 V、500 V），处理故障时，必须做好防触电措施。

3. 测试波头电压明显低于波尾电压，应考虑极性反，需倒换电缆配线。

4. 处理高压脉冲设备故障时，必须使用专用的仪表（目前，使用段配备的 ME2000H 型轨道电路综合测试仪）。送电端至电源变压器输出端测量时选择“相敏”电压挡；从高压脉冲发码器开始，测量时选择“高压脉冲”电压挡。

（三）高压脉冲故障常见原因（表 2-8）

表 2-8　高压脉冲故障常见原因

故障现象	常见原因		发生概率	备注
轨道电路红光带或机车信号接收不正常	室内差动二元继电器故障	线圈 1-2 电压正常，线圈 3-4 电压过高	★★★	施工及更换继电器后、牵引电流干扰
		线圈 1-2 电压过高，线圈 3-4 电压正常	★	施工及更换继电器后
		线圈 1-2 电压正常，线圈 3-4 没电压或电压过低	★	器材超周期或更换器材后
		线圈 1-2 没电压或电压过低，线圈 3-4 电压正常	★	器材超周期或更换器材后
		线圈 1-2、3-4 电压偏低，不足工作值或低于落下值	★★★	维修不良、材质不良
		线圈 1-2、3-4 均无电压	★★★	施工影响、电源不良

续上表

故障现象	常见原因		发生概率	备注
轨道电路红光带或机车信号接收不正常	室外	钢轨各部绝缘不良	★★★★	
		分线盘发送电压正常，机车信号有时收不到码	★	施工时
		分线盘发送电压正常，机车信号入口电流小于规定值，机车信号收不到码	★	器材不良

三、高压脉冲轨道电路故障处理方法(表 2-9)

表 2-9　高压脉冲轨道电路故障处理方法

查找步骤	判断及查找方法	示例和图片
一、区分故障处所判断故障性质	1. 分线盘测试接收端电压，比正常值高，则判断为分线盘至室内设备间开路(室内设备全部被甩开)。 2. 若接收电压比正常值低或为“0”V，需应进一步在分线盘甩开接收电缆测试判断。(分线盘甩开接收端电缆时，要确认清楚端子)。 3. 在分线盘甩开接收端电缆，测试电缆上电压值升高，且比正常值略高，则判断室外送回正常，故障点在室内，初步判断室内有短路故障。(测试时正确选择仪表挡位，确保测试数据准确) 4. 室内分线盘甩开接收电缆，测试电缆上电压值仍为“0”或较低，则判断故障点在室外。 5. 也可以使用电流法测试接收端电缆回路电流值来判断。如果电流值较大，则判断该回路有短路；电流值为零，则判断该回路存在开路。(需要测试轨道电路正常工作时回路的电流值，以便在故障判断时作参考对比) 6. 对于多个区段亮红，接收电压均为“0”时。要测试发送端电压是否正常，检查电源屏输出是否正常。 7. 两个相邻区段同时亮红故障的判断。首先应测试两区段接收电压，如果电压同时下降，应重点检查两区段之间的分界绝缘。	 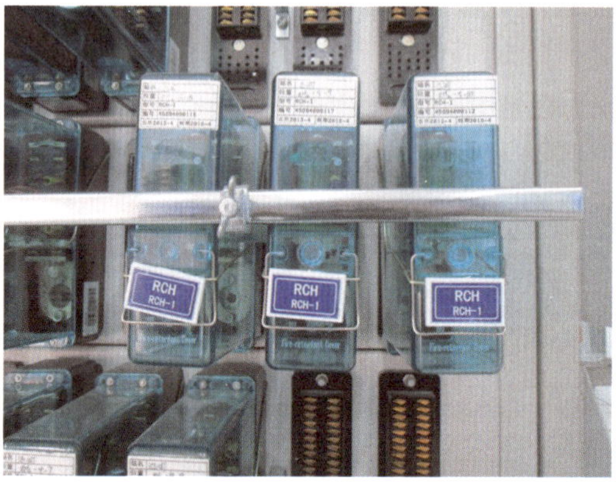 

续上表

查找步骤	判断及查找方法	示例和图片
二、室内短路故障的查找	1. 当判断为室内短路故障时，应先恢复分线盘接收电缆，依次甩开译码器、微机监测轨道电压采集板等器材进行观察，当甩开某器材后接收端电压上升，则判断为该器材故障，立即更换。（甩线判断完毕后应及时恢复分线盘接收电缆；日常应加强备用器材检查，确保型号、状态良好；更换备用器材时，需核对型号与在用的一致） 2. 如果器材逐一甩开后电压值仍然不正常，还需按图检查分线盘至轨道架、轨道架至译码器之间的配线是否存在破皮混线等，必要时逐段甩开配线，测量电压值来判断。 3. 也可以使用电流法测试各回路电流值来判断，如果电流值较大，则判断该回路有短路，在电流值由大变小时即为短路故障点。（需要测试轨道电路正常工作时回路的电流值，以便在故障判断时作参考对比）	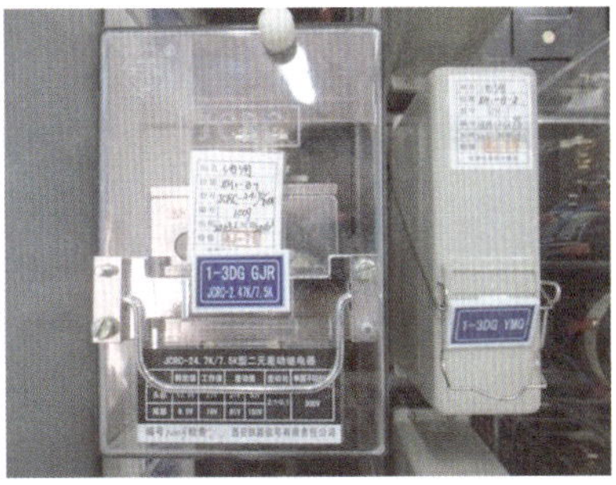 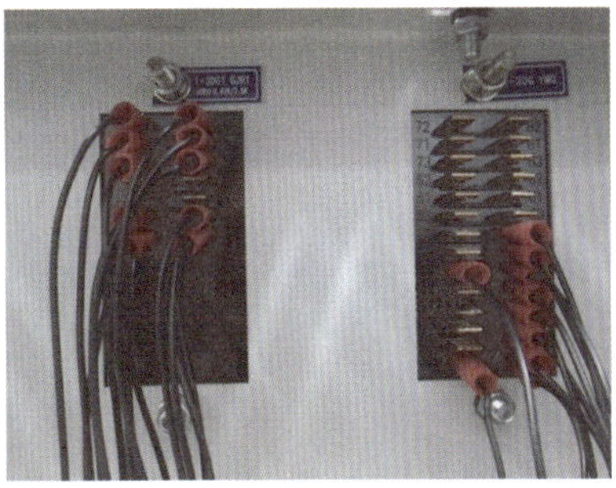 
三、室内开路故障查找	1. 测试接收电压正常，但差动二元继电器未正常工作，说明译码器故障的可能性较大。 2. 对于室内开路故障，使用电压法进行查找。按图使用高压脉冲专用仪表（ME2000H型），依次测试轨道架侧面端子、译码器1、2（3）端子电压进行判断，当测试发现电压由有变为无时，即判断在这之间有断线。应重点检查分线盘端子连接状态、检查各端子焊接状态，是否存在虚焊、脱焊、断线等情况。	 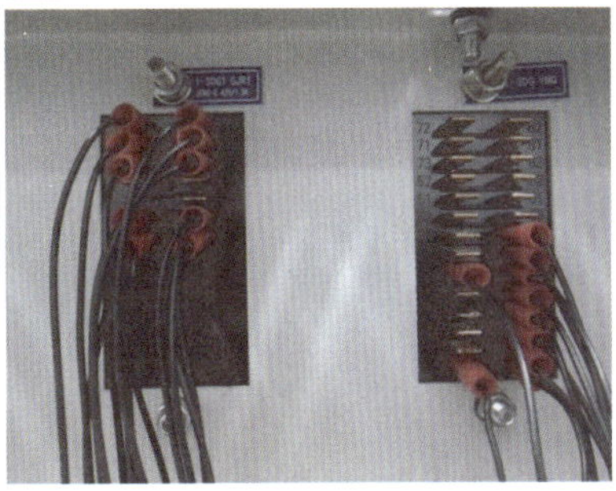

续上表

查找步骤	判断及查找方法	示例和图片
四、室外故障性质判断	1. 首先测试送端限流电阻电压，和正常值进行比较(使用 ME2000H 型轨道电路综合测试仪，选择“高压脉冲”挡)。①如果比正常值高，判断为电阻之后有短路故障。②如果和正常值接近，应按图逐步测试抗流变压器信号圈、轨道圈、轨面电压等进行判断。 2. 当测试送电端发码盒 6、8 端子电压正常或偏高，而 XB 箱至抗流变压器端子无电压时，进一步测试发码盒输出回路电流值，如电流为零，判断为发码盒输出回路开路 3. 如果发码电子盒内部“绿色指示灯”灭灯不闪烁，说明发码电子盒不良。	
五、室外开路故障查找	1. 按图在送端箱盒内测量电压是否送到发送电缆端子上，若无电压，则分线盘——送端箱盒间电缆开路(使用 ME2000H 型轨道电路综合测试仪，选择“单频”电压挡。步骤 2、步骤 3 同样使用此挡位)。 2. 送端箱盒电缆端子上电压正常时，测量送端的变压器Ⅰ次侧电压，变压器Ⅰ次侧上无电压，说明送端电缆端子——变压器Ⅰ次侧之间开路，重点检查发送端 2A 熔断器及箱盒软配线线环状态。 3. 送端变压器Ⅰ次侧电压正常，测量送端电源变压器Ⅱ(Ⅲ)次侧电压，若无电压，应检查电源变压器，必要时更换。 4. 测试发送端发码盒输出侧至抗流变压器信号圈端子(使用 ME2000H 型轨道电路综合测试仪，选择“高压脉冲”电压挡)。若无电压，则轨道变压器Ⅱ次侧至抗流变压器端子之间有断点。重点检查限流电阻、5A 熔断器以及箱盒配线。 5. 测试发送端发码盒输出侧至抗流变压器信号圈端子电压正常，进一步测试抗流变压器轨道圈电压、送端轨面电压，沿通道往接收端依次进行查找。 6. 通道检查，用 ME2000H 型轨道电路综合测试仪，选择“高压脉冲”电压挡从送端沿通道往受端方向测试轨面电压，当发现轨面电压由有变为无的地点，即为通道开路点；对于钢轨接头可以使用在线测试仪或电阻测试仪测量接头，在线测试仪用电压挡测试接头电压在 0.01 V 以下或电阻测试仪测量电阻在 0 Ω 左右，说明接头良好。(测试轨面电压时首先保证轨面无锈蚀，表笔接触良好。) 7. 对受电端的测试应从通道至箱盒再到室内方向的顺序进行，判断方法同送端。	   测试送端轨面电压、电压值比正常值高，说明开路点在受端方向

续上表

查找步骤	判断及查找方法	示例和图片
六、室外短路故障查找	1. 判断为短路故障后，可以使用电压法查找，依次甩开发送端 XB 箱至抗流变压器端子、抗流变压器信号圈端子测试电压，当甩开端子测试配线电压比正常值明显升高时，则短路点在测试点之后。 2. 也可以使用电流法进行查找，依次测量各回路电流值进行比较，当测试回路中电流值比正常升高时，则判断该回路有短路，应进一步检查。对于通道中短路点的查找，可以将卡钳张开在轨面上从送端至受端滑动，当滑动到某处电流指示有明显的变化时，则电流变化前后查找短路点；也可以使用轨道故障测试仪，沿送端至受端方向查找，短路点前后电流会有明显的变化。 3. 测量送端抗流变压器抗流线电流，若抗流线电流大于正常电流值，说明短路点在抗流轨道圈至接收端方向。 4. 对道岔区段内的绝缘进行测试时，绝缘正常时，绝缘两侧的电流无明显变化，在跳线至分割绝缘处，应没有电流；绝缘不正常时，在跳线与分隔绝缘处就会测到电流。 5. 无受电分支的区段，测量时，跳线中应没有电流，无受电分支的跳线测量有电流时，说明在无受电分支的通道内有短路现象。 6. 对通道的查找，应重点检查轨距杆、道岔安装装置绝缘、道岔各部杆件绝缘等。 7. 对于电码化区段，还需对区段内补偿电容进行测试，电容被击穿后，区段电压会明显下降。（股道、预告区段是占用电码化发码区段，红光带后会自动发码，测试电压、电流时要使用选频表，或断开电码化发码电路，否则测试数据会造成误判）	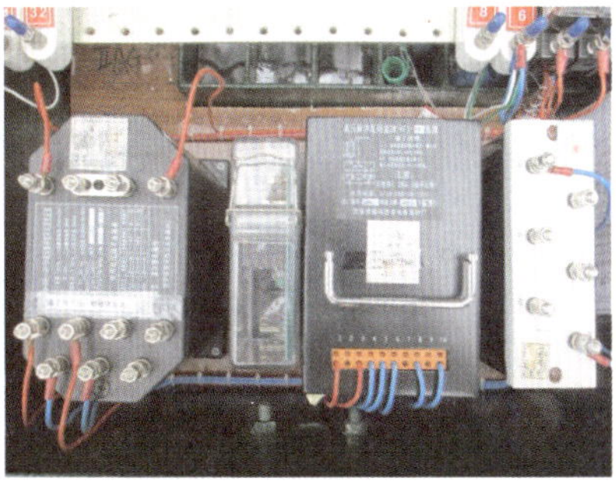 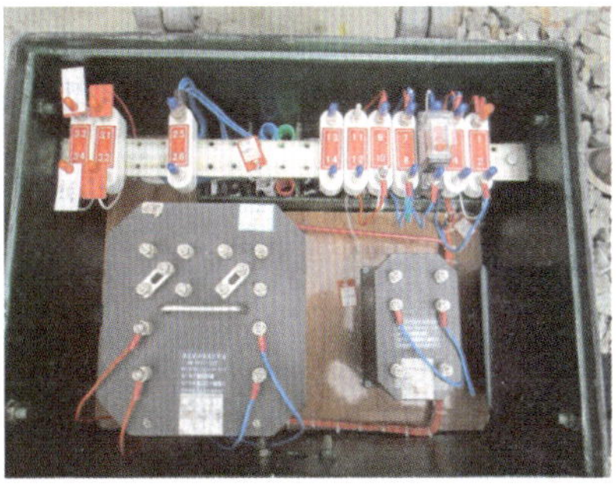 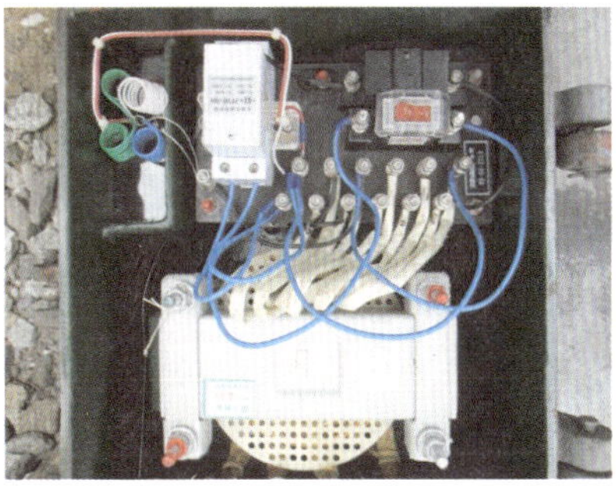
七、典型故障案例	1. 故障概况：10 月 23 日 21 时 55 分柞水站调车时，22-28DG 出现红光带。 调看监测：22-28DG、22-28DG1、22-28DG2 波头、波尾电压均为 0 V，观察送端发码盒发送指示灯（绿灯）灭灯，测试电源变压器输出电压正常，送端发码盒没有脉冲电压送出。重新插拔发码盒后恢复正常 2. 故障原因：XB 箱内电子盒卡簧不紧，发码盒松动与底座接触不良，导致脉冲电压无输出。	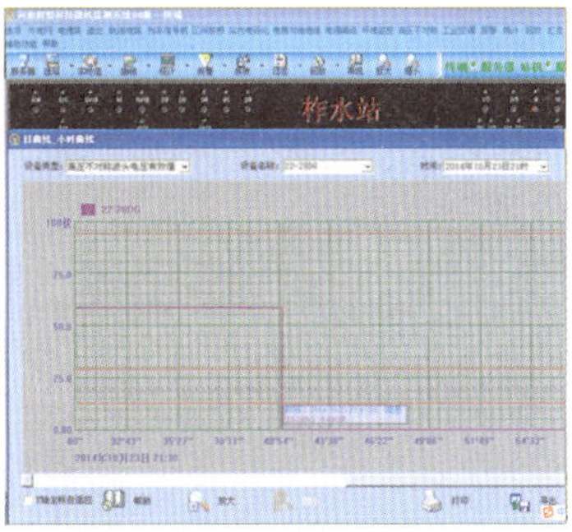 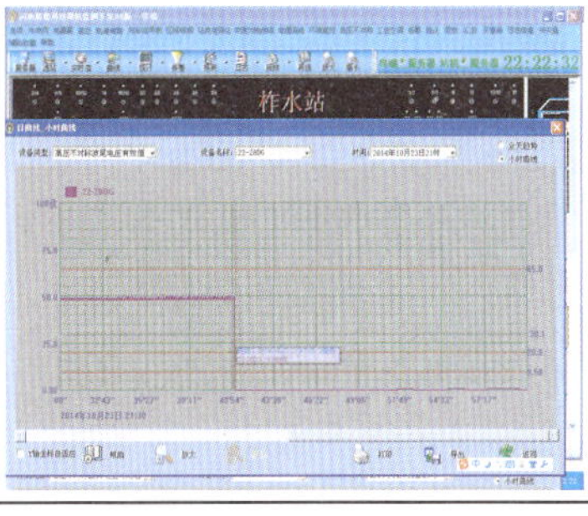

第三章　道岔故障处理

第一节　ZD6 道岔(六线制)故障处理

一、故障处理流程图

(一)启动电路故障处理流程图(图 3-1)

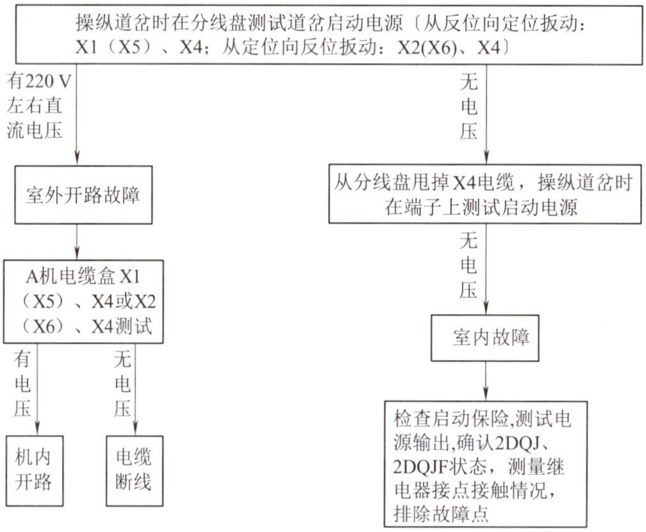

图 3-1　启动电路故障处理流程

(二)表示电路故障处理流程图(图 3-2)

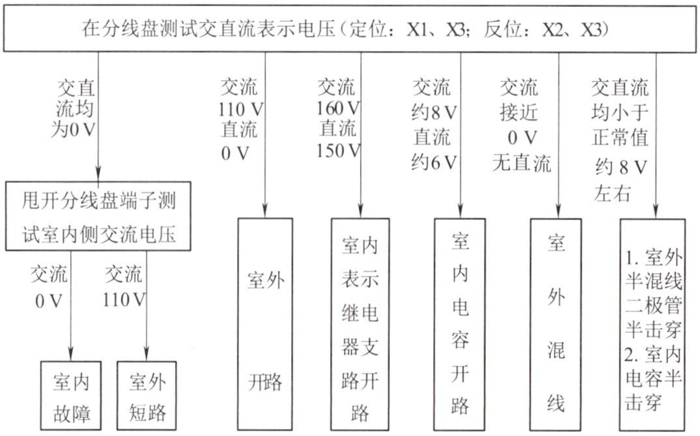

图 3-2　表示电路故障处理流程

二、ZD6 道岔(6 线制)故障处理程序及注意事项

(一)故障处理程序(表 3-1)

表 3-1　ZD6 道岔(6 线制)故障处理程序

故障现象	步骤	具体内容
道岔扳不动或无表示	故障询问	1. 发生故障时机(询问值班员和通过微机监测调看列车运行情况)。 2. 天气情况。 3. 电务和外单位作业(施工)情况(可查阅运统 46,了解外单位作业)。
	应急准备	1. 签到,了解现场情况,建议值班员变更进路,准备交通工具(工区、车间、段)。 2. 工区、车间、段迅速集结人员,现场负责人根据人员现状进行分工,明确和上级单一联系方式,准备图纸、仪表(万用表、兆欧表等)、工具(含道岔、箱盒钥匙及 450 mm 扳手)、电台、灯具、材料,重点了解备品备件是否齐备及存放位置,随时向故障地点进行调集。 3. 单操几次道岔,观察故障现象是否消失。 4. 通过微机监测判断启动或表示故障。
	通过微机监测调看和测试初步判断故障范围	1. 通过微机监测回放,调看道岔故障后的扳动情况,看道岔动作电流曲线是否正常:曲线正常,说明是表示电路故障;扳动后无相应的动作电流曲线,说明道岔未转换,属启动电路故障;动作曲线呈摩擦状态,则为道岔机械卡阻或尖轨与基本轨间夹异物,或只有一台转辙机动作(双机)。 2. 扳动道岔时观察控制台现象,道岔表示灯未熄灭,说明 1DQJ 未吸起,道岔表示灯熄灭后又恢复,说明 2DQJ、2DCQJF 未转极,均为室内故障。 3. 扳动道岔时观察控制台电流表,道岔表示灯熄灭,电流表未动(确认电流表指针未卡阻),说明 2DQJ 已转极,电机电路未构通,需要在分线盘进行测试判断室、内外故障;若电流表已动,电机电路已构通,故障点在室外。 4. 在分线盘进行测试判断:道岔某一位置无表示时,用万用表交流 250 V 挡在 X3、X1(或 X2)上测试,有交流 110 V,无直流,室外开路;交流、直流均没有,甩开 X3 电缆再测端子上电压,有 110 V 左右,室外短路,仍为 0 V,室内故障。道岔扳不动时,用万用表直流 250 V 挡在 X4、X1(或 X2)上测,联系运转室扳动道岔时 X4、X1(或 X2)上有 220 V 左右电压,转辙机不动,说明室外故障;没有电压,启动电源没有送至分线盘,属室内故障;扳动道岔时启动熔断器断开,说明启动电路中存在混线现象,需采用逐段甩线的办法进一步判断。

(二)注意事项

1. 发生道岔无表示故障时,应首先积极协调车务及时变更进路接发列车(侧线通过或迂回进路接发车),减少对正常运输秩序的干扰。

2. 应急处理道岔无表示故障时,先反复扳动道岔,看表示能不能恢复,如果恢复正常应先销记使用,然后测试或调看微机监测初步分析,再要点查找具体原因。

3. 若道岔定、反位均无表示,测试前一定要保证室内 2DQJ 状态与室外道岔实际开通位置一致。

4. 若判断为电缆不良,及时成对倒用备用贯通芯线或使用备敷线临时恢复。

5. 若判断为表示电路室外开路,及时携带道岔调整工具赶赴现场,先查看表示杆外视窗指针位置是否变化,有变化,可通过敲击道岔杆件看道岔表示是否恢复,表示恢复后先销记放行列车,列车过后再要点查找缺口变化原因并对缺口进行调整,若表示未恢复或表示杆外视窗指针位置无变化,再打开设备使用万用表进行测试判断、处理。

6. 如果检查发现由于道岔缺口发生变化造成的无表示故障,要查清缺口变化原因,针对原因采取措施,防止重复发生。

7. 若判断为室外启动故障,及时携带道岔调整工具赶赴现场,检查设备有无受损、道岔加锁是否良好、尖轨与基本轨间是否有异物,排除后,联系室内扳动道岔,观察道岔动作状态,根据现象进行测试判断、处理。

8. 处理室外道岔故障时,必须携带齐全道岔调整工具及专用钥匙、万用表(MF-35 型或 MF-14 型)、机油,同时通知工务部门到现场配合。

9. 用电阻挡测试启动回路时,必须确认清楚端子,严禁道岔扳动,防止烧坏仪表。

10. 通过在分线盘测试，首先判断出室内、外故障范围。道岔定位无表示时，测试 X1（＋）X3（－）；道岔反位无表示时，测试 X3（＋）X2（－）；道岔从反位向定位扳动时，启动电压在 X1、X4 上测试，X1（＋）X4（－）；道岔从定位向反位扳动时，启动电压在 X2、X4 上测试，X2（＋）X4（－），测试启动电压时，需要两个人密切配合，测试端子不能搞错。

（三）ZD6 道岔故障常见原因（表 3-2）

表 3-2　ZD6 道岔故障常见原因

故障现象	常见原因		发生概率	备注
道岔无表示	室内	配线插接不良、器材插接不良	★★★★	检修作业、更换器材及触碰配线
		继电器接点不良	★★	长期未检查继电器接点
		配线损伤	★	动配线施工。防鼠不良
	室外	道岔缺口卡阻	★★★★	调整缺口后螺栓未紧固、工务私自作业、漏检漏修
		表示接点脏、接触不良	★★★	接点擦拭不良或擦拭方法不正确、调整接点片
		工务作业	★★	工务私自作业、配合工务作业后调整不当
道岔扳不动或转换不到位	室内	继电器接点不良	★★★	长期未检查继电器接点
		配线及器材插接不良	★★	检修作业、更换器材及配线触碰后
		配线损伤	★	动配线施工后、防鼠不良
	室外	安全、启动接点接触不良	★★★★	接点擦拭不良或擦拭方法不正确、调整接点片
		电机碳刷不良	★★★★	碳刷取出检查作业后、换向器未按照要求擦拭、电机受潮
		尖轨基本轨间有异物、滑床板缺油	★★★★	更换轨排、捣固作业、机车撒砂、未按照周期清扫道岔时
		道岔病害：吊板、翘头、不方正等	★★★★	更换道岔后、配合工务岔区作业后、工电联合整治不到位
		机内有异物卡阻	★★★	开盖检修后、漏检漏修
		机内插接器及其配线不良	★★	更换转辙机后
		电缆不良	★	外单位施工作业

三、ZD6 道岔（6 线制）启动电路故障处理方法（表 3-3）

表 3-3　ZD6 道岔（6 线制）启动电路故障处理方法

查找步骤	判断及查找方法	示例和图片
一、判断道岔故障性质——机械故障	1. 通过微机监测道岔动作电流曲线判断。 如果 A、B 机均启动，其中一机的动作电流曲线呈摩擦曲线，说明道岔无法锁闭； 如一机没有动作电流曲线、另一机动作电流曲线启动后呈摩擦曲线，则说明没有动作电流曲线的转辙机启动电路故障。	道岔无法锁闭（夹东西） 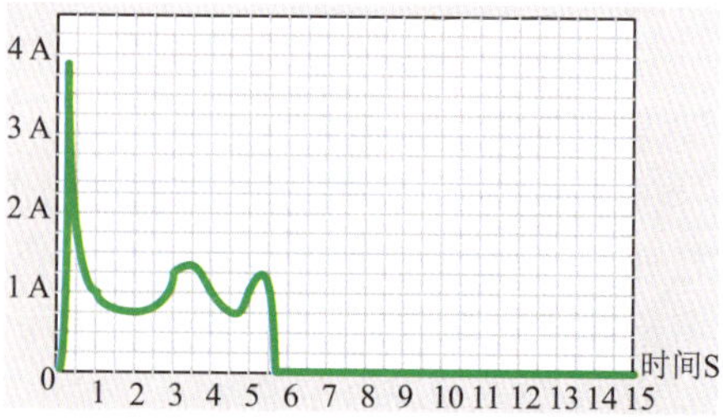 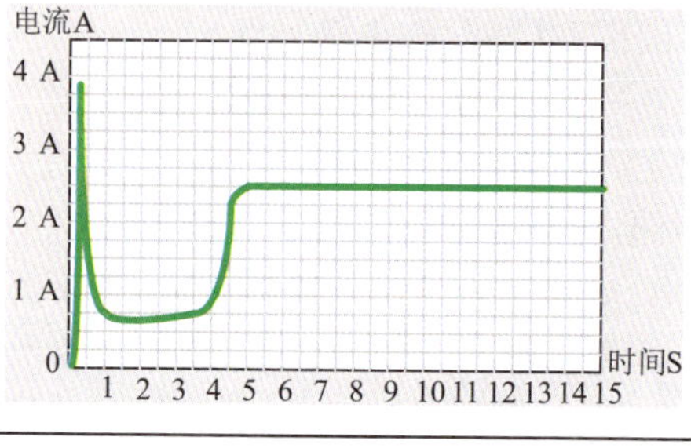

续上表

查找步骤	判断及查找方法	示例和图片
	2. 道岔无法锁闭。常见为工务病害、夹异物、压力大、故障电流小或机内机械卡阻造成。①如尖轨没有夹东西，应检查尖轨底与滑床板间、机内齿条块周围有无异物影响；②测试故障电流，如果小，应调整至标准范围内；听解锁声响大（或手摇道岔判断）则道岔压力大，要调整道岔压力。③当压力、故障电流均好，尖轨密贴良好，常见为机内自动开闭器动接点不能自动转接，无法切断启动电路，常见为检查柱缺油卡阻造成。	 
一、判断道岔故障性质——机械故障	3. 道岔无法解锁。常见为压力大；锁闭齿轮锁闭圆弧与齿条块削尖齿缺油，磨耗严重；自动开闭器检查柱由于缺口挤死不能自动抬起；主轴轴套处锈蚀严重（道岔长期在一个位置）。通过手摇道岔检查机内是否有卡阻。	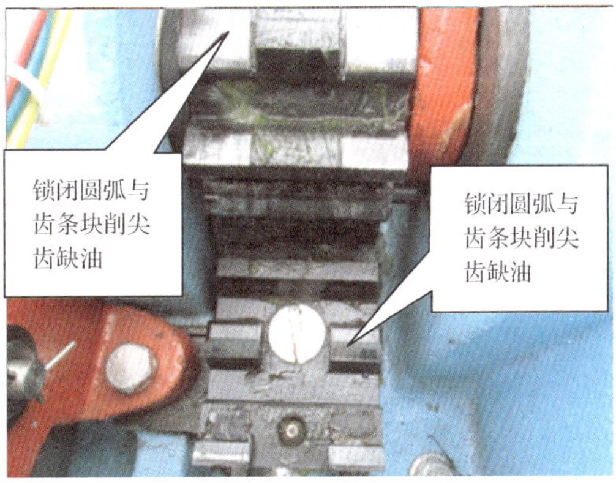
	4. 插接器插接不良。道岔插销化插接不良、固定螺杆松动或防松易拉紧作用不良，造成道岔失去表示、道岔不能动作。	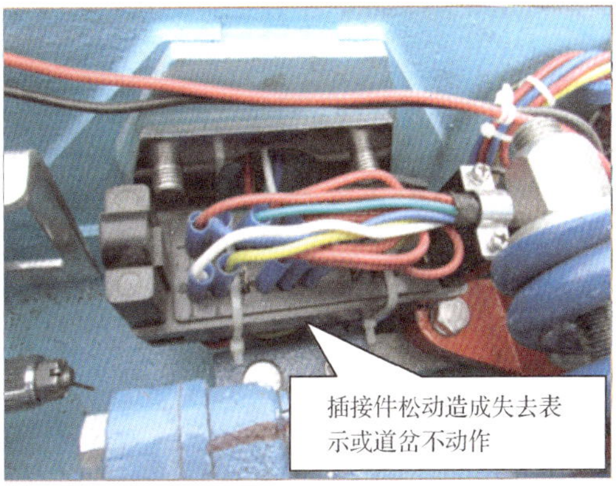

续上表

查找步骤	判断及查找方法	示例和图片
一、判断道岔故障性质——机械故障	5. 工务病害。查看道岔由于尖轨翘头、吊板、反弹、基本轨横移、轨距变化等工务病害造成故障，要立即通知工务部门到现场配合处理。日常巡视检查时，注意密贴位尖轨尖端顺坡部位与基本轨踏面下部的间隙，若无间隙或间隙很小，必须立即通知工务部门处理，防止因尖轨翘头造成道岔转换不到位。	
二、判断道岔启动电路室内外故障	1. 道岔A、B机中一机动，一机不动。说明故障在室外或2DQJF接点至分线盘间（断线、线头虚焊、继电器接点不良等），室外常见为电机碳刷接触不良、电机断匝。 2. 道岔A、B机均不启动。观察1DQJ、2DQJ、2DQJF动作状态是否正常（道岔向定位扳动2DQJ、2DQJF应吸起；朝反位扳动2DQJ、2DQJF应落下），没有动作，说明故障在室内。	
	3. 在分线盘测试动作电源是否送出：A机在X1（X2）和X4上测试；B机在X5（X6）和X4上测试。无直流220 V电压，说明室内故障，有直流220 V电压，说明故障在室外。 注意：①万用表选择直流250 V挡。分线盘应先搭接好表笔，控制台再操纵道岔。X4固定接黑表棒，其他线接红表棒。向定位扳动在X1、X5和X4测试；向反位扳动在X2、X6和X4上测试。②测试前必须确认好道岔所处位置（即2DQJ、2DQJF的状态）。③扳动道岔时确认道岔启动熔断器是否断开，若断开，则存在短路点，需甩线后查找。	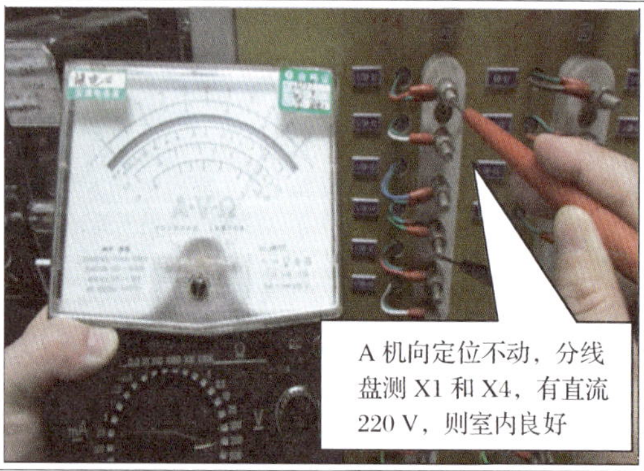
（一）启动电路室内故障查找	1. 观察1DQJ是否励磁。扳动道岔时，如1DQJ没有励磁，控制台现象为道岔扳不动，表示灯不灭。应重点检查1DQJ励磁电路中相关继电器接点及配线和1DQJ本身是否良好。	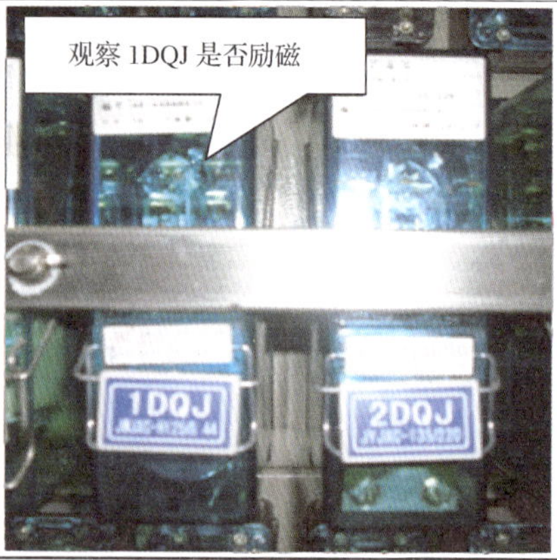

续上表

查找步骤	判断及查找方法	示例和图片
（一）启动电路室内故障查找	2. 观察 1DQJ 是否励磁后又迅速落下。观察 1DQJ 励磁后 2DQJ 和 2DQJF 是否转极，如 2DQJ 未转极，查 2DQJ 本身及励磁电路（控制台现象：表示灯熄灭，松开按钮又恢复）；如 2DQJ 已转极，查看 2DQJF 是否转极；如 2DQJF 已经转极，则 1DQJ1-2 线圈（给室外道岔供电）回路条件不足，控制台现象为电流表不动，表示灯熄灭。应检查电源、启动熔断器、1DQJ、2DQJ 和 2DQJF 接点及配线是否良好。	
	3. 1DQJ、2DQJ 和 2DQJF 均动作正常。如 A 机动作 B 机不动，在分线盘 X5（或 X6）和 X4 上测试不到直流 220 V，则说明 X5（或 X6）从分线盘至 2DQJF122（或 123）接点间有断线；如 B 机动作 A 机不动，在分线盘 X1（或 X2）和 X4 处测试不到直流 220 V，则说明 X1（或 X2）从分线盘至 2DQJF112（或 113）接点间有断线，应逐段查找并排除。	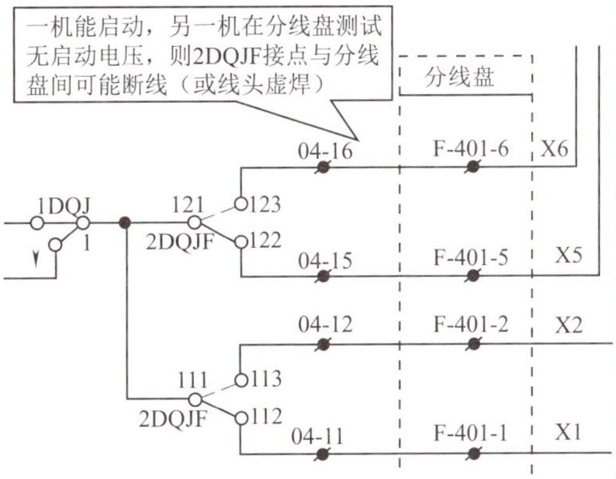
（二）启动电路室外故障查找	1. 道岔 A、B 机均扳不动。室内分线盘处能测试到动作电源，室外 A、B 机均不动，说明 X4 开路。 2. 道岔 A 机（或 B 机）扳不动，说明 X4 良好，重点怀疑其他动作线。在分线盘使用万用表（电阻×1 挡）测试室外未启动转辙机的动作线环阻（不甩线）。如果电阻无穷大，则室外开路；如果测试值比正常值小很多，可能电缆混线，此时启动熔断器熔断，要甩开电缆芯线测试线间绝缘阻值。 注意：①测试动作线电阻时，禁止扳动道岔，且必须合上安全接点。②在分线盘处测试不启动转辙机的动作线电阻：道岔向定位扳不动，将道岔放在反位，A 机测 X1 和 X4 间、B 机测 X5 和 X4 间；向反位扳不动，将道岔放在定位，A 机测 X2 和 X4 间、B 机测 X6 和 X4 间电阻。正常值为 30～50 Ω 左右（定子 5.5 Ω、转子 5 Ω 左右＋电缆芯线阻值）。③在分线盘测试没有启动电源，首先检查启动熔断器是否闭合，扳动道岔时观察启动熔断器是否断开。	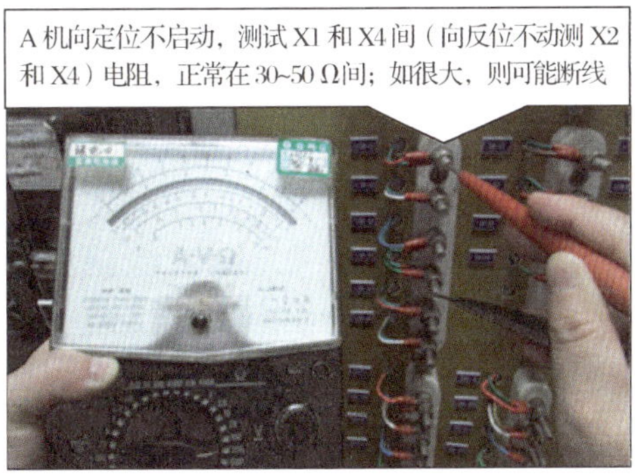 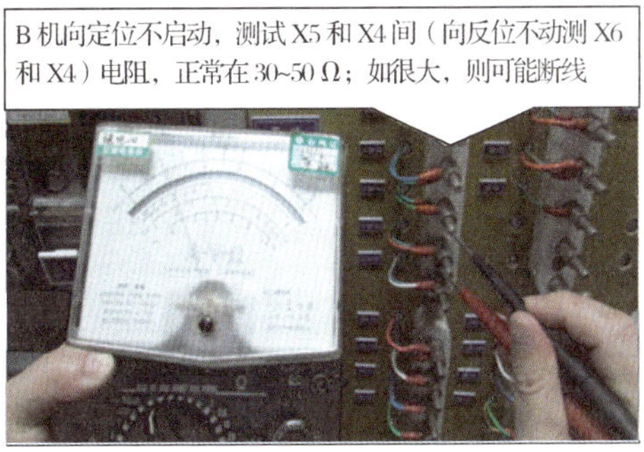

续上表

查找步骤	判断及查找方法	示例和图片
(二)启动电路室外故障查找	3. 分线盘至道岔电缆开路判断。在室外道岔A机电缆盒对应端子测试未启动转辙机的环线电阻:如果无穷大则转辙机内断线或蛇管线把内断线;如阻值正常(10.5 Ω左右)则可判断室内分线盘至该电缆盒间电缆断线,再结合扳动情况判断:A机向定位不启动则X1断,向反位不启动则X2断;B机向定位不启动则X5断,向反位不启动则X6断。道岔B机不动作,在B机电缆盒内测试5号和1号(或2号)端子测试电机电阻,阻值正常(10.5 Ω左右),则A机至B机间电缆断线。如果电阻很大,则B机内或B机蛇管线把内有断线。 4. 转辙机内断线或蛇管线把内断线。确认电缆盒至室内侧电缆良好后,在道岔未扳动的情况下,测量插接器底座上5号和1号(或2号)端子间电阻,如果正常(10.5 Ω左右),则蛇管线把内断线;如果较大则说明机内断线,可用万用表电阻挡(×1挡),一端表笔接插接器处5号端子(需合上安全接点),另一端沿启动电路逐段测试判断开路点,重点检查电机转子、定子、启动接点和安全接点、配线是否良好。	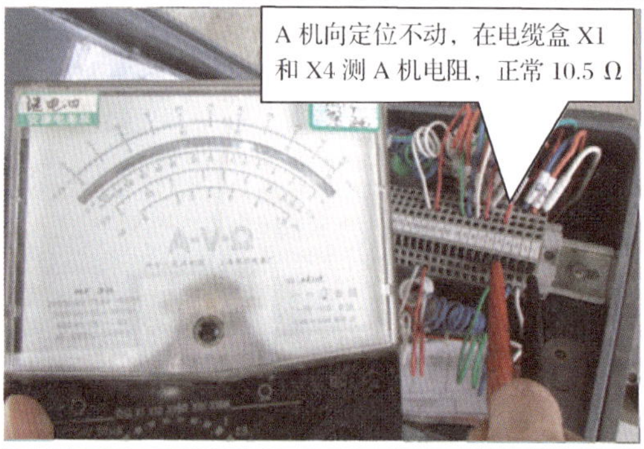 

四、ZD6道岔(六线制)表示电路故障处理方法(表3-4)

表3-4 ZD6道岔(六线制)表示电路故障处理方法

查找步骤	判断及查找方法	示例和图片
一、判断道岔表示电路故障	1. 表示电压:正常交流为70 V,直流为60 V左右。在750 Ω电阻测试电压:正常交流为27 V,直流25 V左右。在表示继电器线圈(或电容两端)测试电压:正常交流43 V,直流35 V左右。 注意: ①在分线盘X1(或X2)和X3测试,道岔定位时,测直流电压极性:X1(+)X3(−);道岔反位X2(−)X3(+)。 ②查找表示电路故障,必须确认室内二启动继电器状态与室外道岔实际开通位置一致。 2. 测试只有交流110 V,无直流电压。则室外开路(断线,常见为道岔卡缺口导致自动开闭器接点不能正常接通;自动开闭器表示接点接触不良)。 3. 测试交流0 V、直流0 V。甩开分线盘X3端子上电缆后,在端子上测试:交流0 V、直流0 V,则室内开路或短路;交流110 V,无直流,则室外短路。 4. 交流2 V、直流0 V。室外道岔整流二极管击穿,交流2 V电压为电缆压降。 5. 交流12 V、直流10 V左右。则室内继电器并接电容开路。	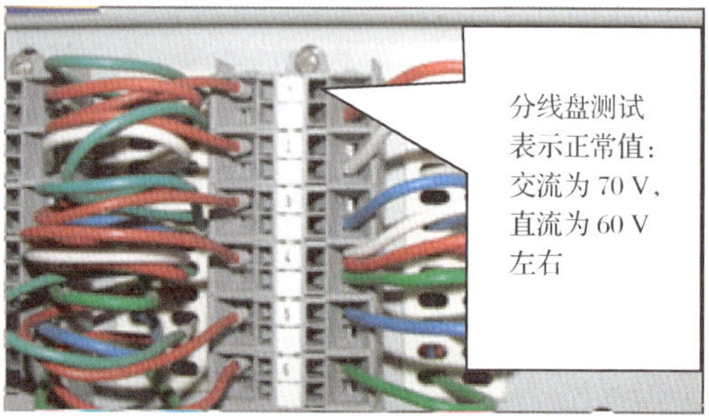 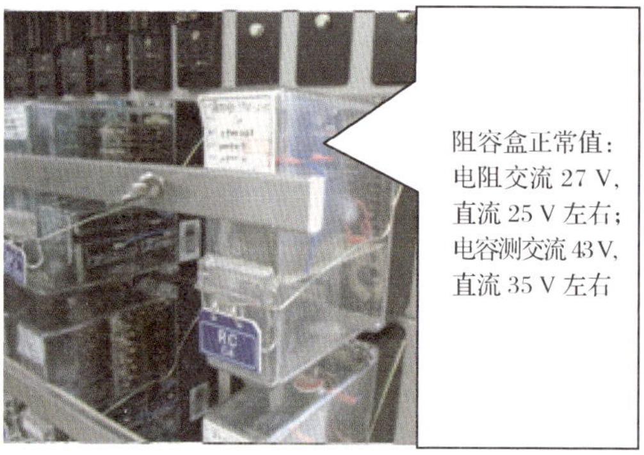

续上表

查找步骤	判断及查找方法	示例和图片
一、判断道岔表示电路故障	6. 交流 55 V、直流 45 V 左右。则室内继电器并接电容短路,要与正常值比较。 7. 当测试数据无法判断室内外故障时,可以甩开分线盘道岔表示电缆,在分线盘室内侧端子并接二极管来判断故障室内外范围(此方法仅作为故障范围判断方法,不是故障处理方法)。	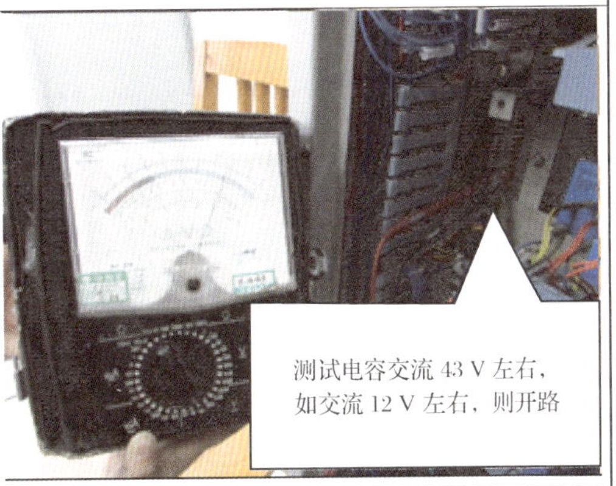 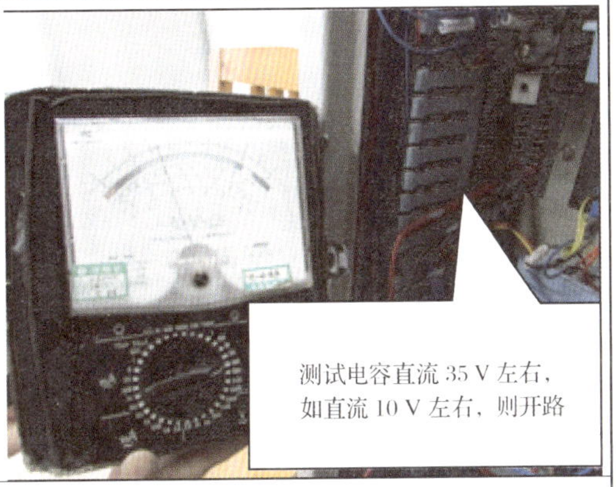
(一)道岔表示电路室外故障查找	1. 室外断线。(1)在分线盘测试有交流 110 V,无直流电压。在室外道岔 A 机终端盒测试,有交流 110 V 则室内侧电缆良好,无电压则可判断电缆断线,结合道岔扳动情况:如定反位均能扳动、没有表示则 X3 断;反位有表示,向定位扳不动也无表示则 X1 断;定位有表示,向反位扳不动也无表示则 X2 断。 (2)在 B 机终端盒测试:有交流 110 V 表示电压,则 A 机机内至 B 机电缆良好,B 机内断线;没有交流 110 V,则 A 机机内不良或 A 机至 B 机间电缆断。 (3)判断 A、B 机内。使用万用表交流 250 V挡,一根表笔接终端盒 X3(3 号端子),另一表笔沿 X1(或 X2)逐点查找,电压从有到无处则为断线点。	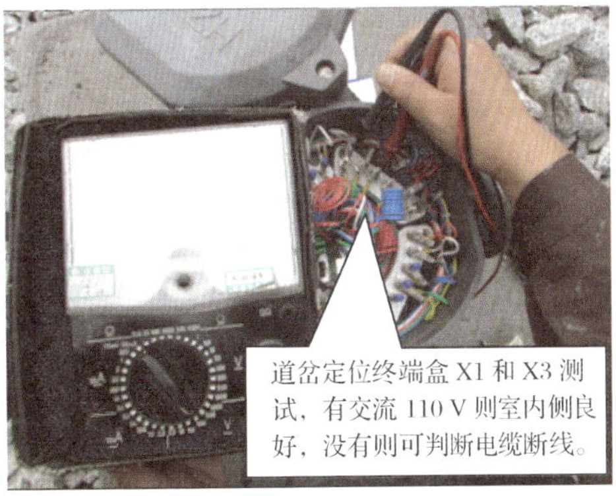
	2. 判断道岔整流二极管击穿。测试二极管两端交流、直流电均为 0 V,甩开二极管后在端子上测试有交流 110 V,则二极管击穿。拆下二极管用万用表电阻挡进一步判断。	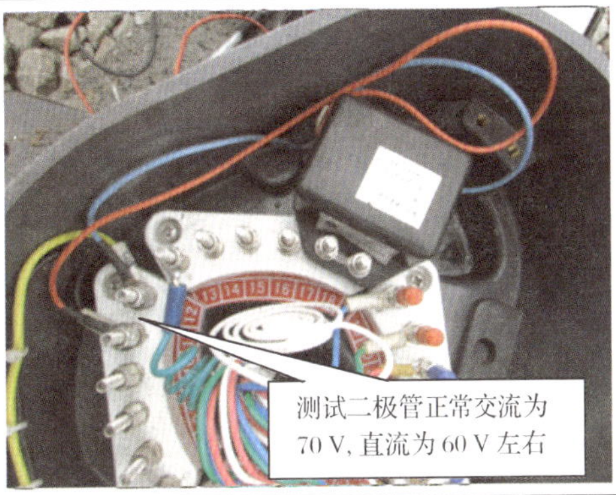

续上表

<table>
<tr><th>查找步骤</th><th>判断及查找方法</th><th>示例和图片</th></tr>
<tr><td rowspan="2">(一)道岔表示电路室外故障查找</td><td>3. 室外表示电缆短路(混线)。室外从A机终端盒甩开表示电缆(或拔掉A机插接器),分线盘甩开X3和X1(反位时甩X2),测试电缆线间电阻进行判断(注意使用万用表电阻挡);若测得电阻极小,则室内至电缆盒间电缆短路(混线);测试值为无穷大,则室内至电缆盒间电缆良好;再到室外道岔电缆盒逐段甩开X3和X1(反位时甩X2),测试电缆线间电阻进一步判断。</td><td>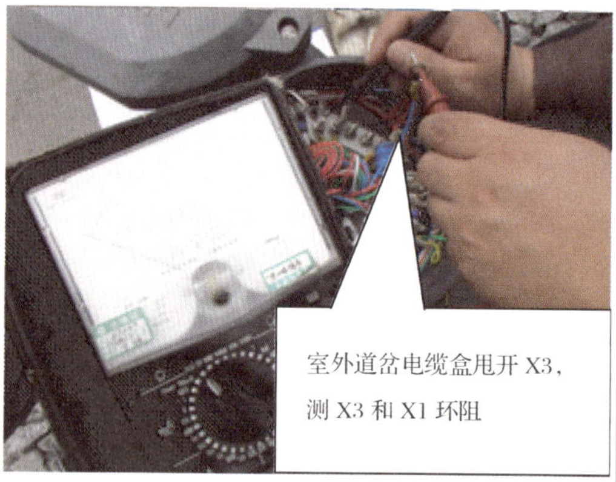
</td></tr>
<tr><td>4. 室外转辙机及蛇管线把混线。如从道岔A动电缆盒处判断室内侧电缆无混线,判断后续的混线点,方法一:继续逐段甩开机内表示电路配线,用电阻法逐段判断,直至找到混线点。方法二:恢复原先甩掉的电缆,拔掉B转辙机插接器,测试A机电缆盒表示电源交流110 V是否正常:如测到交流110 V,则A机电缆盒至B机插接器电缆良好,混线点在B机插接器之后;无电压,则混线点在A机电缆盒至B机插接器之间:拔掉A机插接器,测试无电压,则A机蛇管线把混线;有交流110 V,插上A机插接器,从B机电缆盒甩开A机至B机的表示电缆,测试无电压,则A机内电缆混线;测试有交流110 V,则B机蛇管线把内混线。</td><td>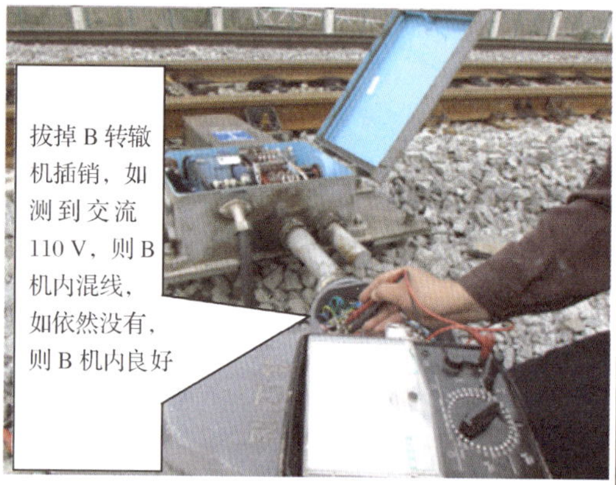
</td></tr>
<tr><td>(二)道岔表示电路室内故障查找</td><td>1. 判断为室内电容开路、短路参考电压。电容开路:表示继电器落下,分线盘电压:交流12 V、直流10 V;750电阻上电压:交流3 V,直流4 V左右;继电器线圈电压:交流100 V,直流5 V左右。
电容短路:表示继电器落下,分线盘电压:交流55 V、直流45 V;750电阻上电压:交流48 V,直流45 V左右;继电器线圈电压:无交直流。确认电容不良,更换备用阻容盒。
2. 判断没有表示电源。测试表示变压器输入、输出电压,检查表示熔断器。</td><td>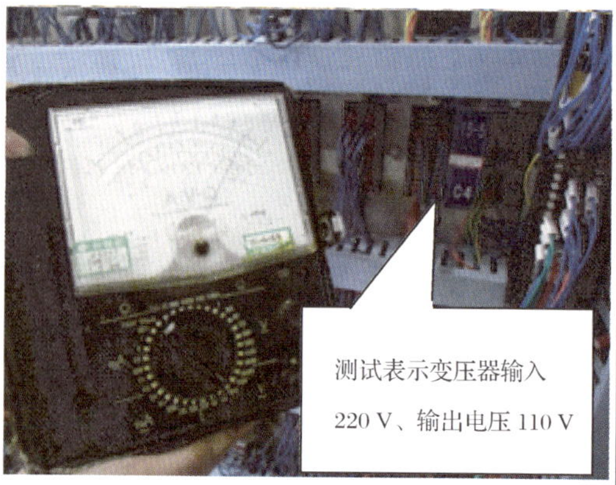
</td></tr>
</table>

第二节　S700K 道岔故障处理

一、S700K 故障处理程序流程图（图 3-3）

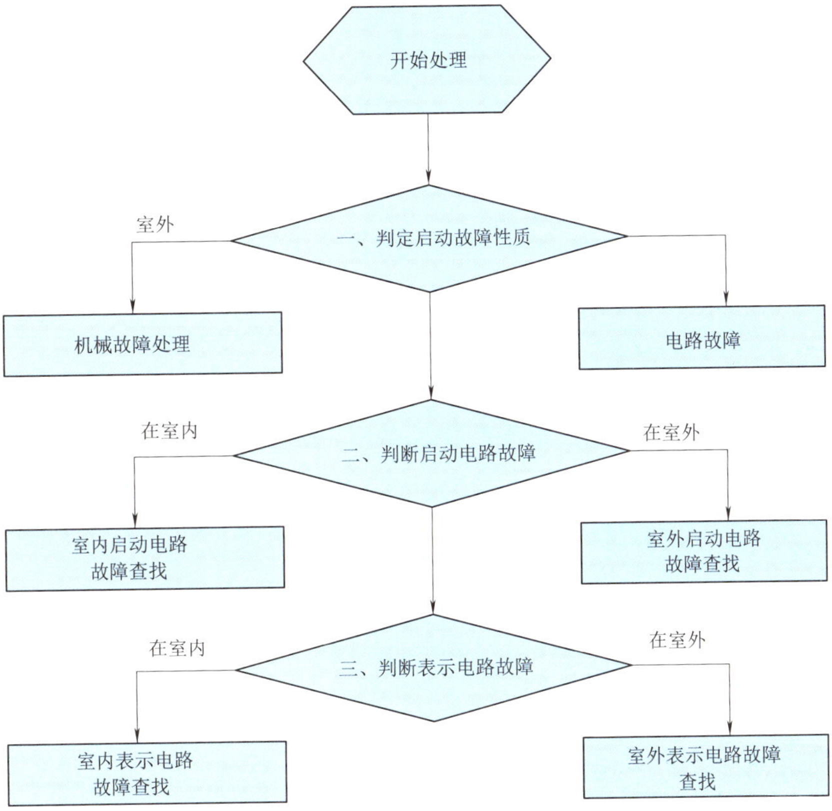

图 3-3　S700K 故障处理程序流程

二、S700K 故障处理程序及注意事项

（一）故障处理程序（表 3-5）

表 3-5　S700K 故障处理程序

故障现象	步骤	具体内容
道岔扳不动、无表示或不锁闭	故障询问	1. 发生故障时机。 2. 天气情况。 3. 电务和外单位作业情况。
	应急准备	1. 了解现场情况，准备交通工具（工区、车间、段）。 2. 工区、车间、段迅速集结人员，现场负责人根据人员现状进行分工，明确和上级单一联系方式，准备图纸、仪表（万用表、兆欧表等）、工具、电台、灯具、材料，重点了解备品备件是否齐备及存放位置，随时向故障地点进行调集。

续上表

故障现象	步骤	具体内容
道岔扳不动、无表示或不锁闭	应急准备	3. 先积极协调车务及时变更进路接发列车(侧线通过或迂回进路接发车),减少对正常运输秩序的干扰。 4. 单操几次道岔,观察故障现象是否消失,如恢复正常应先行销记。 5. 利用微机监测调看道岔动作电流,初步判断启动或表示故障。
	微机监测调看和测试初步判断	1. 单动道岔未转换到位处于摩擦状态,现场检查有无卡阻(滑床板是否掉板、尖轨是否上翘、岔根螺丝是否紧死、尖轨底部及第一、二牵引点尖轨与基本轨间是否有异物、轨距是否变化、是否有拨道痕迹、是否夹雪)。 2. 多机牵引道岔故障时,可以通过比较道岔电流曲线的方法初步判断,当其中一台转辙机动作时间最短,应检查该转辙机启动电路和电缆配线。 3. 道岔转换密贴后处于摩擦状态,检查道岔压力、缺口、锁闭量,定、反位两侧锁闭量偏差不大于 3 mm。道岔定、反位两侧开程检查,定、反位两侧开程偏差不大于 2 mm,密贴尖轨到位后检查斥离轨是否到位。 4. 道岔每台转辙机均转换到位,室内检查每台转辙机表示继电器状态和总表示继电器状态。 5. 如果列车过后,道岔扳不动,注意检查滑床板是否有异物。

(二)注意事项

1. 扳动道岔时,表示灯熄灭,电流表不动,需两人配合试验,一人扳动道岔,一人在分线盘测试启动电压,区分室内外。

2. 查找道岔表示电路故障时,若定反位均无表示一定要保证室内外道岔位置的一致性。

3. 表示电路故障分析判断由于三相交流电动转辙机是每一台转辙机设置一套表示电路,所以要首先确认是哪一台转辙机的表示电路故障,然后再进一步查找。

4. 观察各牵引点转辙机表示和道岔总表示,注意区分牵引点表示电路故障和室内总表示电路故障。

5. 分线盘测试前要确认故障道岔设备端子号,注意仪表挡位,避免仪表损坏和故障扩大。

6. 工区应将道岔正常状态下的定、反位分线盘测试电压张贴在分线盘,便于故障处理时测试对比。

7. 检查发现属于缺口变化的,必须查找缺口变化的原因,防止调整后故障重复发生。

(三)S700K 道岔故障常见原因(表 3-6)

表 3-6 S700K 道岔故障常见原因

故障现象	常见原因		发生概率	备注
道岔扳不动、无表示或不锁闭	室内	继电器、断相保护器不良	★★	检修作业和继电器擦拭后道岔故障
		表示电路电容、电阻不良	★★	阻容盒更换后道岔无表示
		配线焊接、插接不良	★★	动配线后多发
		表示变压器故障	★	
		继电器接点不良	★	

续上表

故障现象	常见原因		发生概率	备注
道岔扳不动、无表示或不锁闭	室外	缺口调整不当	★★★★	配合工务作业或检修后道岔不锁闭
		杆件螺丝松动	★★★	
		尖轨基本轨间有异物，滑床板、锁钩缺油	★★★	列车过后或将雨后
		道岔病害	★★☆	
		道岔各杆件卡阻	★★☆	道岔转换卡阻
		机内进水结冰或有异物	★★	道岔转换卡阻
		电气接点不良	★	道岔扳不动或扳动后无表示
		电缆绝缘测试，不良倒备用芯线或备敷线	★	近期电缆径路上有作业
		二极管击穿、开路	★	雷击或较大回流混入

三、S700K 道岔故障处理方法（表 3-7）

表 3-7　S700K 道岔故障处理方法

查找步骤	判断及查找方法	示例和图片
一、判定启动故障性质	1. 判断启动故障时应注意电流表指针摆动情况。当摆动时间达到正常值 13 s，确定为室外机械故障；指针摆动时间 1～2 s 左右，确定为电路故障。 2. S700K 三相交流电机动作电流基本曲线说明： 解锁区：道岔启动电流较大，完成道岔解锁过程。 动作区：三相电机动作电流用三条不同颜色线代表，相对于直流电机较为平滑。 锁闭区：与内锁闭方式道岔不同的是，锁闭时的电流与动作电流幅值相同。 缓放区：由于 1DQJ 的缓放作用，出现这样的曲线。	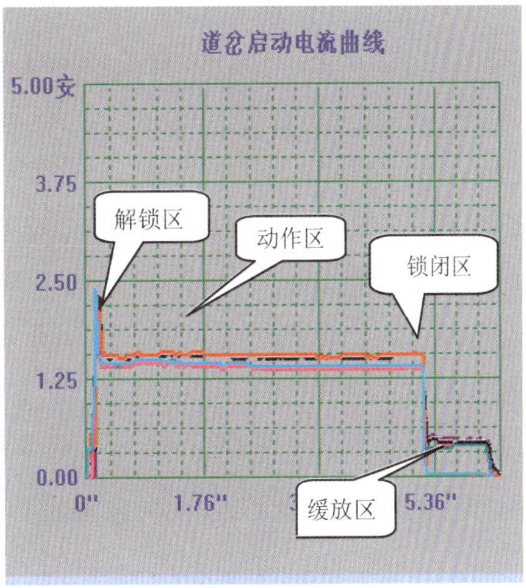
二、判断启动电路故障	控制台来回扳动道岔并在分线盘测试启动电压： 定位向反位扳动时测试 X1、X3、X4（反位向定位启动 X1、X2、X5）各线间有 380 V 电压道岔不动作，故障可能在室外（参照室内 DBQ 故障分析）；若测试电压，两相间有 220 V 交流电压时，则说明电源缺相，故障在室内（如图缺 B 相动作曲线）。	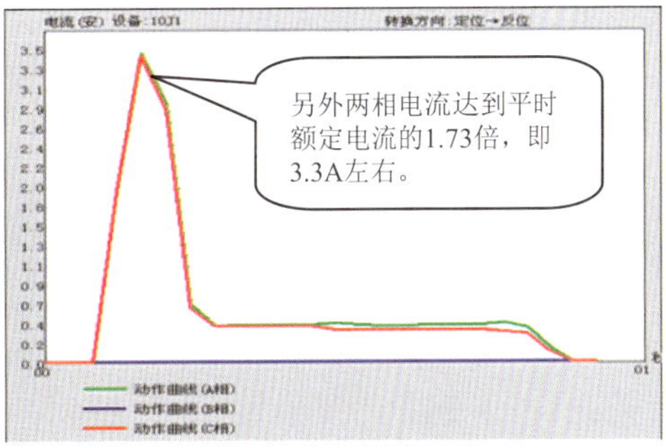

续上表

<table>
<tr><th>查找步骤</th><th>判断及查找方法</th><th>示例和图片</th></tr>
<tr><td>(一)室内启动电路故障查找</td><td>1. 操纵道岔时表示灯不灭则说明 1DQJ 未吸起、检查 1DQJ 励磁电路。若表示灯灭灯后道岔不动作先检查 1DQJF 是否吸起，2DQJ 是否转极。当控制电路部分继电器动作不正常时，按动作逻辑关系式进行检查：YCJ↑(或 SFJ↑)、DCJ↑(FCJ↑)→1DQJ↑→1DQJF↑→2DQJ 转极。
2. 当确定室内道岔控制电路动作正常后：
①若 BHJ 根本不吸起，应检查组合侧面的 380 V 是否正常，熔断器是否良好。若电源正常，则可能是 DBQ 到 1DQJ 及 1DQJF、2DQJ 的相应接点间断线，也可能是 DBQ 内部故障。静态时测试 DBQ 输入、输出 380 V 交流电压，扳动道岔时测试 DBQ 输出直流电压。
②如 BHJ 先吸起，然后又落下，说明三相负载部分良好，重点观察 BHJ 和 1DQJ 落下的先后顺序：若 BHJ 在 1DQJ 落下后再落下，则说明可能是 1DQJ 自闭电路有问题。
③观察 ZBHJ 是否吸起，若 ZBHJ 没有吸，则查找 ZBHJ 励磁电路；若 QDJ 在扳动的过程中，出现瞬间掉下的现象，则故障出在 QDJ 的 RC 缓放支路上。
④观察 DBQ(断相保护器)表示灯，若扳动过程中闪烁正常，说明道岔启动电路已接通。
3. 测试说明：测试断相保护器 DBQ 输入 11、31、51 及输出 21、41、61 各相间电压 380 V，道岔扳动时测试 1、2 端子输出直流为 24 V。BHJ 线圈电压：1-4 线圈电压直流 24 V。</td><td>

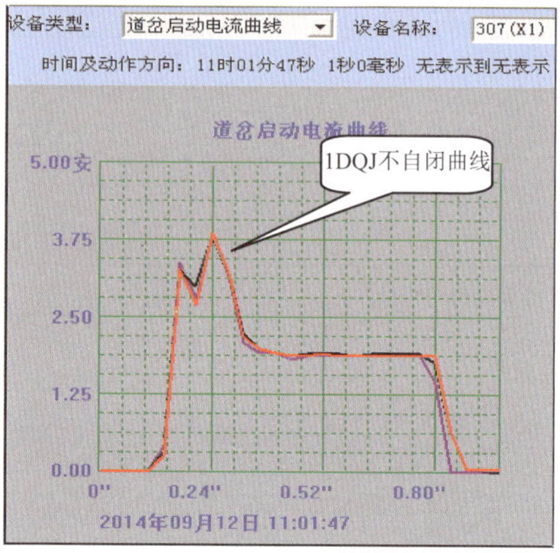
</td></tr>
<tr><td>(二)室外启动电路故障查找</td><td>1. 若在分线盘判断故障在室外。到室外电缆盒后，来回扳动道岔，向定位启动测 X1、X2、X5 电压，向反位启动测试 X1、X3、X4 间电压，若两线间没有 380 V 电压输出，则说明分线盘至电缆盒间存在电缆开路的情况，多扳动几个来回，判断哪根电缆断线后，更换克服。
2. 如果在电缆盒测试三相电源正常。则应重点检查转辙机遮断开关及速动开关的接点接触情况。
3. 当道岔表示正常时结合表示电路查找启动电路(排除室内故障)：
(1)道岔在定位时：在电缆盒测 X2 与 X3 电压，如有电压说明 X3 对应的电缆断线。如无电压说明故障点在电缆盒 X3 端子与转辙机内相对应的端子之间断线。
(2)道岔在反位时：在电缆盒测 X3 与 X2 电压，如有电压说明 X2 对应的电缆断线。如无电压说明故障点在电缆盒 X2 端子与电机相对应的端子之间。</td><td>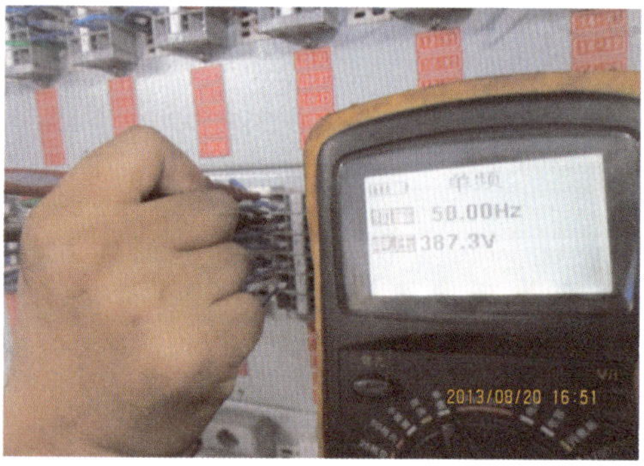

</td></tr>
</table>

续上表

查找步骤	判断及查找方法	示例和图片
三、室外机械故障查找	通过微机监测道岔电流曲线判断机械故障范围：道岔正常的转换时间约为 5.2 s。一般室外机械故障后 13 s 停机保护。如定位向反位扳动 13 s 停机，这时观察反位向定位转换的时间：如果转换时间为 5.2 s，可能是道岔卡缺口（勾头已经上台，转换已经到位）；如果转换时间为 4 s 左右，可能是压力大勾头没有上台；如果转换时间为 3 s 左右，可能是道岔中途卡阻或开程不正确；如果转换时间为 1～2 s 左右，可能是道岔没有解锁。 1. 道岔不解锁： ①观察机内锁舌是否缩入、锁闭杆是否动作； ②若锁闭量为零且锁钩未掉下，检查道岔压力、油润情况、是否卡阻。 2. 尖轨和基本轨密贴后不锁闭： ①检查锁闭量，锁闭量没出来原因是压力大或开程不正确；锁闭量出来后不锁闭为卡缺口； ②若表示缺口正常时道岔不锁闭，检查机内锁舌是否卡阻，表示接点状态。 ③密贴尖轨到位后，检查斥离轨是否到位（斥离轨转换不到位导致卡缺口）。 ④道岔开程检查 3. 锁闭量是指外锁闭装置在锁闭状态时，锁闭杆凸台和锁钩重叠部分。	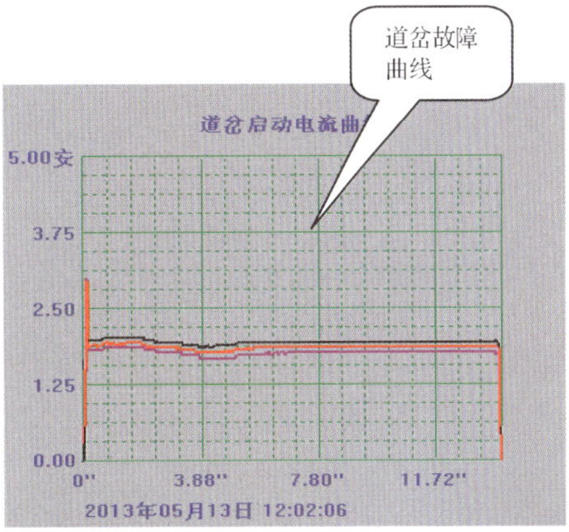 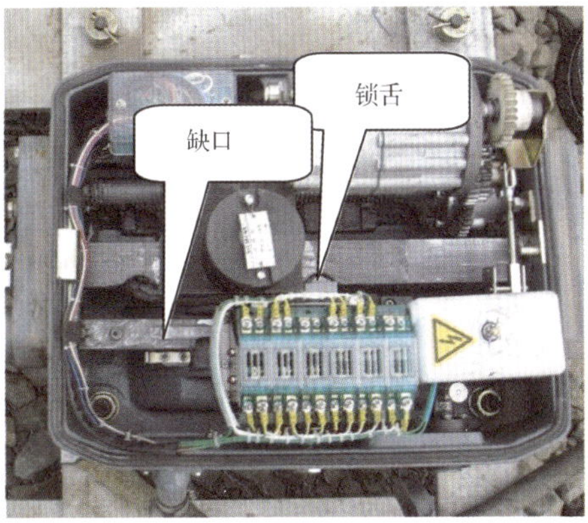 
四、判断表示电路故障	1. 对于多机牵引道岔，由于每一台转辙机设一套表示电路，必须先确定是总表示电路故障还是某一台转辙机表示电路故障，然后再进行处理。 2. 测分线盘电压，定位测（X2 对 X1）反位测（X3 对 X1）有交流 110 V，则为室外断线故障。 3. 测分线盘电压，定位 X2 对 X1（反位 X3 对 X1）测的交流电压为 5 V，没有直流电压，则为室外二极管击穿短路。	

续上表

查找步骤	判断及查找方法	示例和图片
四、判断表示电路故障	4. 测分线盘电压，定位 X2 对 X1(反位 X3 对 X1)测的交流电压为 65 V 左右，直流电压为 35 V 左右，则为 X4(反位为 X5)外线断线。 要求做到： 1. 掌握道岔表示各线作用：定位表示 X1、X2、X4，反位表示 X1、X3、X5。 2. 会测试分线盘表示电压。正常时：定位 X2 与 X1、X4 间(反位 X3 与 X1、X5 间)交流 55～60 V、直流 21～22 V。	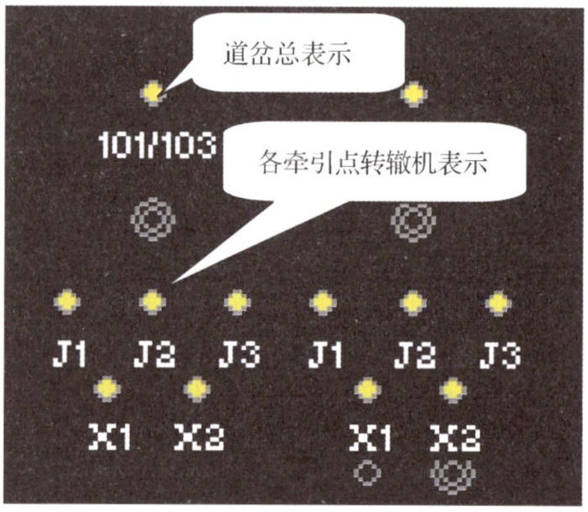
(一)室内表示电路故障查找	1. 测分线盘电压，X2 与 X1(反位为 X3 与 X1)间无电压(为 0 V 或非常小)。此时可以测试室内电阻 R1 两端电压，若无电压，则说明是室内表示电源或断线故障；可检查室内表示电路配线、继电器接点、表示电源。当测试室内电阻 R1 有较高的交流电压时(约为 110 V)，则说明有混线故障(由于混线的位置和程度不同，X1 与 X2 间可以测到大小不同的低电压)；可甩开 X1 或 X2 分线盘电缆测试电压，区分室内、室外故障。 2. 测试参考：测试表示变压器输入交流(BD1-7/1，2)220 V，输出(BD1-7/3，4)交流 110 V，电阻 R 两端测试交流 50-55 V，直流 20-21 V，表示继电器(1-4 线圈)交流 55-60 V、直流 21-22 V。	 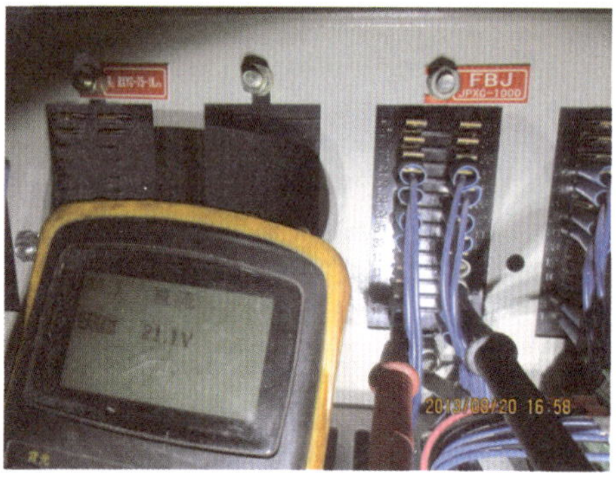
(二)室外表示电路故障查找	(1)表示电路区分方法：定位时测试 X1、X2 和 X1、X4 间的电压，反位时测试 X1、X3 和 X1、X5 间的电压，根据测出的数值判断故障的性质和大体的范围。 ①定位时测试 X1、X2(反位 X1、X3)间的电压为交流 5 V 左右，无直流电压，则说明室外二极管短路。 ②定位时测试 X1、X2(反位 X1、X3)间电压为交流 105～110 V，无直流电压，则可以判断为 X1、X2(反位 X1、X3)室外开路故障。 ③定位时测试 X1、X2(反位 X1、X3)间电压为交流 70 V 左右，直流 40 V 左右，再测量 X1、X4(反位 X1、X5)间电压，若电压为交流 70 V 左右，则 X4(反位 X5)室外开路。	交、直流电压测试方法。在室外电缆盒测量，正常表示电压极性和数值为：定位时，X1(或 X4)＋和 X2－之间的交流电压 55～65 V，直流电压 19～22 V。X1 和 X4 之间的交流电压 1 V 左右。反位时，X1(或 X5)－和 X3＋之间的交流电压 55～65 V，直流电压 19～22 V。X1 和 X5 之间的交流电压1 V左右。

续上表

查找步骤	判断及查找方法	示例和图片
(二)室外表示电路故障查找	④定位时测试 X1、X2(反位 X1、X3)间电压为交流 1 V 左右,无直流电压,则需要甩开分线盘处的电缆进行区分测量,甩开电缆后,测试两软线电压,若电压有 110 V,则可判断为 X1、X2(X1、X3)间室外电缆出现了混线故障;若电压为 0 V,则故障在室内。 (2)在室内分线盘处判断好故障范围后,到达室外查找,若电缆盒处的电压与室内判断的电压数值偏差较大,则为从分线盘至电缆盒间出现故障,更换备用贯通电缆即可。 (3)若在电缆盒处测试的电压与分线盘测试的电压数据偏差不大,则说明故障出在电缆盒与转辙机间,判断好范围后,用电压法按图从有到无查找可找出故障点。	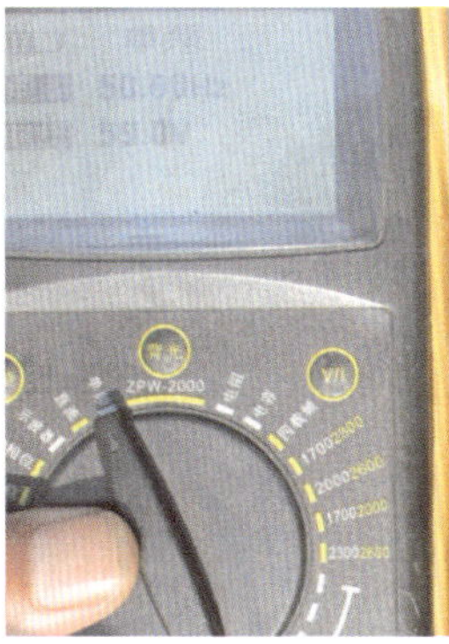  

四、S700K 型电动转辙机"1、3 闭合"和"2、4 闭合"配线调整方法

1."1、3 闭合"时,11-12、13-14、15-16、31-32、33-34 接点定位闭合,终端电缆盒 1#—转辙机内部 1#、终端电缆盒 2#—转辙机内部 17#、终端电缆盒 3#—转辙机内部3#、终端电缆盒 4#—转辙机内部 19#、终端电缆盒 5#—转辙机内部 5#。

2."2、4 闭合"时,21-22、23-24、41-42、43-44、45-46 接点定位闭合,终端电缆盒 1#—转辙机内部 1#、终端电缆盒 2#—转辙机内部 3#、终端电缆盒 3#—转辙机内部17#、终端电缆盒 4#—转辙机内部 5#、终端电缆盒 5#—转辙机内部 19#(将"1.3 闭合"配线的 X2 与 X3 交叉,X4 与 X5 交叉)。

3. 整流堆调换位置、极性交换。

第四章　闭塞设备故障处理

第一节　64D半自动闭塞故障处理

一、64D半自动闭塞故障处理流程图(图4-1)

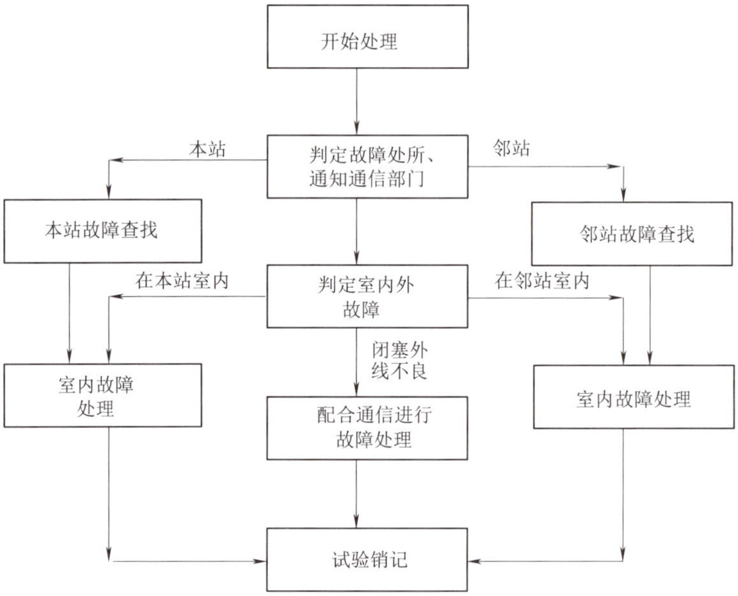

图4-1　64D半自动闭塞故障处理流程

二、64D半自动闭塞设备故障处理流程及注意事项

(一)故障处理程序(表4-1)

表4-1　64D半自动闭塞设备故障处理程序

故障现象	步骤	具体内容	备注
64D半自动设备故障	故障询问	1. 在接到故障通知后,及时汇报上级,通知邻站进行配合。 2. 询问值班员了解闭塞、进路办理过程、列车运行情况。 3. 观察控制台现象和半自动区段轨道电路状态。 4. 了解有无外单位作业。	
	应急准备	1. 了解现场情况,准备交通工具(车间、段)。 2. 工区、车间、段迅速集结人员,处理人员分工协作,准备图纸、仪表、工具,并通知通信段进行配合处理,及时安排人员赶赴半自动故障的两站进行处理。 3. 怀疑光转换装置有故障的,如果通信人员在,应联系尽快切换至电缆"实回线"。 4. 事故复原后重新办理闭塞,是否恢复正常。 5. 反向办理闭塞进行试验。	

续上表

故障现象	步骤	具体内容	备注
64D半自动设备故障	微机监测调看和测试初步判断	1. 观察故障时继电器状态。 2. 利用微机监测回放站场进路排列、闭塞办理、半自动区段占用情况。 3. 两站联合对比分析，调阅脉冲电压曲线是否正常，正负脉冲信号是否正确、完整、齐全。正常情况下，一个完整的半自动电压曲线应该包括5个峰值尖波。第一个峰值尖波为请求发车信号（正脉冲），第二个为自动回执信号（负脉冲），第三个为同意接车信号（正脉冲），第四个为通知出发信号（正脉冲），第五个为到达复原信号（负脉冲）。当本站为发车站时，第一、第四个脉冲为本站的发送电压，第二、第三、第五个脉冲为本站接收邻站电压。 4. 及时测试半自动外线，并通知通信部门进行处理。 5. 回放电务维修机，查看继电器动作顺序，与正常时进行比对。 6. 检查相关阻容元件是否正常，有无焦煳味、变色、鼓包、漏液情况。	

（二）注意事项

1. 现场车间、工区需掌握管内半自动外线类型（光缆转换器、通信电缆）。

2. 处理故障时可反向办理一次闭塞，观察继电器动作，同时可证明外线是否正常。也可以进行半自动外线环阻测试，判断外线是开路还是短路（方法：本站甩开半自动外线，在电缆上测试环阻）。工区应建立半自动外线电压、环阻和对地绝缘参考表。对半自动外线在用端子号和备用电缆端子号安装位置（组合架、分线盘、控制台）进行明确标识，防止倒换外线电缆后半自动脉冲极性不一致。

3. 故障分析时，应利用微机监测设备调看脉冲电压、电流曲线，由于每个站具体情况而不同，发送电压一般在65～90 V左右，接收电压一般在30～50 V左右。同时回放值班员操作、继电器动作顺序、发（收）电压脉冲等情况，将故障时情况与正常时进行仔细比对。

4. 当在一次故障中出现多个异常信息时，应将各异常信息结合起来共同分析，查找共同点。

5. 使用“半自动闭塞光缆转换装置”的半自动设备，当“光缆转换装置”状态不稳定，时好时坏时，会产生错误的脉冲信号，有可能造成两站出现“双接”现象、电压脉冲波形畸变不规则出现毛刺、个别电压脉冲丢失、正负方向不一致等。

6. 使用“半自动闭塞光缆转换装置”的半自动设备，当怀疑“光缆转换装置”不良时，不能用传统的方法判断测试外线，只能通过微机监测波形对比或电压测试进行判断。当确认“光缆转换装置”不良且暂时无法处理时，应两站配合，同时将半自动外线倒换至原备用电缆“实回线”上，以压缩延时。

7. 当光缆通道或光缆转换装置故障后（“死”故障），经过24 s应自动切换至实回电缆通道工作；但当光缆转换装置发生“软”故障时（时好时坏或瞬间传输中断），光缆转换装置不能可靠地切换至“电缆通道”工作。此时，光缆通道、电缆通道均不能可靠传输，造成半自动闭塞设备故障。只能通过两站配合，同时将半自动外线倒换至原备用电缆“实回线”上来解决。

8. 使用实回电缆外线的半自动设备，当半自动闭塞电缆外线不良时，会造成连续多个脉冲信号（幅值偏低等）不能正常接收，两站可以对比故障时段正、负脉冲信号的发送接收情况来判断，通过对外线绝缘和环阻测试进一步确认。

9. 日常应主动与车务值班员进行沟通和宣传，一是习惯抢办“闭塞”的人员，应讲明抢办的危害。二是半自动轨道电路区段通常情况下为进站信号机内方的第一个无岔区段，但是个别站进站内方第一个区段为岔区，如石泉站，这种情况下车务值班员容易出现误办。

(三)64D 半自动闭塞故障常见原因(表 4-2)

表 4-2 64D 半自动闭塞故障常见原因

故障现象	常见原因		发生概率	备注
64D半自动故障	室内	继电器接点不良	★★	
		车务人员误办	★★	6502 站容易发生
		6502 控制台按钮不良	★★	长期使用未更换
		电容不良	★	电容有明显鼓包、漏液
		半自动整流电源故障	★	无直流输出
	室外	通信光电转换器故障	★★	脉冲电压不稳定
		通信外线电缆故障	★	外单位区间作业

三、64D 半自动闭塞故障处理程序及方法(表 4-3)

表 4-3 64D 半自动闭塞故障处理程序及方法

查找步骤	判断及查找方法	示例和图片
一、发车站(甲站)按压 BSA 后不能办理请求发车,甲乙两站控制台(显示屏)无任何反映	1. 甲站按下 BSA 后,ZDJ 是否吸起;ZDJ 不吸故障在甲站,查找 ZDJ 的电路。 2.(甲站)ZDJ 吸起,在外线端子能测试到足够电压,在乙站外线端子不能测试到电压,接车站 ZXJ 不吸起,可以判断外线故障;由于甲乙两站的外线通道是共用的,甲站向乙站请求闭塞,乙站向甲站请求闭塞,如果甲乙两站控制台(显示屏)无任何反映,可以基本判断外线不良,通知通信部门检查外线有关电路。	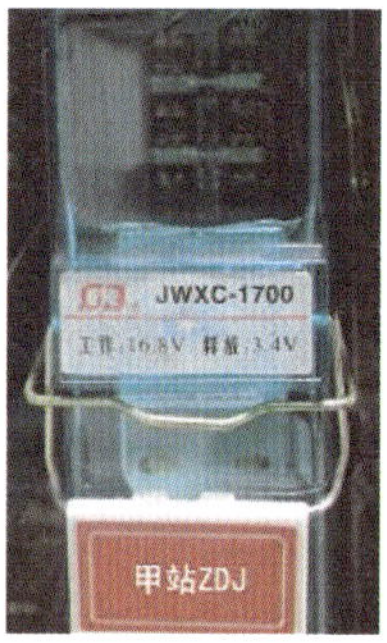 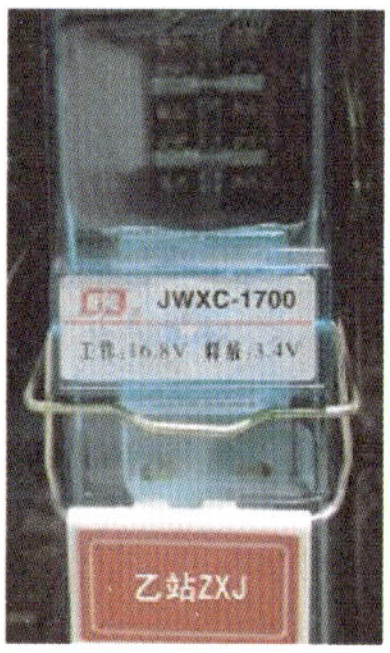
二、甲站按下 BSA 后,乙站电铃(语音提示)鸣响,JBD 不亮黄灯	1. 外线良好。 2. 故障在乙站。 3. 检查接车站(乙站)TJJ 是否吸起。若 TJJ 没吸,检查发车站按下 BSA 时接车站的 ZXJ 和 HDJ 是否吸起;TJJ 不吸可能是 HDJ 缓放时间不够或 HDJ 并联的阻容元件坏。	  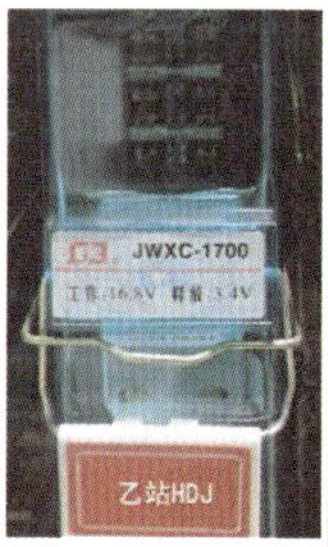
三、甲站按下 BSA 后,乙站电铃(语音提示)鸣响,JBD 亮黄灯,甲站 FBD 不亮黄灯	1. 乙站检查 FDJ 是否吸起,甲站检查 FXJ 是否吸起(当甲站电铃鸣响,说明外线无故障;反之,外线不良)。 2. 甲站电铃(语音提示)鸣响说明乙站回执脉冲已经送到 FXJ 吸起,乙站设备正常。 3. 检查甲站 ZKJ 是否吸起。若甲站 ZKJ 不吸应观察请求发车后 XZJ 和接收到回执负脉冲后 FXJ 是否吸起。 4. 若甲站 ZKJ 已吸,应检查甲站 GDJ 是否吸起,GDJ 不吸应查找 GDJ 电路。	  

续上表

查找步骤	判断及查找方法	示例和图片
四、乙站按下 BSA 后同意接车后 JBD 变绿灯，甲站 FBD 不变绿灯	1. 甲站电铃（语音提示）不鸣响说明甲站 ZXJ 未吸起，检查乙站 ZDJ 吸起电路是否正常。若乙站 ZDJ 不吸查找电路故障点。 2. 甲站电铃（语音提示）鸣响说明乙站同意脉冲已经送到 ZXJ 吸起，乙站设备正常，检查甲站的 KTJ 是否吸起，检查 KTJ 的励磁电路。	  
五、列车出发后甲站 FBD 变红灯接车站乙站的 JBD 不变灯	1. 检查甲站 ZDJ 是否吸起，未吸起检查甲站 ZDJ 电路。 2. 甲站 ZDJ 吸起、乙站 ZXJ 吸起，检查乙站的 TCJ 是否吸起。	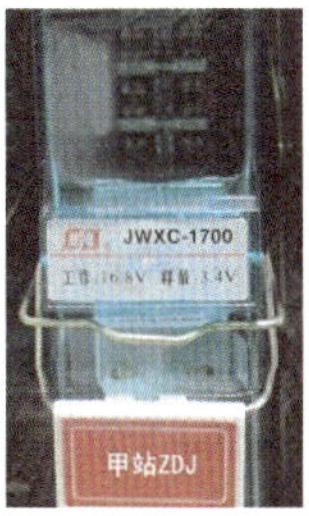  
六、列车到达后，乙站 FBD 不亮红灯	1. 观察乙站的 HDJ 是否吸起。 2. 检查 GDJ 励磁电路是否良好。 3. 检查乙站的 HDJ 励磁电路是否接通。	
七、列车到达后，接车站 JBD 和 FBD 都亮红灯，但不能办理到达复原	按下 FUA 观察 BSJ 是否吸起，未吸起查找 FUJ 和 BSJ 的励磁电路	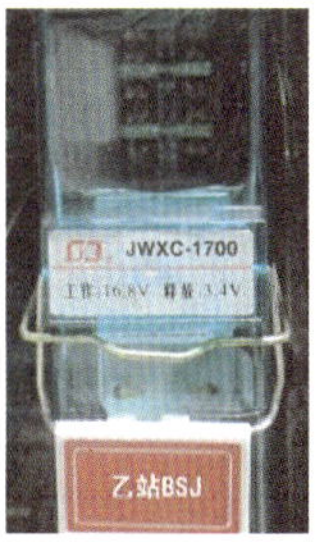
八、乙站办理到达复原时，甲站不能复原（FBD 红灯）	1. 甲站电铃（语音提示）不鸣响说明甲站 FXJ 未吸起。 2. 如果发车站（甲站）的 FXJ 吸起时间很短 FUJ 不能可靠吸起，可能是接车站（乙站）的阻容不良。 3. 甲站电铃（语音提示）鸣响说明乙站复原脉冲已经送到 FXJ 吸起，乙站设备正常；检查甲站 FUJ 是否吸起。查找甲站 FUJ 的励磁电路。	 

续上表

<table>
<tr><th>查找步骤</th><th>判断及查找方法</th><th>示例和图片</th></tr>
<tr><td>九、典型故障案例</td><td>1. 故障概述：11 月 29 日 11∶26，白水江发车后，红卫坝站接车表示灯仍点亮绿灯。监测调看：11∶26 白水江发车时，白水江站已送出“通知出发脉冲”，红卫坝站未接受到“通知出发脉冲”，11∶42 和 11∶47，红卫坝办理请求闭塞 2 次，均能发出“请求发车脉冲”，但是白水江未收到“请求发车脉冲”，初步判断，红卫坝至白水江半自动外线电缆可能中断。
2. 故障原因：红卫坝至白水江半自动外线测试环阻为无穷大，判定电缆断线。</td><td>11:42、11:47 时，红卫坝办理闭塞 2 次，发出“请求发车脉冲”（如图 1）
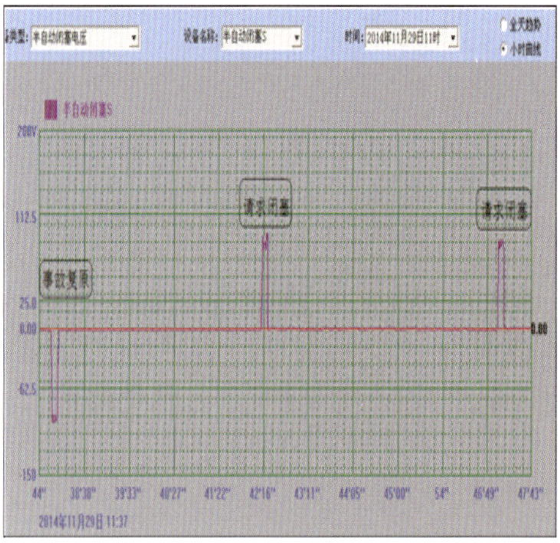

图 1
白水江未收到“请求发车脉冲”（如图 2）
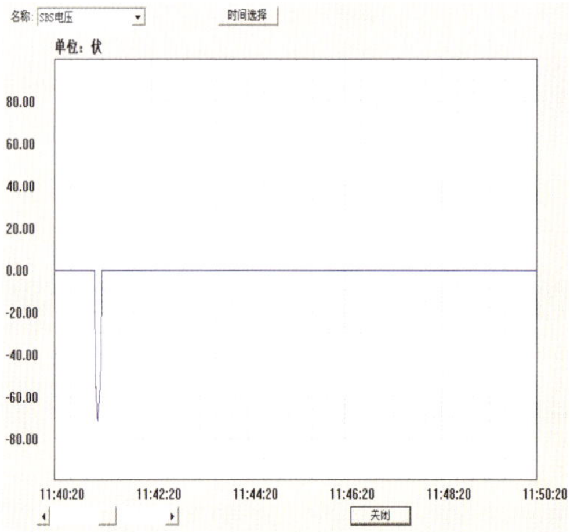

图 2</td></tr>
</table>

四、64D 半自动闭塞微机监测曲线示意图（图 4-2）

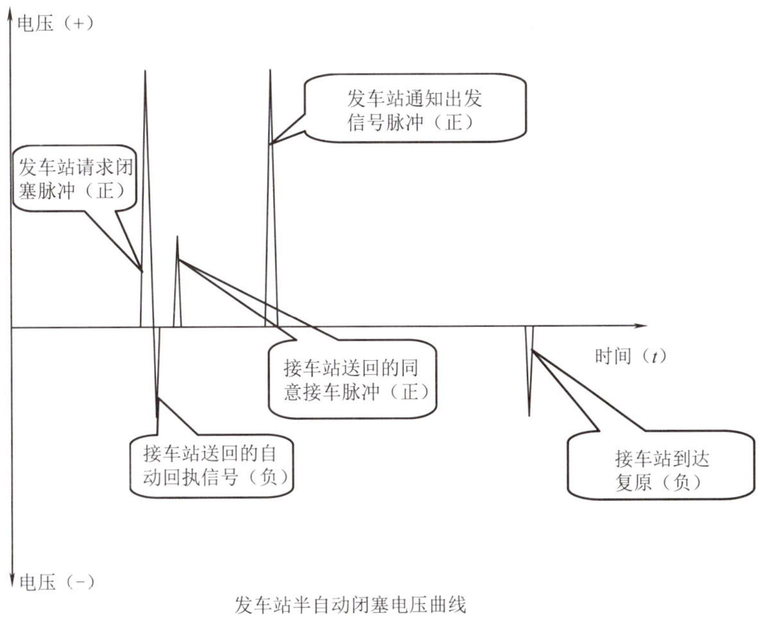

发车站半自动闭塞电压曲线

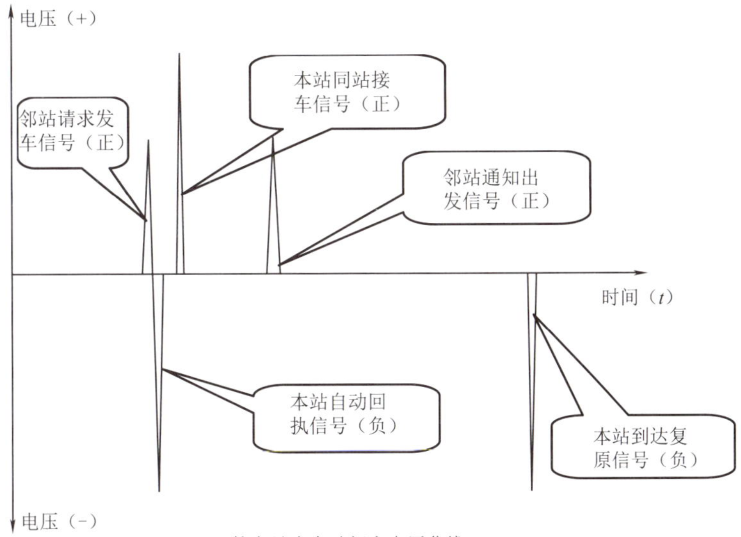

接车站半自动闭塞电压曲线

图 4-2　64D 半自动闭塞微机监测曲线示意图

五、64D 半自动闭塞继电器动作程序图（图 4-3）

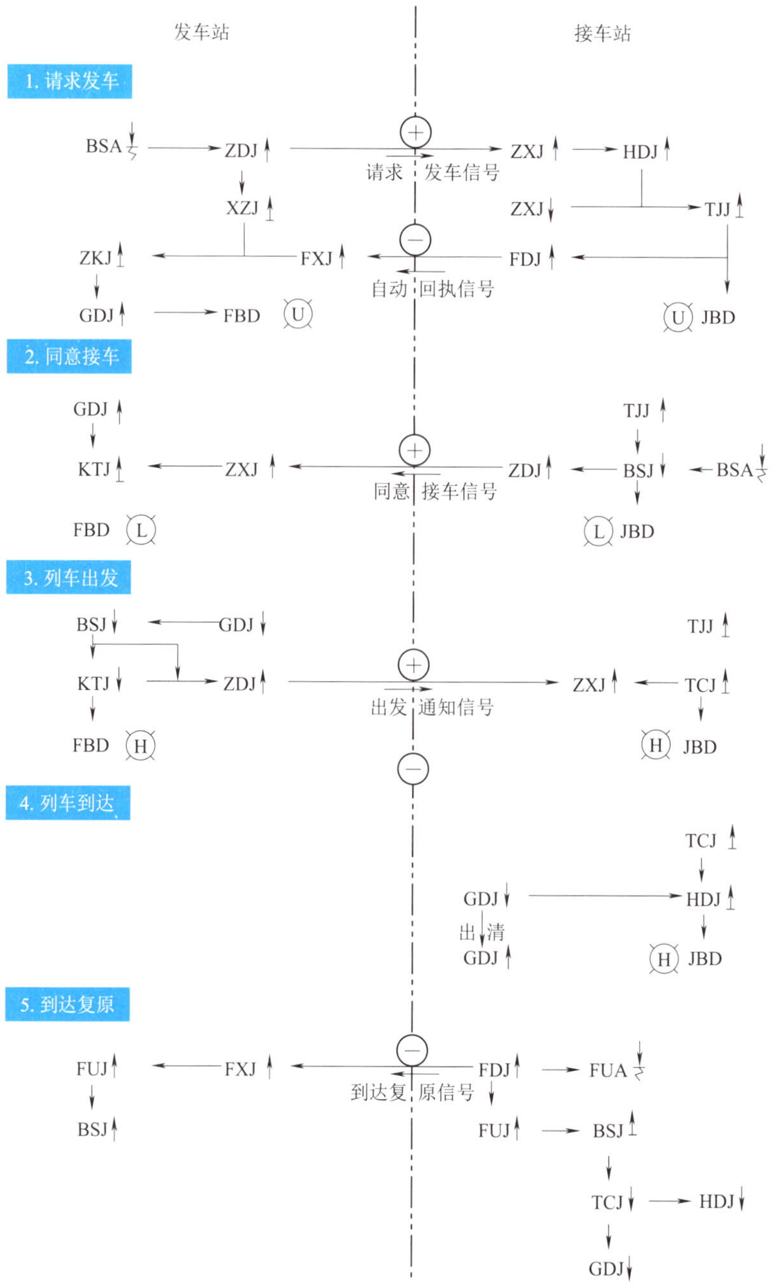

图 4-3　64D 半自动闭塞继电器动作程序图

第二节　四线制方向电路故障处理

一、四线制方向电路故障处理程序及注意事项

（一）故障处理程序（表 4-4）

表 4-4　四线制方向电路故障处理程序

故障现象	步骤	具体内容
方向电路故障	故障询问	1. 故障发生时机 2. 电务作业情况 3. 值班人员通知邻站配合，共同判断确认故障范围。
	应急准备	1. 了解现场情况，准备交通工具（工区、车间、段）。 2. 工区、车间、段迅速集结人员，处理人员分工协作，保持和上级的电话联系，准备图纸、仪表（万用表、兆欧表等）、工具、电台，重点了解备品备件是否齐备及存放位置。 3. 两站确认故障后，及时登记停用。
	微机监测调看和测试初步判断	1. 调看微机监测，查看报警信息，核对车务操作是否正确 2. 及时通知邻站确认故障现场。 3. 确认故障是“双接”、区间轨道电路故障还是方向电路本身故障。 4. 怀疑外线不良时，两站配合对方向电缆绝缘和环阻进行测试。

（二）注意事项

1. 应急处置人工改变运行方向时，两站要协调配合，加强与车站沟通协调，避免故障扩大。

2. 方向电路外线电缆测试，注意设备端子和仪表挡位，避免仪表被损坏和故障扩大。

3. 工区应将方向控制电路和监督电路外线正常测试电压张贴在分线盘，便于故障处理时测试对比。

二、方向电路故障判断和处理方法

1. 方向电路故障性质判断

发生改方电路故障后，两相邻站要调看微机监测查看以下内容：

①监督区间表示 H 灯是否点亮或出现“双接”现象；

②区间各轨道区段有无红光带故障；

③车务操作是否正确，区间是否有列车运行；

④区间信号机和轨道电路状态。

当两站共同确认区间空闲、双方都未办理至该区间的发车进路、区间监督表示 H 灯的点亮属方向监督电路故障。

当方向电源瞬间停电或方向电路瞬间故障，造成两站均处于“双接”状态属方向控制电路故障。

2. 方向监督电路故障处理

原发车站检查监督区间电源及熔断器是否正常。两站分别在分线盘测试监督区间继电器（JQJ）外线电压，确认故障站，进一步检查外线电缆（环阻测试），QGJ 和 FSJ 继电器接点、

JQJ 和调整电阻。

控制台区间监督表示 H 灯闪烁，说明 FSJ 因故落下，需检查 FSJ 励磁电路。

3. 方向控制电路故障处理

①改方操作办理后两站设备未动作，取消操作、再次办理，检查原接车站 GFJ 是否励磁并缓放，GFFJ 是否缓落；两站同时在分线盘测试是否有改方控制电压，必要时，进行电缆绝缘和环阻测试，排除外线故障；若再次办理，原接车站分线盘测试无电压，检查原接车站室内配线和继电器；若再次办理，原发车站分线盘测试有电压，FJ1 和 FJ2 未转极，检查测试原发车站室内配线、FJ1 和 FJ2 继电器励磁电路；

②改方操作办理后，区间信号机未灭灯，发车表示灯改点黄灯，说明 FJ2（CFJ）未转极或信号点 QZJ（QFJ）未励磁，检查测试室内配线、FJ2（CFJ）和 QZJ（QFJ）继电器励磁电路。

③改方操作办理后，原发车站设备动作正常（所属区间信号机灭灯、接车表示灯点 U 灯），原接车站区间信号机未灭灯，说明原接车站 FJ2（CFJ）未转极，检查测试室内配线、FJ2（CFJ）继电器励磁电路。

④改方操作办理后，原发车站设备动作正常（所属区间信号机灭灯、接车表示灯亮 U 灯），原接车站区间信号机灭灯，发车表示灯未点 L 灯，说明原接车站 FJ1 未转极，检查测试室内配线、FJ1 继电器励磁电路。

⑤改方操作之后区段轨道电路红光带，检查 QZJ、QFJ 继电器状态和 FJ2（CFJ）继电器接点。

4. 应急处置：

①人为改变 FJ1、FJ2 继电器状态，若辅助改方电路故障后，可人为改变 FJ1、FJ2 继电器状态临时处理方向电路故障时，两站必须统一指挥，若出现“双接”故障由准备办理发车的车站，拔下 FJ1、FJ2 拍至落下位置，再插上 FJ1、FJ2 继电器，即可改变区间方向，办理发车作业。

若人为将区间改为“双发”后两站最远区段出现红光带，最远的一架信号机灭灯。此时可由准备接车的车站，拔下 FJ1、FJ2 拍至吸起位置，再插上 FJ1、FJ2 继电器，即可改变区间方向。

②改方作业完后，若发车站出发信号不能开放，辅助办理白灯点亮，拔下方向组合内的 DJ 短路继电器，再插上后即可开放出站信号。

③站联电缆故障后，正常改方和辅助改方都不能使用，此时也不能人为改变 FJ1、FJ2 继电器状态来改变区间方向。因为两站最远端的相关区段和信号机相互联锁，电缆故障后联锁就随之失效。

三、四线制方向电路故障处理方法

（一）JD 系列计算机联锁改变方向电路办理方式

1. 正常办理

设甲站为接车站，乙站为发车站，区间空闲，双方均未办理发车，此时若甲站要求向乙站发车，当向正方向发车时，则由甲站办理一条发车进路，即可自动改变运行方向；当向逆向发车时，则需要按下允许改变运行方向按钮（YGFA），然后输入口令办理发车进路，即可自动改变方向。

2. 辅助办理

当区间轨道电路发生故障或方向电路因故出现了“双接”现象后，JQJ 因故落下，两站的监督区间占用灯 JQD 会同时点亮，这时只能采用“辅助办理”方式来改变运行方向。

不管是轨道电路发生了故障，还是方向电路预要改变为发车站的一方如甲站的车站值班员先后按压其总辅助按钮 ZFA 和发车辅助按钮 FFA。随后，10 s 内乙站值班员也按压相应的总辅助按钮 ZFA 和接车辅助按钮 JFA，于是两站的辅助办理灯 FZD 立即点亮稳定白灯。至此，甲站值班员方可停止点击鼠标(FFA)，之后，运行方向即被改变，当甲站的发车方向灯 FD 点亮绿灯后，甲站值班员才能松手，表明辅助办理结束。

(二)TYJL-Ⅱ计算机联锁自动闭塞改变方向电路的操作

1. 正常办理

自动闭塞方向电路完全正常时需改变列车运行方向，两站值班员共同确认区间空闲，双方都未办理至该区间的进路，然后欲发车站值班员排列一条向此方向的发车进路即可改变列车运行方向。如果是反方向口(X、S 口)，需先办理改方，按压改方按钮及输入口令，再排列发车进路。最后，屏幕原黄色接车箭头变为绿色发车箭头。

2. 辅助办理

当自动闭塞方向电路故障需改变列车运行方向时，只能采用“辅助办理”的方式来改变。此时两站值班员共同确认区间无车，双方都未办理至该区间的进路。

若本站是要发车的车站，值班员须先点压此方向的总辅助按钮，输入口令 1、4、7，屏幕上出现“总辅助”白色字，再点压发车辅助按钮及口令 1、4、7(13 s 之内要重复点压)，屏幕上出现“辅助”白色字式，通知邻站值班员先点压总辅助按钮及口令，再点压接车辅助按钮，屏幕上出现“辅助”白色字，此时即可改变列车运行方向。值班员看见方向箭头改变后可停止操作。两站值班员共同确认方向箭头改变正确后点压取消总辅助按钮，屏幕上“总辅助”字消失。这样就完成了改方操作。

若本站是要接车的车站，值班员先通知对方车站人员，先点压此方向的总辅助按钮及口令，再点压发车辅助按钮(13 s 之内要重复点压)，然后点压本站总辅助按钮，输入口令 1、4、7，屏幕上出现“总辅助”白色字，再点压接车辅助按钮(13 s 之内要重复点压)及输入口令 1、4、7，屏幕上出现“辅助”白色字，值班员看见方向箭头改变后可停止操作。两站值班员共同确认方向箭头改变正确后点压取消总辅助按钮，屏幕上“总辅助”字消失，完成了改方操作。

四、四线制方向电路动作流程图(图 4-4 至图 4-8)

单元电路组成：

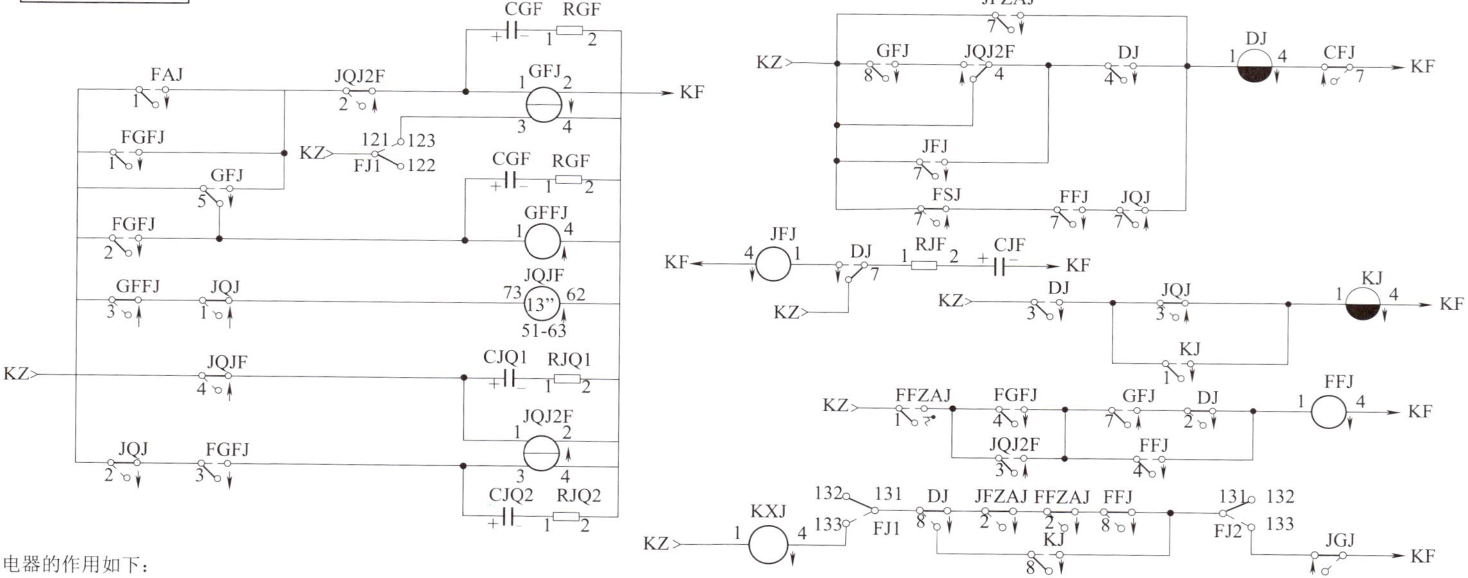

继电器的作用如下：

FJ1控制接发车表示灯，与FJ2一起控制KXJ动作。

FJ2控制区间信号点QZJ、QFJ，与FJ1控制KXJ动作。

KXJ用FJ1、FJ2、1LQJ（反向时3JGJ）来检查出站信号的区间闭塞条件是否满足。

KJ是在区间空闲的条件下辅助改方时控制KXJ的动作。

FAJ在正常改方时记录发车进路的建立，在JQJ2F吸起条件下动作GFJ。

FSJ用来反映发车进路的锁闭情况，区间空闲时控制JQJ的动作，在发车进路已锁闭的情况下禁止辅助办理改方。

FFJ在JQD红灯或双接（两站接车灯均亮）的情况下用以欲发车的车站辅助办理改变运行方向。

JFJ在JQD红灯或双接（两站接车灯均亮）的情况下用以欲接车的车站辅助办理改变运行方向。

DJ在正常改方时短路FGFJ，不许FGFJ接入方向电路，在辅助改方时将FGFJ接入方向电路，吸气后点亮FZD证明正在进行辅助办理。

JQJ监督区间是否空闲或占用，监督两站是否办理发车进路，改方动作后不起监督作用。

JQJF复示接车口JQJ的动作（因为发车口GFFJ落下），利用缓吸13 s来防止短车（如单机）瞬间分路不良而车站又恰好倒方向导致双发的可能。

JQJ2F在平时与正常改方时用1-2线圈复示JQJF的动作，在辅助改方时用3-4线圈反复示JQJ的动作，双线圈均有阻容缓放支路用于在GFFJ落下后利用其缓放功能短路外线反电动势确保FJ1动作正确。

GFJ正常办理时记录FAJ动作改变运行方向；辅助办理时记录FGFJ动作改变运行方向。

GFFJ原接车口在GFJ吸起后利用其缓放将两站的电源串接，使两站FJ2可靠转极；原接车口在GFJ吸气后利用其完全落下将原接车口送来电源短接，消除外线上的纵感应电动势，确保FJ1动作正确。

FGFJ原接车口辅助改方时控制GFJ、GFFJ、JQJ2F动作；在原发车口改方时不起作用。

图 4-4　四线制改方电路工作原理示意图

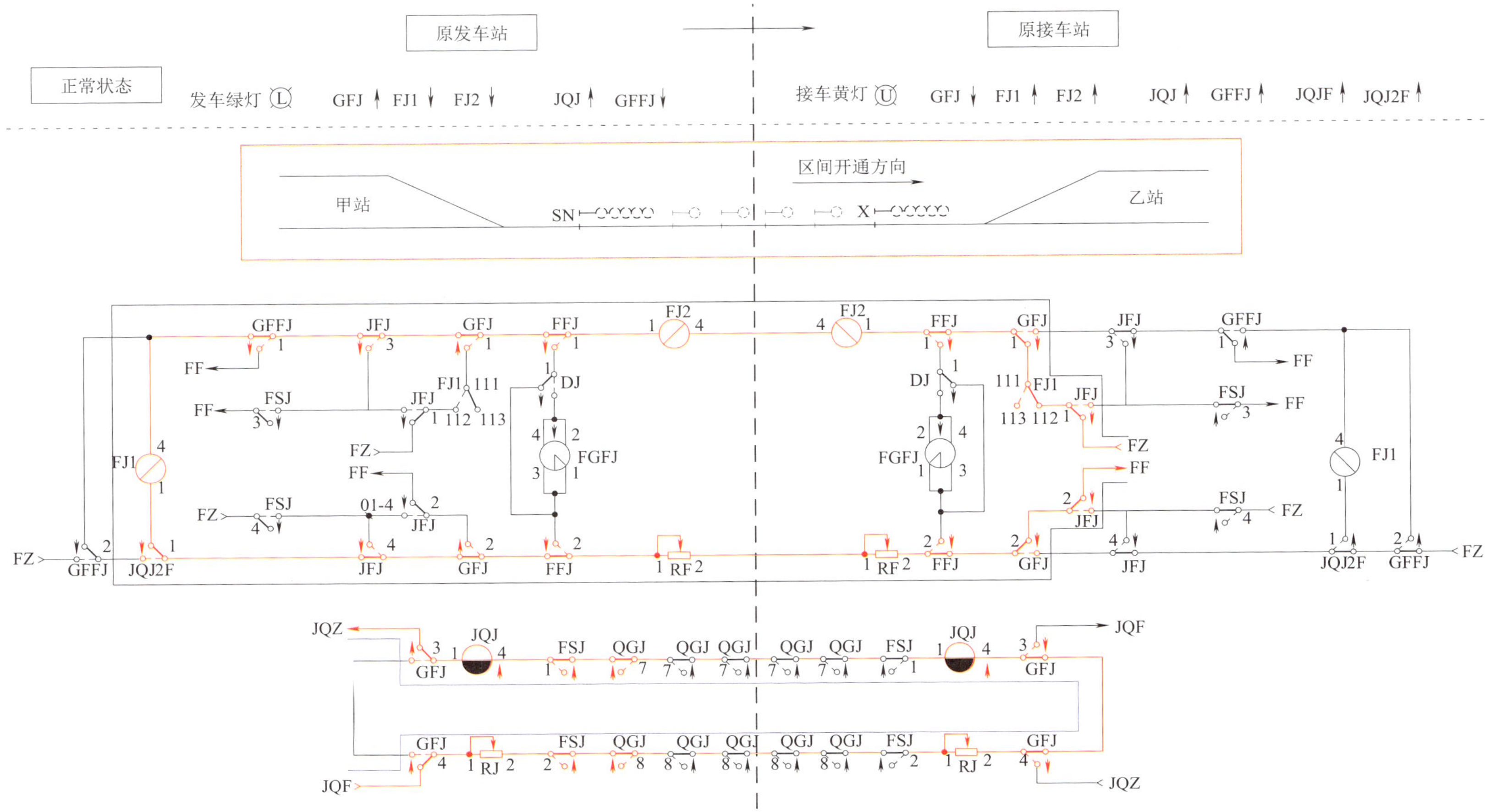

图 4-5　四线制改方电路工作原理示意图——平时状态

说明：如图所示（区间空闲，且甲乙两站均未办理发车的情况），上面的为控制方向电路图，下面的为监督方向电路图，正常情况下，发车站（甲站）GFJ、FSJ、JQJ 处于吸起状态，接车站（乙站）FJ1、FJ2、FSJ、JQJ、JQJF、JQJ2F、GFFJ 处于吸起状态。从图中可以看出方向继电器（FJ1、FJ2）是由接车站向发车站提供电源，其状态直接反映了区间开通的方向；监督继电器（JQJ）是由发车站向接车站提供电源，其状态直接反映了区间的占用情况。

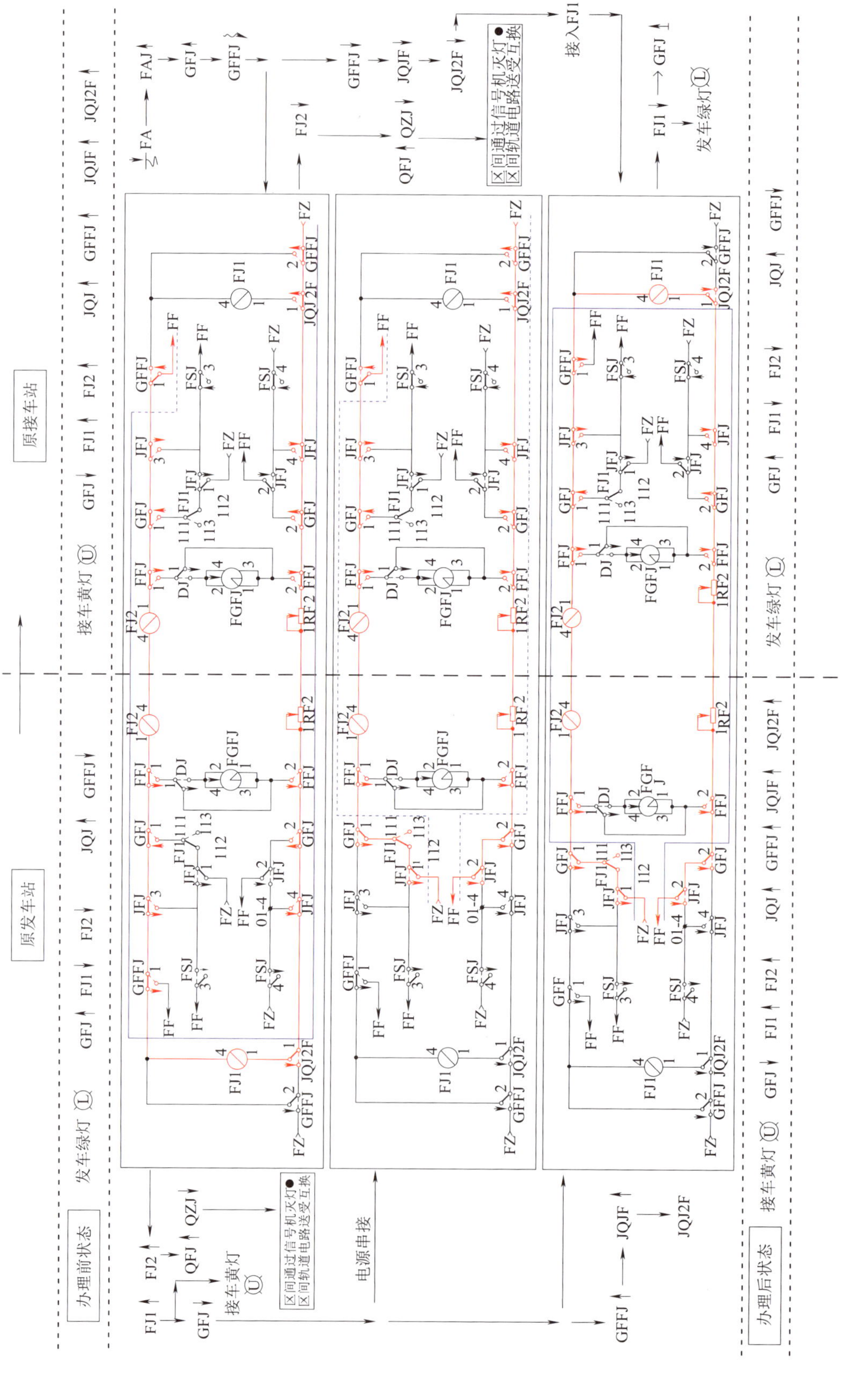

图 4-6 四线制改方电路工作原理示意图——正常改方

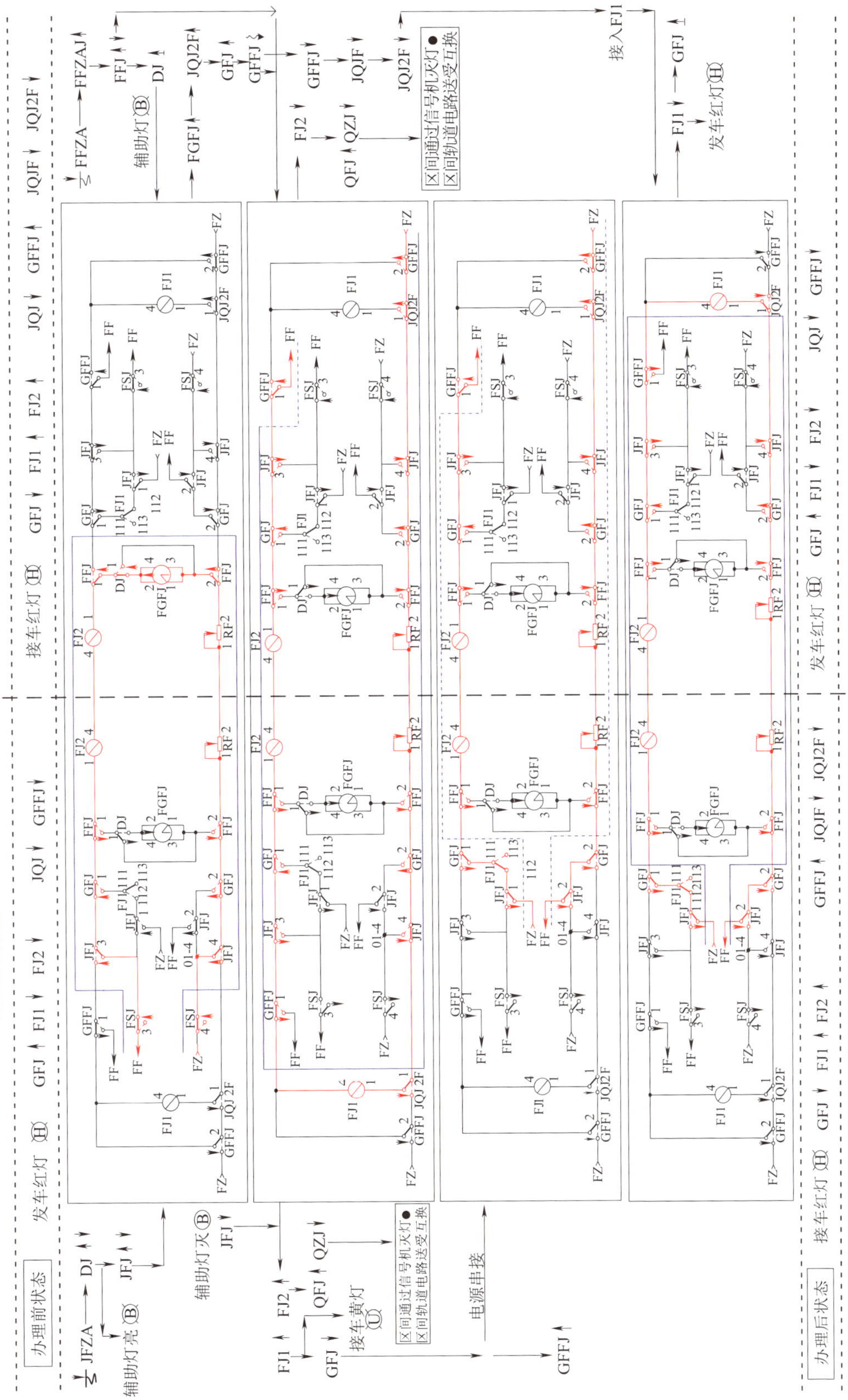

图 4-7 四线制改方电路工作原理示意图——辅助改方之区间占用

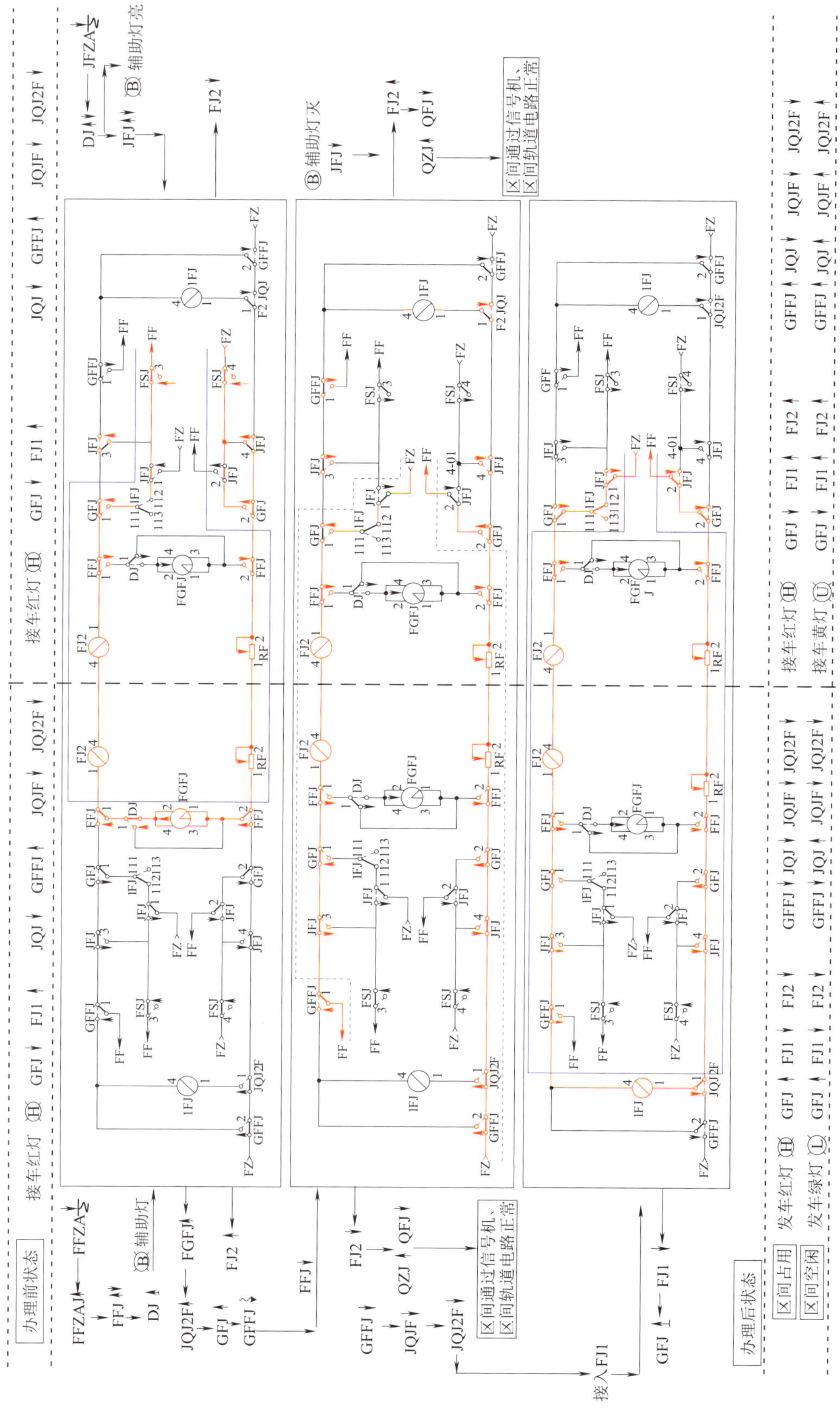

图 4-8 四线制改方电路工作原理示意图——辅助改方之“双接”

第五章　信号机及电缆故障处理

第一节　信号机故障处理

一、信号机故障处理流程图（图 5-1）

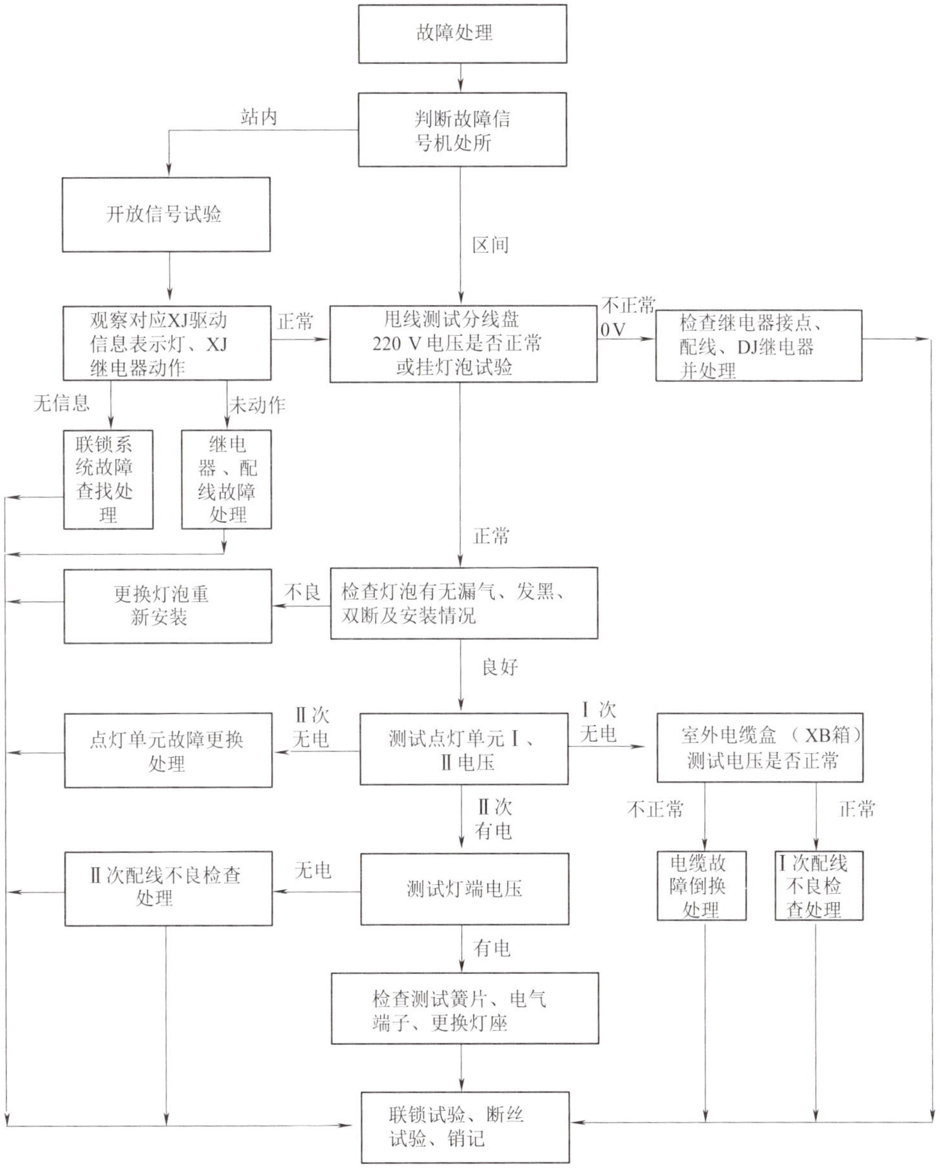

图 5-1　信号机故障处理流程

二、信号机故障处理流程及注意事项

（一）故障处理程序（表 5-1）

表 5-1 信号机故障处理程序

故障现象	步骤	具体内容
信号机故障	故障判断	1. 接到故障通知后，注意观察控制台现象。 2. 询问值班员站内进路排列、闭塞办理和区间占用情况。 3. 通过微机监测灯丝电流，分析判断故障灯位。 4. 重复开放试验，观察故障现象，故障恢复时可先销记，再继续查找分析具体原因，一时不能恢复停用设备。
	应急准备	1. 了解现场情况，准备交通工具（车间、段） 2. 工区、车间、段迅速集结人员。现场负责人根据人员现状进行分工，明确和上级单一联系方式，准备图纸、仪表、工具、材料，重点了解备品备件是否齐备及存放位置，及时向故障地点进行调集。 3. 前往区间处理信号机灭灯故障时，必须携带相应的备品器材（点灯单元、灯泡、电源盒等）
	监测分析和故障判断	1. 观察控制台、微机监测、组合架有无熔丝断丝报警信息。 2. 调阅信号机点灯电流，回放故障时灯显变化情况，查阅维修机开关量变化情况。 3. 处理站内常点灯位和区间信号机故障时，直接在分线盘进行测试电压。 4. 处理站内信号机允许灯光故障时，可在分线盘挂 40 W 照明灯泡进行试验（可让 DJ 保持吸起，构通室内点灯电路，确保 220 V 电源送至室外，便于用电压法查找故障），区分室内外。也可以一人开放信号试验，一人同时在分线盘测试电压。 5. 如果分线盘无电，则故障在室内，应重点检查电源、组合侧面熔断器和继电器接点条件。微机联锁站应注意观察 XJ 驱动、采集信息，DJ 采集信息和 XJ 继电器是否励磁。 6. 如果分线盘有电，则故障在室外，应检查电缆对地绝缘、环阻是否良好。 7. 如果电压送至终端盒，重点检查机构内配线有无破皮、混线、断线，点灯单元和灯座是否良好。可顺序测试点灯单元Ⅰ次、Ⅱ次、灯座端子、簧片上有无电压。

（二）注意事项

1. 进站信号机、正线出发信号开放允许信号时需检查红灯是否点亮。站内信号机故障时，会降级显示；区间信号机故障时会灭灯或降级显示（应点 LU 灯时，若 L 灯不能点亮时改点 U 灯）。

2. 半自动区段开放出发信号机需检查半自动 KTJ 条件。自动闭塞区段开放出发信号机时需检查 1LQG 是否出清。

3. 多方向站开放出发信号机时，部分站需检查“表示器”DJ 条件。

4. 自闭区段反方向发车时，需检查“表示器”DJ 条件。

5. LED 信号机故障后，重点测试判断灯盘后的稳压盒好坏，更换不同型号稳压盒时注意其配线，GND 对应 JOUT。

6. 测试稳压盒输出电压 3 V 左右时可将点灯变压器输入端子由 220 V 挡调至 180 V 挡，（即提高输出），保证灯盘临时点亮恢复设备使用，随后要点进行更换。

7. 信号机点灯电流要求：LED 点灯电流 140～180 mA；H18F 点灯电流 140～180 mA；16/16 点灯电流 140～180 mA；H18 点灯电流 100～150 mA；同时点双灯时，DJ 电流也应满足以上要求。

8. 当多架信号机出现灭灯时，先查找分析共用或相关设备部分，一般为电源屏、组合架熔断器、电缆、继电器（QZJ、QFJ）故障可能性较大。

（三）信号机故障常见原因（表 5-2）

表 5-2　信号机故障常见原因

故障现象	常见原因		发生概率	备注
信号机故障	室内	继电器接点不良	★★	常点灯位
		区间 DJ 电流过小，点双灯时关闭信号	★	DJ 电流调整不当
		熔断器熔断	☆	电流较大灯位、电缆混线
		无驱动信息	☆	
	室外	灯座不良	★★★	常点灯位和电流、电压偏高灯位
		点灯单元不良	★★	隧道内、机构最下方灯位
		灯丝双断	★	常点灯位和电流、电压偏高灯位
		灯座上电气端子螺丝松动	★	新开通设备
		机构内配线不良	★	机构内配线未固定、未防护，易被后盖挤压灯位
		点灯单元电气端子螺丝松动	☆	
		电缆断线	☆	无辅助线环、施工地段、冬季

三、信号机故障处理方法（表 5-3）

表 5-3　信号机故障处理方法

查找步骤	判断及查找方法	测试点及图例
一、故障初步判断	1. 观察控制台现象、微机监测熔丝断丝、组合架报警信息，确定信号机故障处所、数量。 2. 调阅故障时灯丝电流，回放微机监测站场进路排列情况，确定故障灯位。 3. 分析调阅“按钮”、“XJ”等开关量，分析故障发生时机。	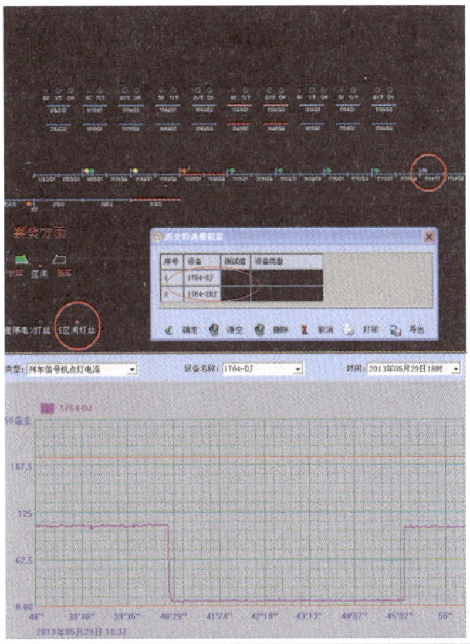
二、室内故障判断处理	1. 站内信号机故障判断 ①常点灯位可在分线盘直接测试电压，判断室内外故障。 ②允许灯位故障处理时，首先取消进路、重复开放信号试验，同时观察 XJ 驱动信息是否正常（查阅联锁机驱动板码位表，观察对应灯位的“驱动信息灯”）、XJ 是否励磁（驱动时，24 V 直流驱动电源送至线圈）。如无驱动信息，则为联锁系统故障；如 XJ 不励磁，则需按图测试检查 XJ 驱动励磁电路。	

续上表

<table>
<tr><th>查找步骤</th><th>判断及查找方法</th><th>测试点及图例</th></tr>
<tr><td>二、室内故障判断处理</td><td>③试验时可以在分线盘测试电压或挂灯泡进行试验。如分线盘有电(允许信号开放试验时,XJ 驱动励磁就有电压送至分线盘,XJ 落下电压回零)或灯泡点亮则为室外故障,如果无电压则还需从分线盘甩开电缆再次进行判断,甩线后有电则为室外故障,反之则为室内故障。
④开放试验试验时,控制台复示器允许灯光点亮又熄灭(XJ 吸起又落下),多为室外故障、DJ、雷击影响等原因。开放试验时控制台复示器允许灯光不点亮,多为联锁未驱动、XJ 无法励磁等。
2. 区间信号机故障判断
①当某区间所有信号机均故障,重点怀疑 QZJF 不良或因故掉下。
②可直接在分线盘测试电压。如分线盘有电则为室外故障,如果无电压则还需从分线盘甩开电缆再次进行判断,甩线后有电多为室外电缆短路故障,甩线后仍无电多为室内开路故障。
③如判断为室内故障,多为电路开路。首先观察点灯电路中各相关 GJF、GJ 和 QZJF 是否励磁,测试接点电压有无超标(交流接点电压不大于 50 mV、直流接点电压不大于 5 mV)。
④用电压法(220 V)按图依次测试熔断器输入输出、BGY 远程隔离变压器输入输出、DJ 线圈、组合架侧面端子、继电器接点,电压从有变无则为故障点。
⑤如发生室内配线混线短路,故障现象较为明显,电源熔断器会熔断并报警。处理混线故障,较为复杂,需逐段甩线配合查找。</td><td>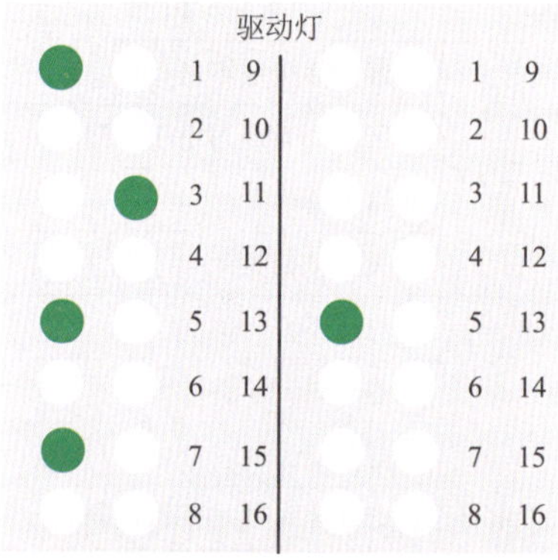

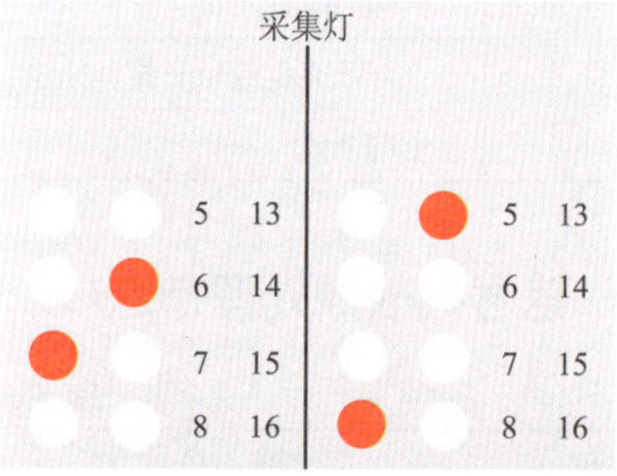

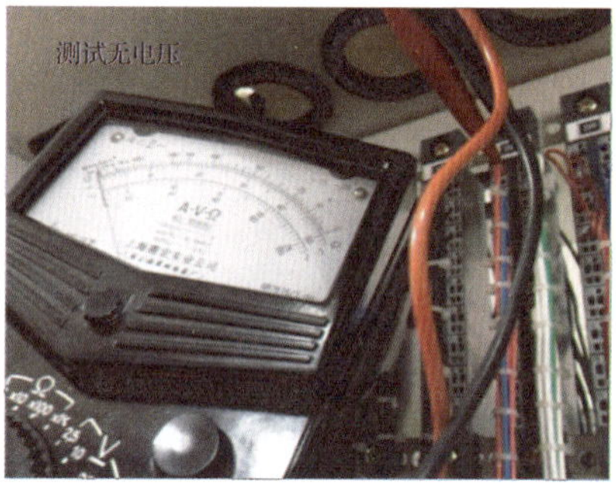
</td></tr>
<tr><td>三、室外故障判断处理</td><td>当判断为室外故障后,建议现场处理人员依据故障发生概率的高低,采用“分段查找法”进行判断,首先从“灯泡”开始,再从点灯单元分段判断,最后进行电缆判断。
第一步:检查灯泡有无漏气、发黑、双断,灯口是否歪斜、活动、假焊,也可直接更换灯泡。
第二步:测试点灯单元Ⅰ次、Ⅱ次电压。如Ⅰ次无电,则检查电缆和Ⅰ次侧配线有无断线、混线(混线时室内熔断器多会熔断);如Ⅰ次有电、Ⅱ次无电,则重点检查点灯单元是否故障和Ⅱ次侧配线有无混线短路(需甩线判断)。</td><td>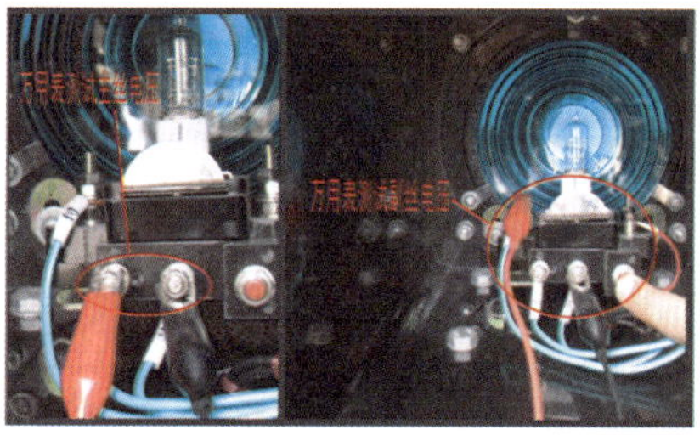
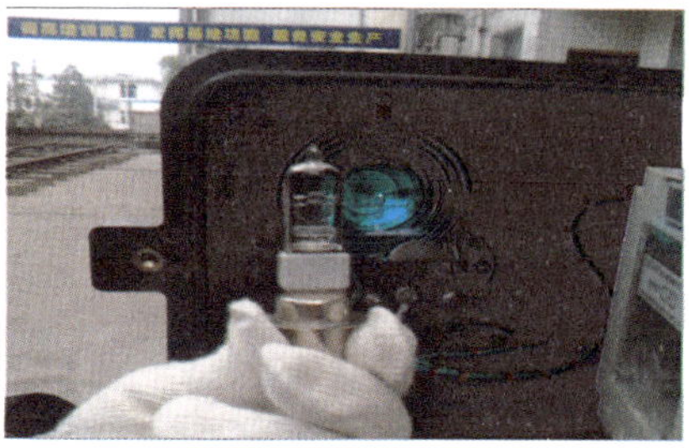</td></tr>
</table>

续上表

查找步骤	判断及查找方法	测试点及图例
三、室外故障判断处理	第三步：如电已送至灯座端子，则重点检查簧片是否氧化、接触不良、电气端子螺丝松动或整体更换灯座。	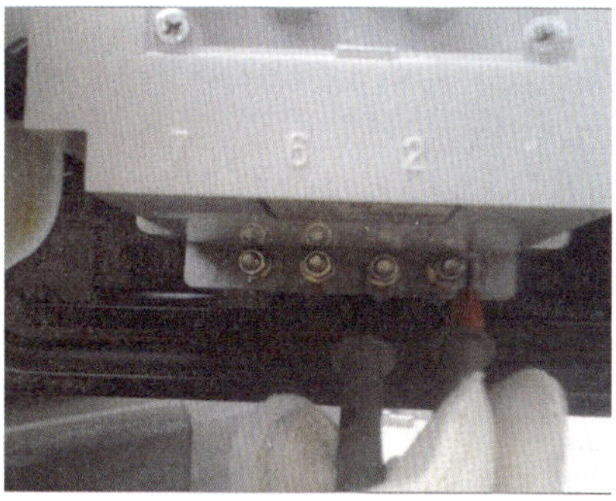 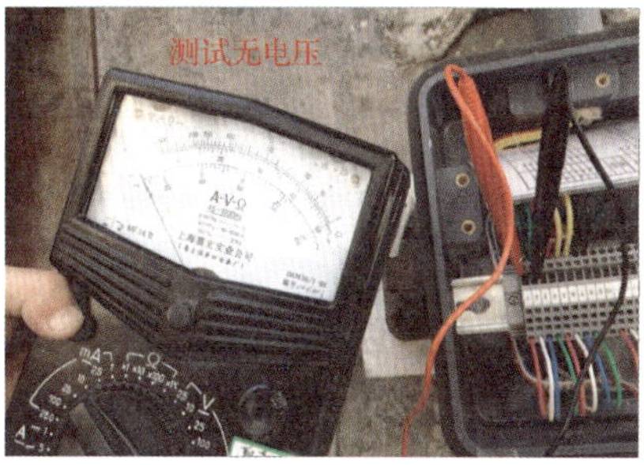
四、电缆不良判断处理	1. 电缆不良时，首先将不良电缆倒换成贯通电缆临时恢复，再进行故障点查找。倒换电缆时，注意电缆的来去向和电缆盒的主副管。电缆开路时尽量将备用电缆并接在故障电缆上；电缆混线时必须将故障电缆替换成备用电缆。 2. 电缆不良判断方法 ①当室内分线盘有电，室外终端盒无电，点灯电流为零时，多为电缆开路断线。 ②当室内熔断器熔断或点灯电流较高，多为电缆混线短路。 ③怀疑电缆出现开路或混线故障时，同时测试电缆对地绝缘，如果电缆对地绝缘正常，备用芯线良好时，倒换备用芯线解决。如果电缆多芯线接地，基本确定为电缆故障，按照电缆故障处理程序，先应急导通再查找具体故障点。 ④设备临时恢复后再查找电缆故障具体地点。 电缆混线短路点可使用“电阻法”进行查找，首先测试故障电缆环阻，再与“区间轨道电路电缆环阻参考表”进行比对，可以测算大概故障点，正常时电缆环阻为每公里 47 Ω。电缆故障点（短路）准确位置的查找，需对照图纸逐段甩开测试检查，或使用 3M 表进行辅助查找判断。	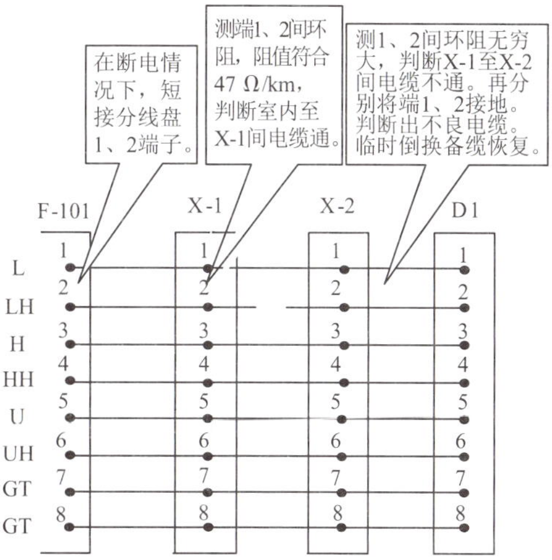

第二节 电缆故障处理

一、电缆故障处理流程图(图 5-2)

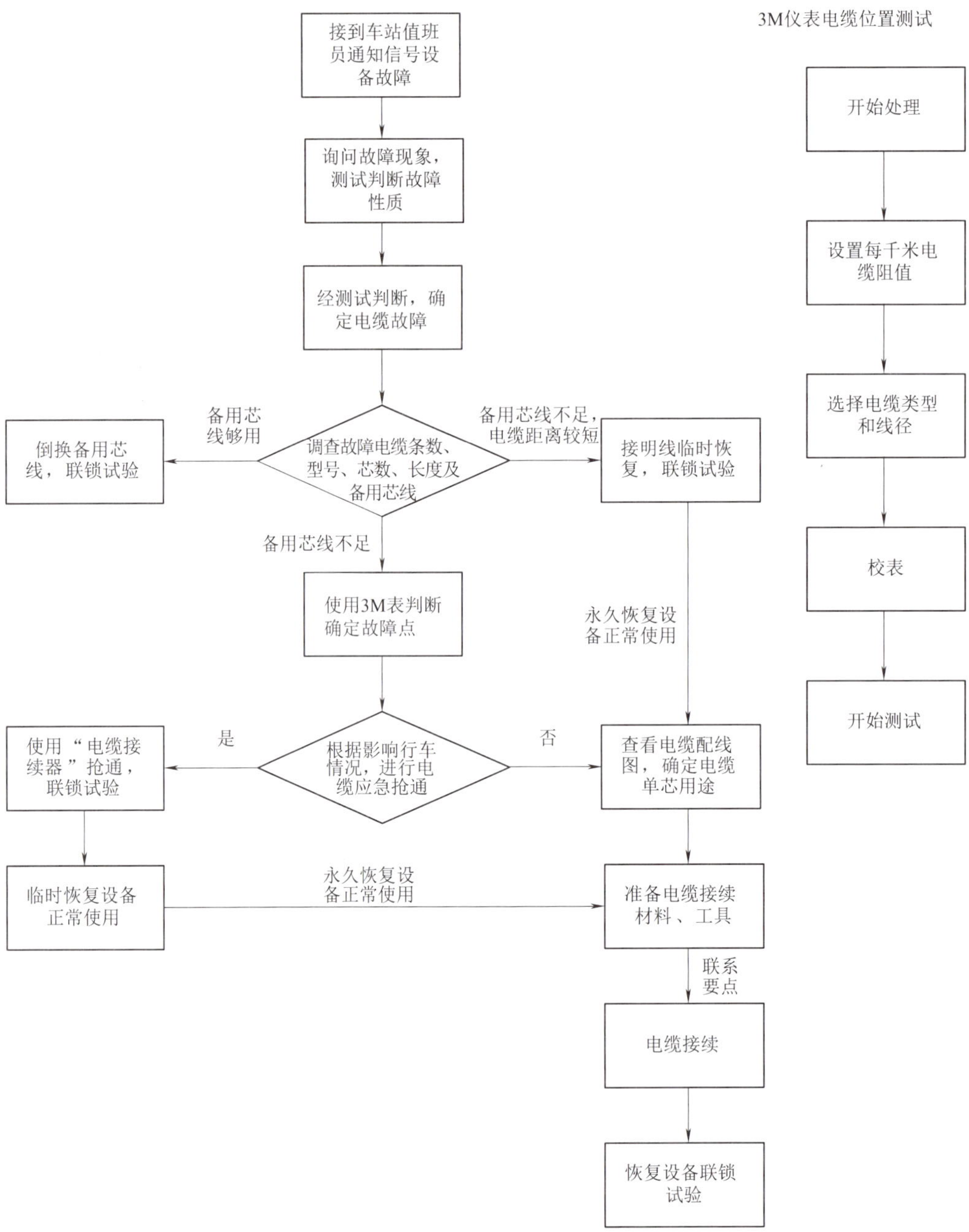

图 5-2 电缆故障处理流程

二、电缆故障处理程序及注意事项

（一）故障处理流程（表5-4）

表 5-4　故障处理流程

故障现象	步骤	具体内容
电缆故障	故障判断	1. 在接到故障通知后，调看微机监测记录，若出现多个设备故障且发生各类异常报警，机械室有焦煳味，排除电源屏故障外，应分析共同点，初步怀疑电缆故障。 2. 电缆局部芯线不良时现象根据实际情况而定。 3. 通过分线盘判断为室外故障后，及时测试相关设备电缆绝缘、环阻。
	应急准备	1. 了解现场情况，准备交通工具（车间、段）。 2. 工区、车间、段迅速集结人员，现场负责人根据人员现状进行分工，明确和上级单一联系方式，准备图纸、仪表、工具，材料，电缆接续器、备敷线，电阻挡良好的机械万用表、兆欧表、钢锯弓及接续工具及时向故障地点进行调集。 3. 发生电缆故障后，可能会造成区间电话不能正常使用，工区除携带必要联系工具外，还需增加对讲机数量，携带故障应急电话、手机、区间通话柱自动电话等联系工具，并确定联系方式，专人负责信息传递。 4. 确认为区间电缆故障，立即通知相关邻站人员进行配合。 5. 车间、工区要做好后续人员、物资准备，根据情况赶赴现场参加抢险。
	微机监测调看和测试初步判断	1. 断开综合防雷，微机监测测试电缆对地绝缘、在分线盘测试线间绝缘。 2. 测试故障设备环阻，初步判断故障地点。 3. 在故障地段检查电缆径路有无外单位施工及异常情况。了解掌握电缆径路附近施工作业情况。重点检查电缆径路上有异常的处所（有动土痕迹、烧荒、坍塌、异常焦糊味等） 4. 必要时联系通信部门进行配合处理，了解通信电缆、电话使用情况。

（二）注意事项

1. 电缆故障处理必须保证先通后固的原则，先临时接通、倒接后再进行故障具体地点查找或正式接续。

2. 准备好备敷线，做好临时贯通。倒用备用贯通芯线时，必须一人作业，一人监控，对需要倒用的电缆端子进行测试核对确认无误后，方可倒用，防止倒错电缆扩大故障范围。

3. 在分线盘上倒用备用电缆时，如果备用电缆不够长，可用临时线在既有端子和备用电缆间进行跨接临时线恢复。在电缆盒（XB箱）内倒用备用电缆时，注意识别电缆的来去向和主副管，防止出现倒错电缆故障无法恢复，造成误判。

4. 叠加机车信号的轨道电路和区间轨道电路成对倒用备用电缆时，注意备用电缆的对绞使用。成对倒换ZPW-2000A设备电缆时，电缆使用应满足"同频的发送、接收线对不能同缆，同频线对不能同一四线组"的原则。

5. 电缆临时接通的，必须安排人员在临时接续点值守。

6. 使用电缆接续器临时接通前，必须检查测试电缆接续器正常。

7. 电缆接续后必须在现场对相关设备进行联锁试验，联锁试验正确后方可销记。

（三）电缆故障常见原因及检查重点（表5-5）

表 5-5　电缆故障常见原因及检查重点

故障现象	常见原因		发生概率	备注
电缆故障	室内	分线盘万科端子接触不良	★★★	检修作业、施工后
		分线盘电缆配线折断	★★	检修作业、施工后
		分线盘万科端子内部不良	★	配线触碰后

续上表

故障现象	常见原因		发生概率	备注
电缆故障	室外	箱盒万科端子接触不良	★★★★	检修作业、施工后或列车通过震动
		电缆线环折断	★★★	检修作业、施工后或列车通过震动
		电缆断线	★★☆	电缆径路破土施工
		电缆芯线接地混线	★★	电缆径路破土施工或地线打火影响
		万科端子内部不良	★	配线触碰后或列车通过震动
		端子生锈接触不良	★	箱盒曾经进水进潮或雨后

三、电缆故障处理方法(表 5-6)

表 5-6　电缆故障处理方法

查找步骤	判断及查找方法	示例和图片
一、故障初步判断和其他因素排查	通过分线盘初步测试判断电缆故障时,需考虑以下几种情况并进行检查: 1. 工区近期是否进行电缆盒作业或箱盒内部端子检查、配线整理。 2. 设备故障发生时间是否存在列车通过或列车过后现象,重点检查附近箱盒电缆线环和万科端子插接情况。 3. 故障设备径路附近是否有外单位(人)动土施工(顶涵、电缆沟开挖、栽封闭网、栽树、耕地、取土等)、生火(烧荒、加热锚固材料、铝热焊弃渣、工棚生火做饭)。 4. 故障设备径路上是否有接续点,重点检查端子根部是否有芯线折断现象。 5. 公用电缆槽内是否有外单位作业和施工;电缆径路是否有冒烟、打火痕迹及焦煳味;贯通地线防护是否良好;桥槽内是否有异味。 6. 测试设备环阻、对地绝缘是否正常(和正常参考值对比)。 7. 是否发生多个设备故障,分析查找共缆部分	1. 掌握电缆对地绝缘和电缆环阻测试方法。 2. 掌握电缆径路探测仪和 3 M 回路分析仪使用方法。 3. 掌握电缆冷压接续方式 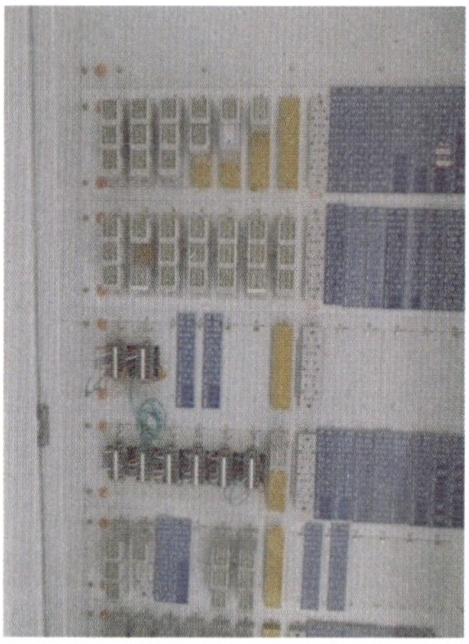
二、判断倒用备用贯通线能否恢复故障	1. 当故障电缆芯数少于或等于贯通芯线数时,且备用贯通芯线的对地绝缘、线间绝缘、环阻均合格的情况下,可以倒用贯通芯线恢复设备故障。 2. 当故障电缆芯数大于贯通芯线数时,或备用贯通芯线的对地绝缘、线间绝缘、环阻不合格的情况下,不能采用倒用、备用贯通线的方法恢复故障。 3. 电缆图识别:如图示 X-9 方向盒主副管电缆和贯通电缆 ①X-9 方向盒主管电缆来自室内分线盘。 ②X-9 方向盒副管电缆去 S3 信号机 XB1。 ③X-9 方向盒 45 号、46 号端子为贯通电缆	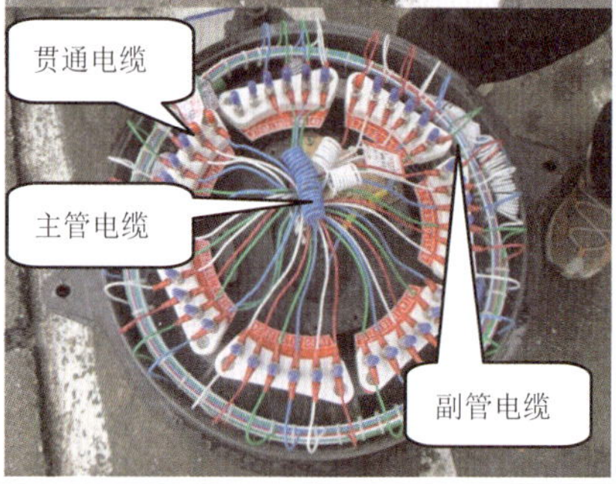

续上表

查找步骤	判断及查找方法	示例和图片
二、判断倒用、备用贯通线能否恢复故障		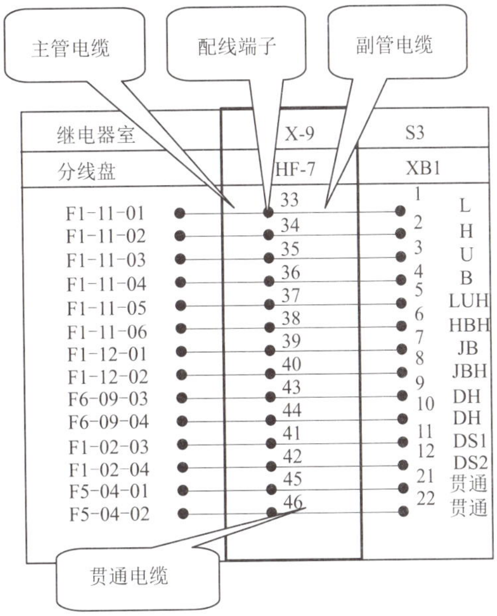
三、判断电缆断线混线故障	1. 当环阻为∞大时，电缆为断线故障。 2. 当线间绝缘小于 0.2 MΩ 时，判断为电缆混线故障	 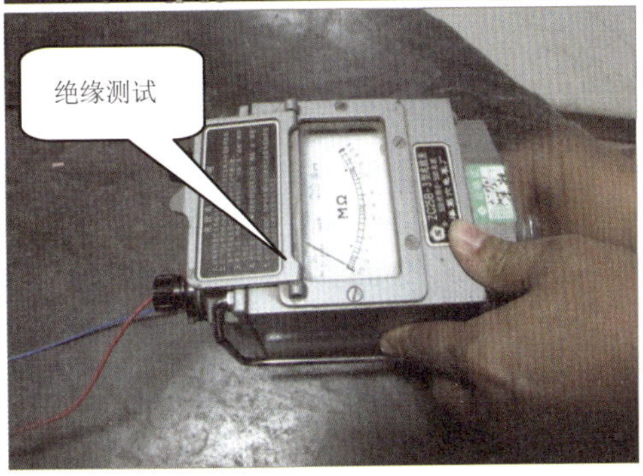

续上表

<table>
<tr><th>查找步骤</th><th>判断及查找方法</th><th>示例和图片</th></tr>
<tr><td>四、判断查找电缆故障点位置</td><td>1. 混线故障点的判断查找方法：
方法一：利用 35 型万用表测试环阻法判断。将故障电缆两端从端子上甩开，分别从两端测试电缆环阻，电缆单芯线电阻为 23.5 Ω/km，两根芯线环阻即为 47 Ω/km，通过测试环阻，即可大致判断出混线点与电缆两端的距离。该方法在混线点两芯线接触电阻小于 1 Ω（混线严重）的情况下很精确，在接触电阻大的情况下，只能判断出一个大致范围。
方法二：利用回路分析仪（3M-965ELF 表）进行判断。按照仪表使用说明进行操作，即可判断出混线点。
2. 断线故障点的判断查找方法：
利用回路分析仪（3M-965ELF 表）进行判断。按照仪表使用说明进行操作，即可判断出断线点。
3. 利用仪表未能找到故障点后的处理方法：
采用对电缆进行切割方法进行判断。当利用仪表不能找到故障点时，在前期仪表判断的基础上，对故障电缆进行切割，当切断电缆后，判断故障点在切割开电缆的哪一端，利用仪表再对故障段电缆进行测试判断，如果仍然不能找到故障点，再采用切割电缆的方法进行判断，直至找到故障点</td><td>

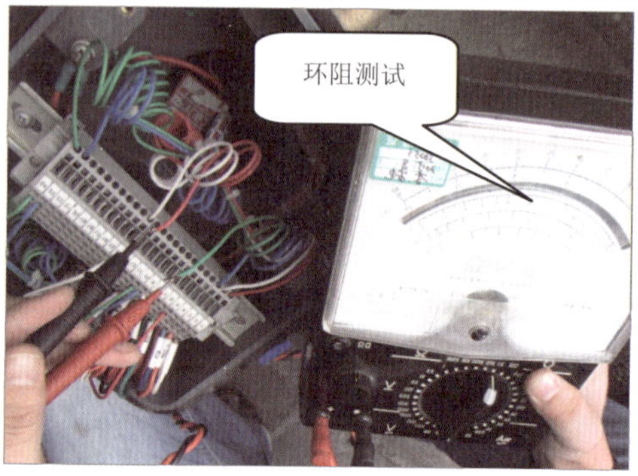

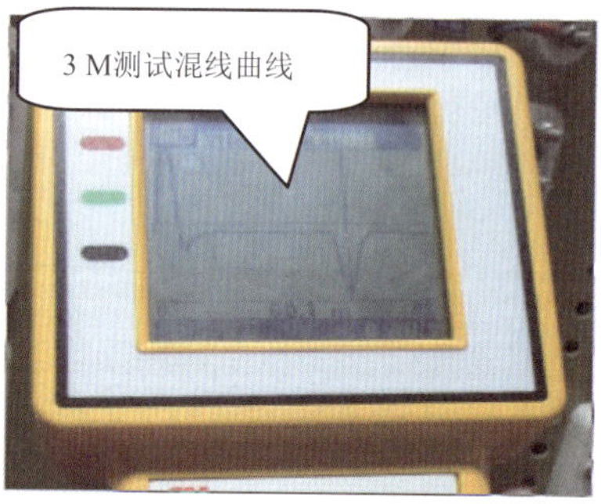

</td></tr>
</table>

续上表

查找步骤	判断及查找方法	示例和图片
五、对电缆进行临时应急处置	当找到电缆故障点后，将受伤电缆部分用钢锯锯掉，利用电缆接续器进行临时接续。临时接续设备恢复正常后，必须对使用该接续电缆的所有设备进行联锁试验，试验良好后方可销记。（电缆接续器使用前必须进行检查、端子校对，正常后方开始接续）	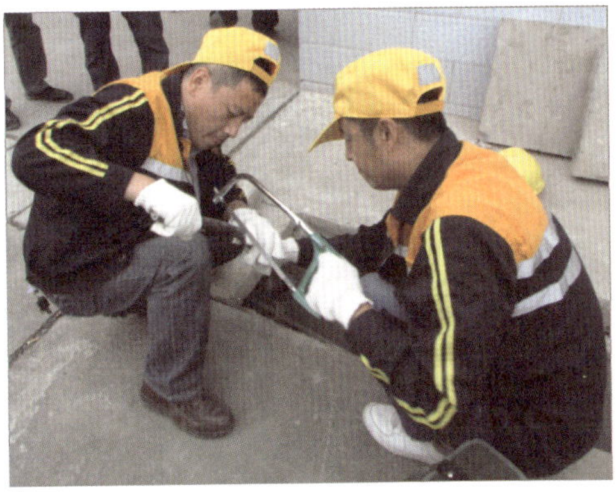 
六、对电缆进行正式恢复处理	利用天窗或要点对电缆进行正式接续处理。接续前必须进行电缆接续器导通测试和检查校核，接续后必须进行联锁试验	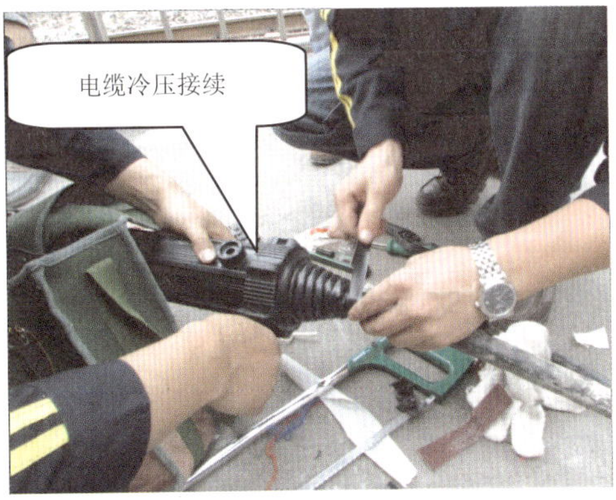

第六章　电子设备故障处理

第一节　计算机联锁设备故障处理

一、计算机联锁设备故障处理流程图（图 6-1）

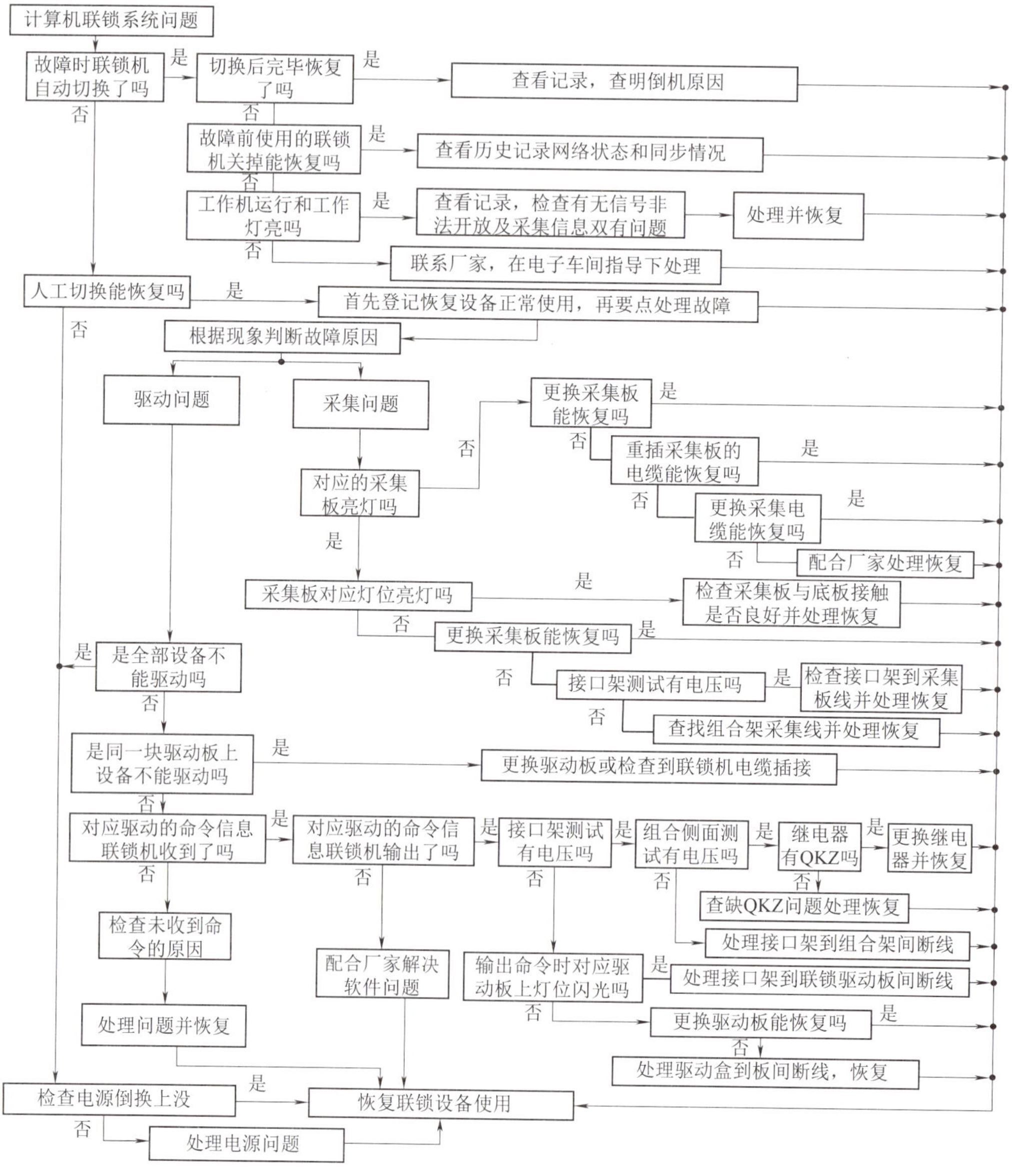

图 6-1　计算机联锁设备故障处理流程

二、微机联锁设备故障处理程序

(一)故障处理程序(表 6-1)

表 6-1　故障处理程序

故障现象	步骤	具体内容	备注
计算机联锁故障	故障判断	1. 计算机联锁设备故障后,应急处理人员应首先到控制台确认故障现象,观察控制台显示器显示情况及控制台盘面有无异常信息。 2. 明确故障现象后询问值班员故障时设备使用情况,故障前进行什么操作、显示有无异状。排除值班员操作不当造成的故障。 3. 进入机械室,对比双套监控机、操表机、联锁机、UPS、电源模块的运行状态,观察其他单项设备状态,并查看电务维修机信息。 4. 确认故障现象及设备状态后,初步判断可能引发此故障的原因,预想如何恢复设备正常使用,在电子车间指导下进行应急处置,切勿盲目误动扩大故障范围。 5. 若无法明确故障原因,应立即联系电子车间,并在其指导下进行应急处置	
	应急准备	1. 根据故障情况停用相关设备,办理相关登记手续后立即汇报段、车间,并尽快通知电子车间。 2. 观察联锁设备工作状态,在电子车间或厂家指导下,进行应急处置,初步恢复设备正常使用。 3. 现场工区、现场车间、电子车间、段迅速集结人员、分工协作,准备图纸、仪表、备品,尽快赶赴发生故障车站	
	故障处理方法	1. 首先到控制台确认故障现象,询问车站值班人员在故障前的操作、使用情况,查看计算机联锁机柜内各设备工作状态,并结合设备运用状态调看电务维修机信息记录。 2. 联系电子车间,反馈故障现象、设备运用状态及电务维修机信息提示,在其指导下进行应急处置,至少保证单套联锁设备使用正常。 3. 若应急处置后双套联锁系统仍未全部恢复,则在电子车间指导下检查出现异常状态的设备,判断可能发生故障的部位。 4. 若检查判断某一器材发生故障,则在电子车间指导下,利用备用器材进行更换(现场可更换范围内)。 5. 若更换器材后仍未使系统恢复正常,则联系电子车间和联锁设备厂家值班人员,根据指示做进一步检查和处理。同时,要求电子车间人员赶赴现场进行处理。 6. 若应急处置或更换器材后系统恢复正常,则应对处理过程中影响的设备进行试验,确认试验良好后销记。 7. 处理故障前,现场处理人员要仔细观察并清楚描述故障现象,切勿盲目误动,扩大故障范围	

(二)注意事项

1. 计算机联锁设备可由现场更换的器材

TYJL-Ⅱ型:ARCNET 通信板、高密板、比较板、驱动板、采集板、I/O 接口板、鼠标、键盘、视频分配器、5 V 电源模块、12 V 电源模块、24 V 电源模块、交换机、DTB -4 驱动单元、SG -2MJ 驱动单元、显示器、音箱、鼠标、视频线、电源线。

TYJL-ADX型：显示器、驱动板、采集板、鼠标、键盘、视频分配器、音箱、视频线、电源线。

JD-ⅠA型：显示器、驱动板、采集板、机箱控制板、I/O匹配板、总线匹配板、检测板、鼠标、键盘、视频分配器、5 V电源模块、12 V电源模块、32 V电源模块、交换机、音箱、视频线、电源线。

EI-32JD型：显示器、驱动板、采集板、鼠标、键盘、视频分配器、驱采电源模块、音箱、视频线、电源线。

DS6-11型：显示器、驱动板、采集板、鼠标、键盘、视频分配器、音箱、驱动单元、视频线、电源线。

2. 器材更换步骤

(1)板卡更换

①关闭故障板卡所在联锁机联锁电源开关。

②待板卡指示灯熄灭后，松开板卡固定螺丝，取出故障板卡。

③对比观察故障板卡和备用板卡，确认板卡型号、跳线设置、芯片插接情况一致。

④将备用板卡装入原板卡安装位置，紧固板卡固定螺丝。

⑤开启联锁机联锁电源，试验确认更换后联锁机工作状态正常。

注：TYJL-Ⅱ型CPU板、ARCNET通信板、I/O板、比较板、驱动板、采集板、高密板，TYJL-ADX型驱动板、采集板，JD-ⅠA型驱动板、采集板、机箱控制板、I/O匹配板、总线匹配板、检测板，EI-32JD型驱动板、采集板，DS6-11型驱动板、采集板均按上述步骤更换。

(2)电源模块更换

①关闭故障电源模块所在输入电源开关。

②待电源模块面板指示灯熄灭后，松开模块固定螺丝，取出故障模块。

③对比观察故障模块和备用模块，确认模块型号一致。

④将备用模块装入原模块安装位置。

⑤开启输入电源开关，试验确认更换后联锁机工作状态正常。

注：TYJL-Ⅱ型24 V电源模块，JD-ⅠA型5 V电源模块、12 V电源模块、32 V电源模块，EI-32JD型驱采电源模块均按上述步骤更换。

3. 显示器更换

①关闭显示器电源开关。

②待显示器电源指示灯熄灭后，断开显示器电源线和视频线。

③将备用显示器放置到原位置并恢复电源线和视频线连接。

④开启显示器电源开关，试验确认更换后显示器显示信息正确。

4. 驱动单元更换

①取下组合架防松卡条。

②将驱动单元直接从组合架上拔下。

③对比观察故障驱动单元和备用驱动单元，确认驱动单元型号、鉴别销位置一致。

④将备用驱动单元插入组合架原位置。

⑤试验确认驱动单元更换后联锁设备工作正常，所更换驱动单元对应室内外信号设备状态正确。将防松卡条重新安装紧固。

5. 其他器材更换

①关闭故障器材电源开关（无器材电源开关省略此步骤）。

②将故障器材直接取下并将备用器材接入原位置。

③试验更换后设备工作是否正常。

注：鼠标、键盘、音箱、视频分配器等均按上述步骤更换，其中鼠标、键盘更换后先试验能否使用，若不能使用，检查确认未按下键盘锁定键后重启所接工控机，再试验。

三、计算机联锁故障处理

1. 常见问题及检查重点（表 6-2）

表 6-2　计算机联锁常见问题及检查重点

故障现象	常见原因	检查重点	处置方式	发生概率
联锁机倒机	联锁 A、B 机采集信息不一致	查看电务维修机报警信息，检查采集板及相应继电器接点	确认采集板或继电器不良后，进行更换	★★★★☆
	采集板（高密板）故障	查看电务维修机报警信息，检查相应板卡接点	更换采集板（高密板）	★★★★
联锁机脱机	CPU 板故障	查看电务维修机报警信息，检查两台联锁机 CPU 板运行状态	联系电子设备车间更换联锁 CPU 板	★★
	电源模块故障	查看电务维修机报警信息，检查电源模块运行状态	更换故障电源模块	★★
操表机备机脱机	交换机故障（交大微联）	查看电务维修机网络状态图，检查交换机工作状态	重启或更换交换机	★★★
控制台黑屏或监控机、联锁机同时脱机	UPS 故障	检查控制台、监控机（操作表示机）、联锁机、电务维修机、UPS 工作状态及设备是否供电	先将联锁设备供电方式转换为直供，恢复设备正常使用。再更换故障 UPS	★★★★
控制台黑屏	显示器故障	检查控制台显示器电源，机械室联锁设备工作状态	更换显示器	★★★☆
控制台操作异常	鼠标故障	询问车务值班员鼠标使用状态	更换鼠标	★★★★

2. 控制台黑屏处理(图 6-2)

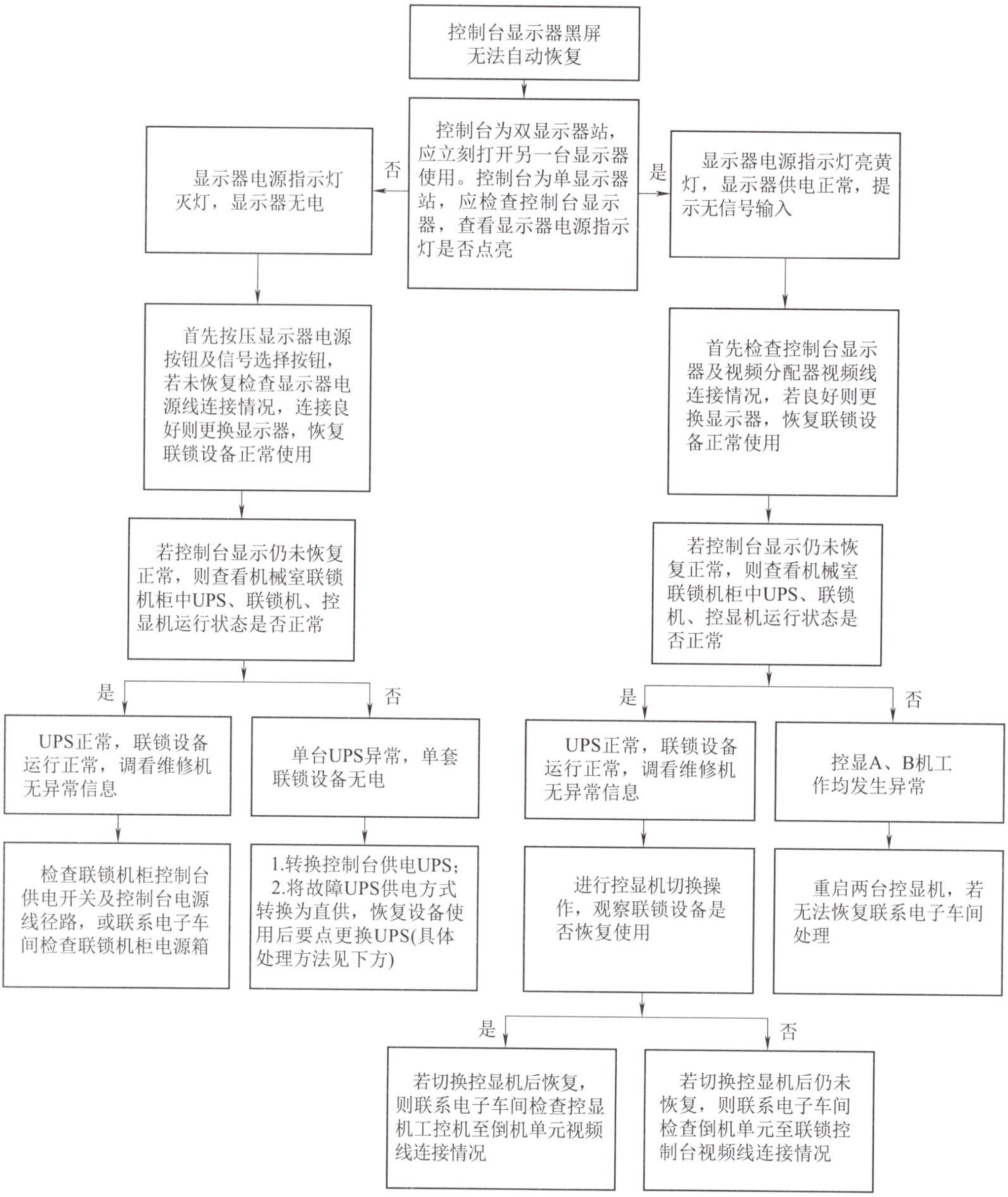

图 6-2 控制台黑屏处理流程

(1)交大联锁 UPS 故障处理方法(图 6-3)

当一台 UPS 故障后(UPS 面板指示灯灭灯或显示不正常)，控制台显示器无电黑屏，相应的单套联锁设备无电。应急处置时，先转换联锁机柜后部下方电源控制台双向选择开关。待控制台显示恢复后，再将故障 UPS 输入、输出电源线对接，恢复联锁设备供电。

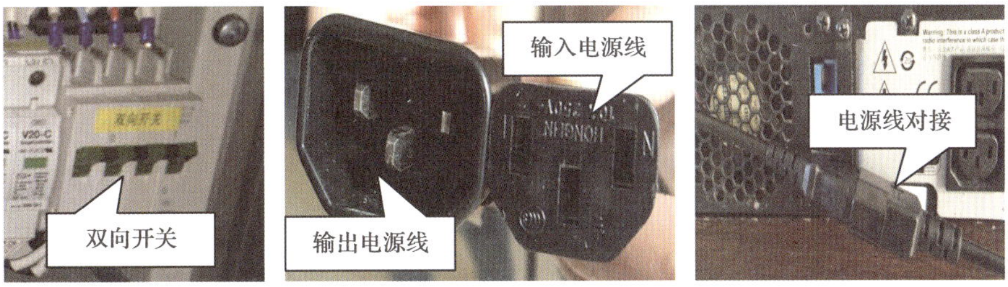

图 6-3　交大联锁 UPS 故障处理

(2)铁科联锁 UPS 故障处理方法(图 6-4)

当一台 UPS 故障后(UPS 面板指示灯灭灯或显示不正常),控制台显示器黑屏无电,相应的单套联锁设备无电。应急处置时,先将联锁机柜正面控制台显示器供电选择开关扳至另外一台 UPS 位置,待控制台显示恢复后,再将故障 UPS 供电选择开关扳至检修位。

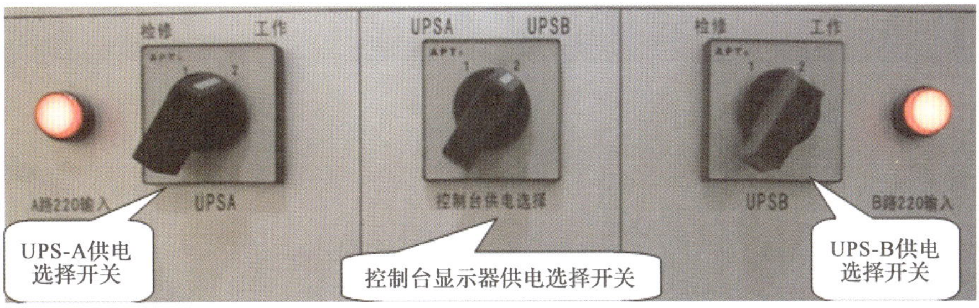

图 6-4　铁科联锁 UPS 故障处理

四、联锁部分功能介绍

1. 铁科联锁系统

(1)正常状态

正常状态时控制台上进路旁不显示道岔号码(如 1)。在点击屏幕下方的“岔名”后,全站道岔号码均同时显示为灰色,再次点击“岔名”,道岔号码全部消失。如图 6-5 所示为无号码状态。

(2)道岔“封闭”

在进行道岔“封闭”操作后,无论全站道岔号码处于显示或不显示状态,进路旁的道岔名称立即显示为较亮“白色”。表示该道岔处于“封闭”状态。点击“清封闭”按钮和相应道岔可取消“封闭”。如图 6-6 所示为“封闭”。

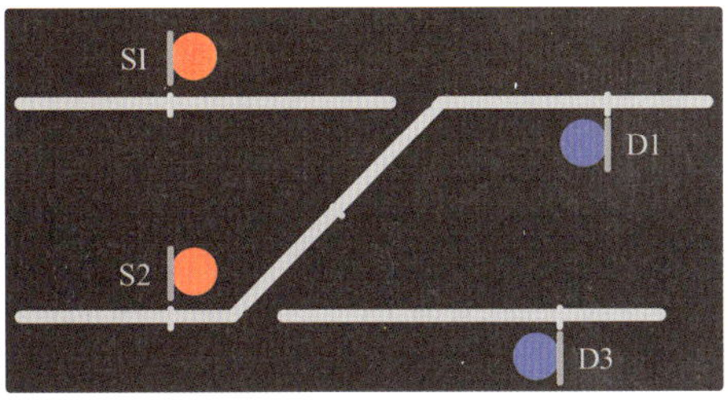

图 6-5　无号码状态

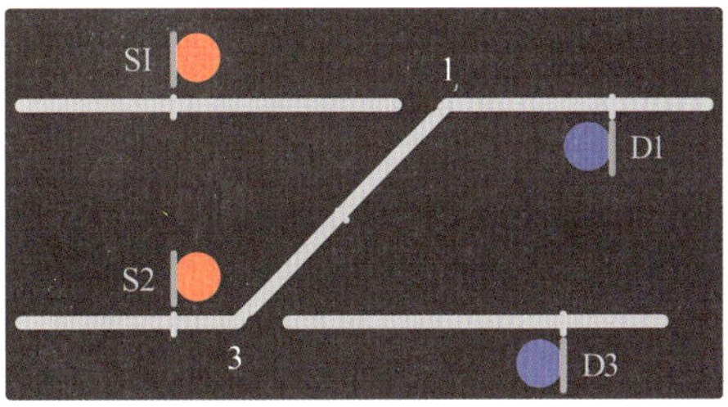

图 6-6　“封闭”状态

(3)道岔“单锁”

在进行道岔“单锁”操作后，无论全站道岔号码处于显示或不显示状态，进路旁的道岔名称立即显示为“红色”。表示该道岔处于“单锁”状态。点击“单解”按钮和相应道岔可取消“单锁”。如图 6-7 所示为“单锁”状态。

(4)信号机“封闭”

控制台上信号机“复示器”外有“白色外框”(方形)——表明信号机处于封闭状态，按钮失效。点击“清封闭”和相应信号机可取消“封闭”。如图 6-8 所示为信号机“封闭”状态。

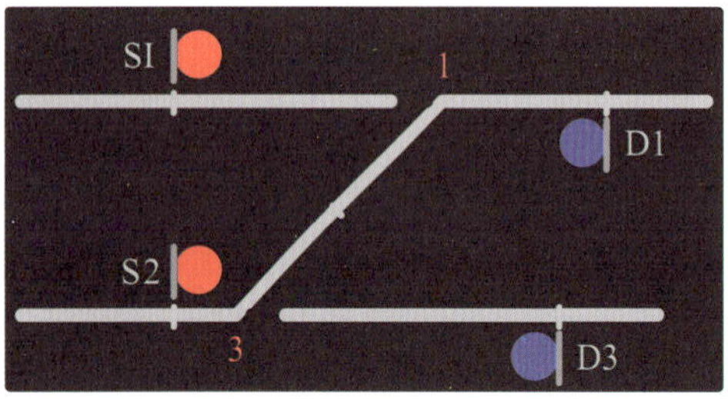

图 6-7 “封闭”状态

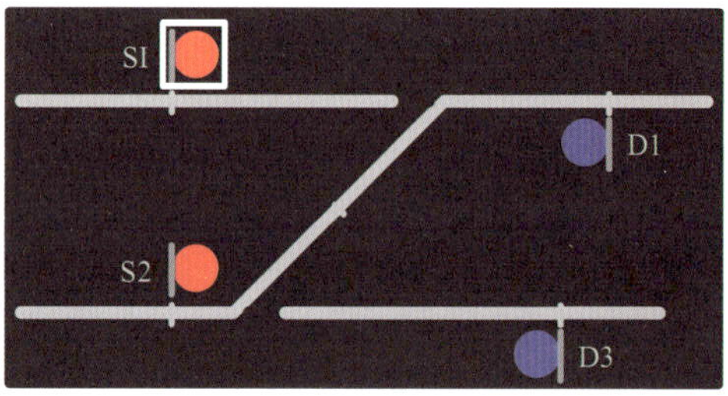

图 6-8 “封闭”状态

(5)机占

控制台上信号机复示器旁信号机“名称”(如：SⅠ)外有“红色外框”(方形)——提示该信号机的接近股道处于“机占”状态，不能排列该股道的列车进路，可以排列调车进路。点击“机占”和相应信号机可取消“机占”。如图 6-9 所示为信号机“机占”状态。

2. 交大联锁系统

(1)正常状态

正常状态时控制台上进路旁不显示道岔号码。在点击屏幕下方的“道岔名称”后，全站道岔号码均同时显示为白色，再次点击“道岔名称”，道岔号码全部消失。

如图 6-10 所示为不显示号码状态。

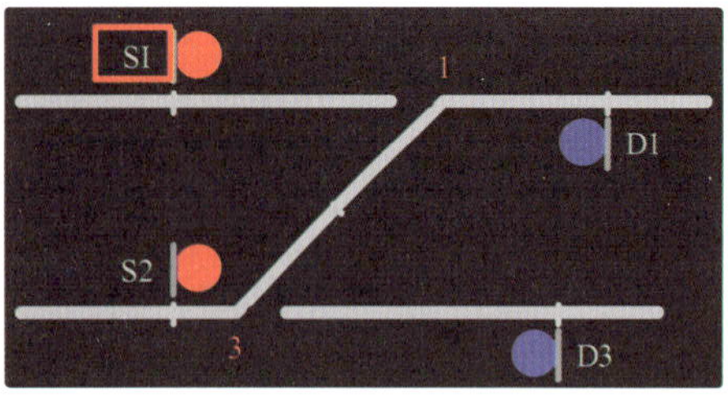

图 6-9 “机占”状态

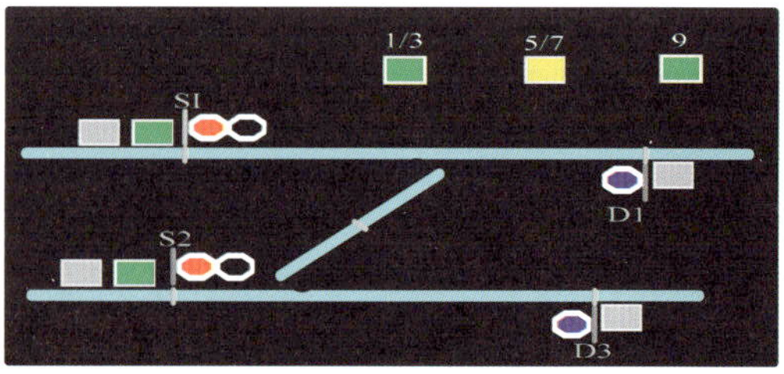

图 6-10 不显示号码状态

如图 6-11 所示为显示号码状态。

(2)道岔“单封”

在进行道岔“单封”操作后，进路上的道岔旁显示“蓝色”小点，屏幕上方的道岔名称同时显示为“蓝色”。点击“解封”按钮和屏幕上方道岔号可取消“单封”。如图 6-12 所示为“单封”状态。

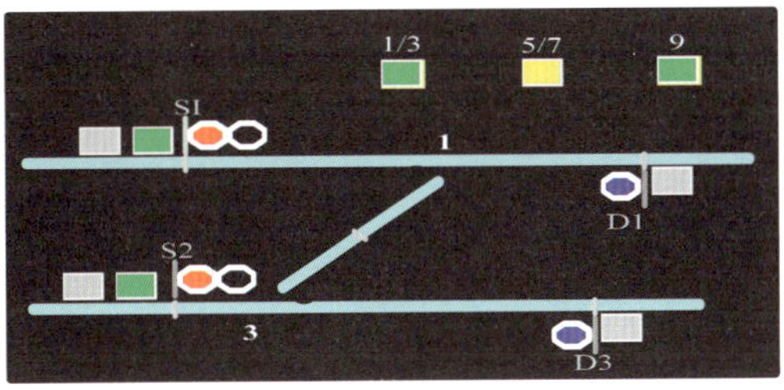

图 6-11 显示号码状态

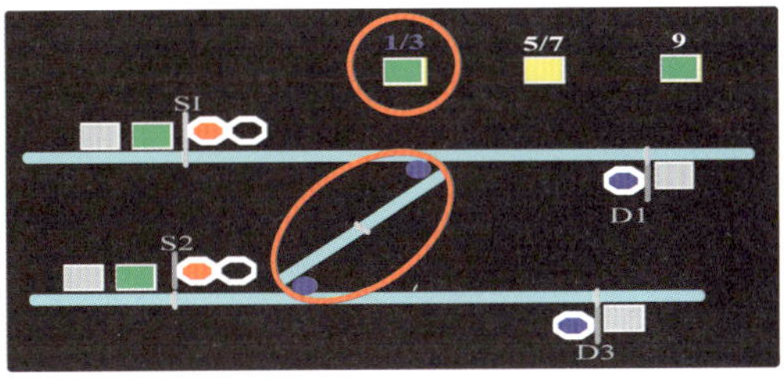

图 6-12 "单封"状态

(3)道岔"单锁"

在进行道岔"单锁"操作后，进路上的道岔旁显示"红色"小点，屏幕上方的道岔名称同时显示为"红色"。点击"单解"按钮和屏幕上方道岔号可取消"单锁"。如图 6-13 所示为"单锁"状态。

(4)信号机"带帽"

在信号机旁按钮上打红色"×"。(意义同铁科联锁系统的信号机"封闭")，点击"摘帽"按钮和相应信号机按钮可取消"带帽"，如图 6-14 所示。

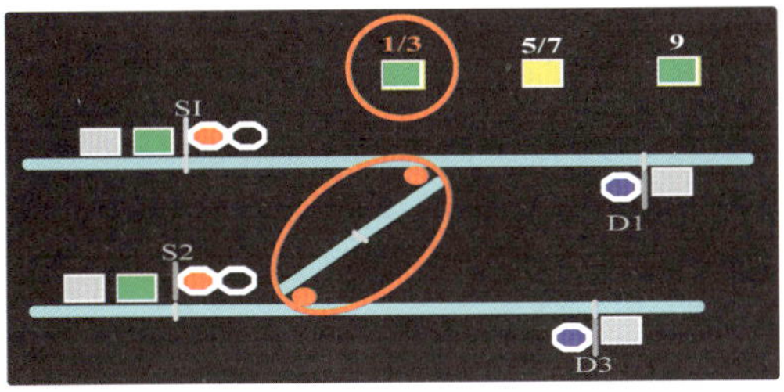

图 6-13 "单锁"状态

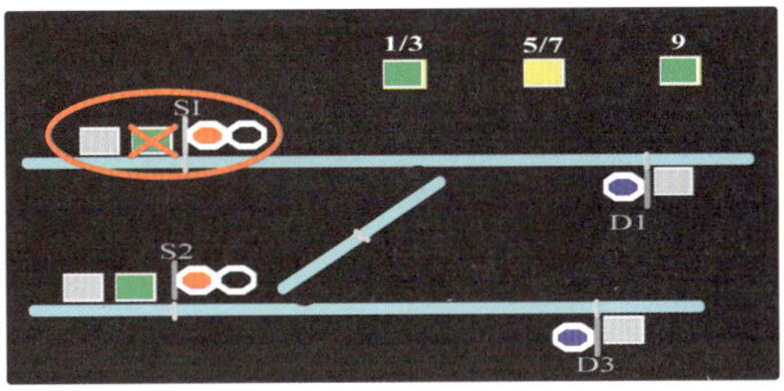

图 6-14 "带帽"状态

第二节 计算机联锁设备倒机操作

一、JD-ⅠA 型计算机联锁系统操作

(一) 联锁机 A、B 机转换说明

1. 倒机前必须确认联锁 A 机、B 机均工作正常，通过电务维修机网络图确认，一台联锁机主用(绿框)，另一台联锁机处于热备(黄框)的情况下，才能人工倒机，否则会造成双联锁机死机，如图 6-15 所示。

2. 联锁 A 机→联锁 B 机

(1)按压联锁 A 机工控机的 RESET"复位"按钮。

(2)确认联锁 B 机机柜内联锁主用指示灯点亮。

(3)确认联锁 A 机机柜内联锁热备指示灯点亮，若未点亮，按压联锁 A 机的开关按钮。

3. 联锁 B 机→联锁 A 机

(1)按压联锁 B 机工控机的 RESET"复位"按钮。

(2)确认联锁 A 机机柜内联锁主用指示灯点亮。

(3)确认联锁 B 机机柜内联锁热备指示灯点亮。若未点亮,按压联锁 B 机的开关按钮。

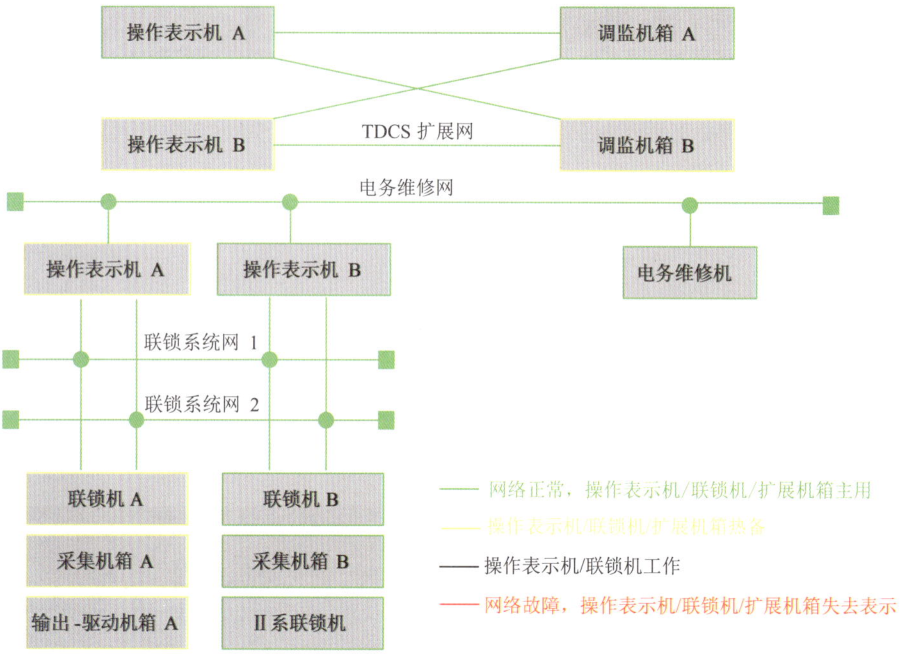

图 6-15　联锁 A 机、B 机转换

(二) 操作表示机 A、B 机转换

1. 倒机前必须确认操表 A、B 机工作正常(A 机、B 机运行灯均亮灯);

2. 操作表示机 A 机→B 机,按压操表倒机单元控制板"人工倒机(A→B)"按钮(图 6-16),A 机主用灭灯,B 机主用亮灯,主用机即由 A 机倒为 B 机(图 6-17);

3. 操作表示机 B 机→A 机,按压操表倒机单元控制板"人工倒机(B→A)"按钮,B 机主用灭灯,A 机主用亮灯,主用机即由 B 机倒为 A 机;

注:操作表示机倒机单元上的钥匙开关平时放在"自动/A 机主用"位上。

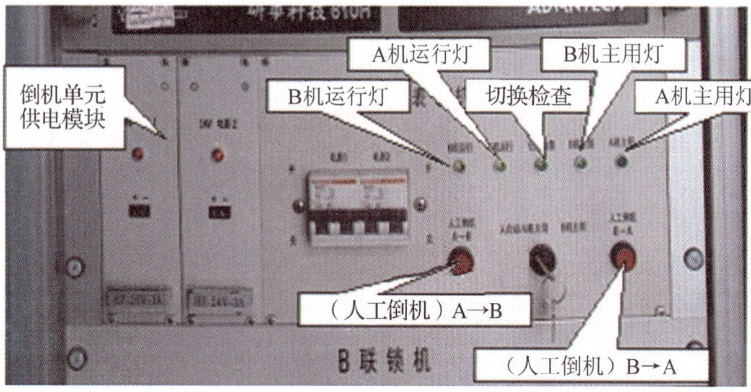

图 6-16　操表倒机单元控制板

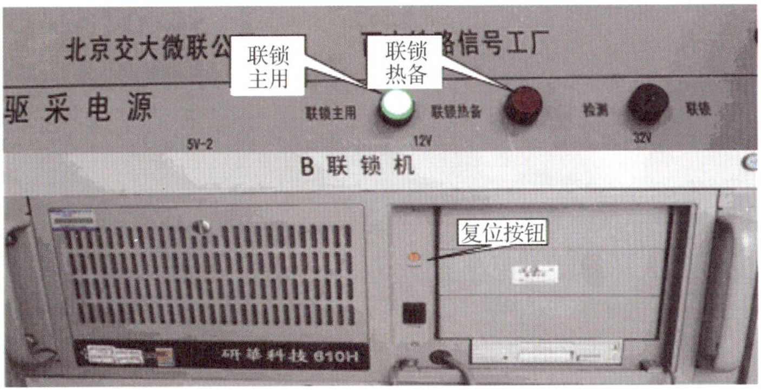

图 6-17　主用机由 A 机倒为 B 机灯显示意

（三）联锁机开关机

关机：

1. 按压联锁 A(B)机主机箱正面的黑色自复式开关，如图 6-18(a)所示；

2. 断开联锁 A(B)机背面的黑色电源开关，如图 6-18(b)所示，“○”为断开；“|”为闭合。

开机时顺序相反由步骤 2 向步骤 1 进行。

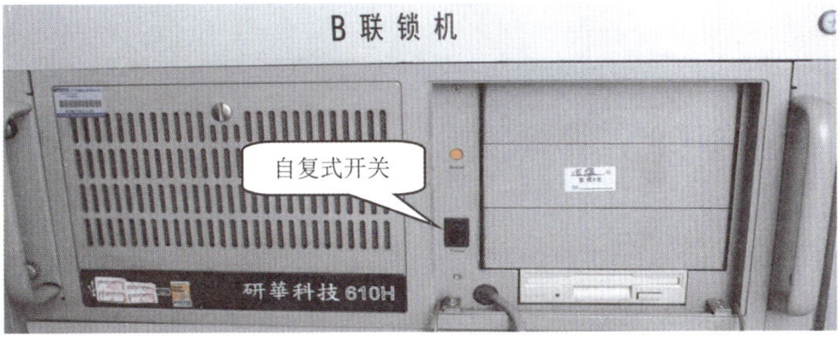

(a)联锁机正面

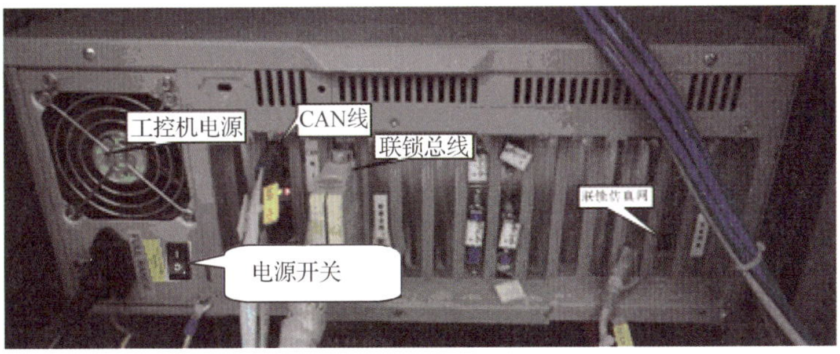

(b)联锁机背面

图 6-18　联锁机

（四）操作表示机开关机

关机：

1. 按压操作表示 A(B)机主机箱正面的黑色自复式开关，如图 6-19(a)所示；

2. 断开操作表示 A(B)机背面的黑色电源开关，“○”为断开；“|”为闭合，如图 6-19(b)所示；

3. 关闭控制台显示器电源。

开机时顺序相反由步骤 3 向步骤 1 进行。

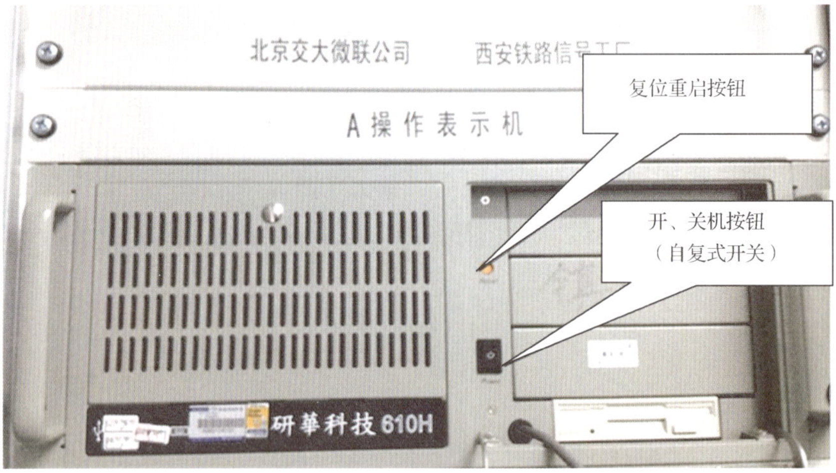

a. 操作表示机正面

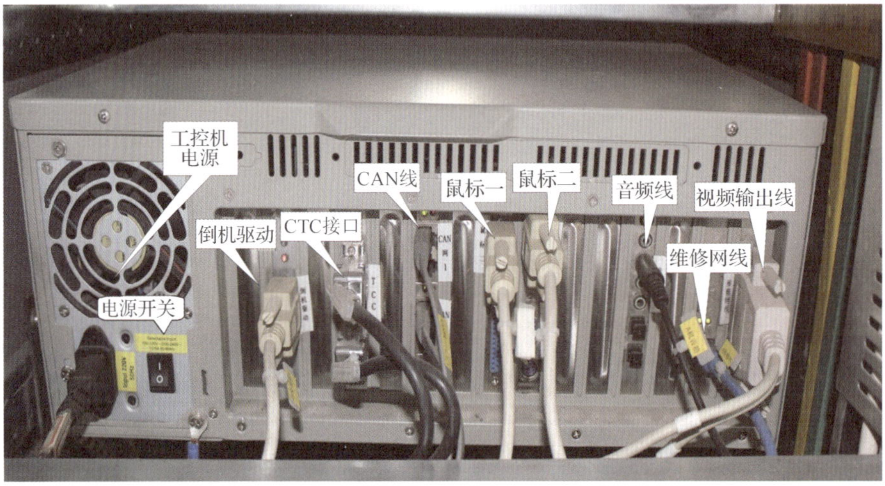

b. 操作表示机背面

图 6-19　操作表示机

（五）电务维修机开关机

1. 按压电务维修机主机箱正面的黑色自复式开关；

2. 断开综合机柜中电务维修机背面的黑色电源开关，如图 6-20 所示，“○”为断开；“|”为闭合；

3. 关闭电务维修机显示器电源。

开机时顺序相反由步骤 3 向步骤 1 进行。

（六）UPS 电源开、关（图 6-21）

1. UPS 电源关机必须将联锁机、操作表示机、电务维修机按以上步骤关机后，方可进行。

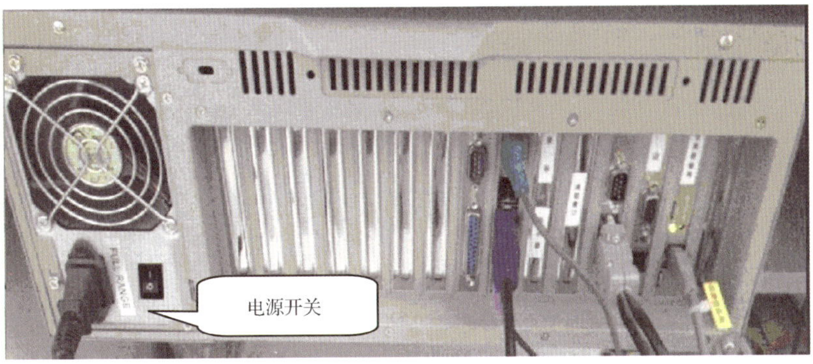

图 6-20　电务维修机背面

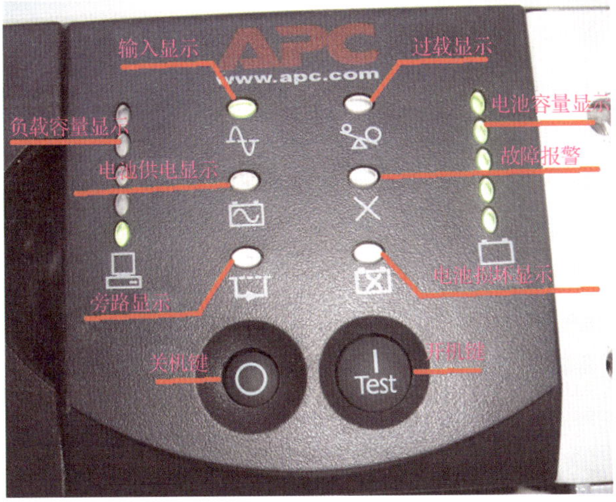

图 6-21　UPS 电源开关

2. 首先依次将联锁机、操表机、电务维修机关机，再按压 UPSA、UPSB 面板电源“○”开关 3～5 s，断开 UPSA、UPSB 电源，最后关闭电源控制箱背面的总电源开关，此时系统全部关机。

3. 系统开机时采用相反顺序操作，先打开电源控制箱背面的总电源开关，再按压 UPSA、UPSB 面板电源“| Test”开关 3～5 s，接通 UPSA、UPSB 电源，最后依次将电务维修机、操作表示机、联锁机开机。

注意事项：

1. 每个操作步骤完成后等待不少于 5 s。

2. UPS 电源开关机后等待不少于 30 s，再进行下一步骤。

二、EI32-JD 型计算机联锁系统操作

(一)联锁机 A、B 机转换

1. 倒机前必须确认Ⅰ系、Ⅱ系两联锁机均工作正常，通过电务维修机网络图确认，如图 6-22所示，一系联锁机主用(绿框)，另一系联锁机处于热备(黄框)的情况下，才能人工倒机，否则会造成双系联锁机死机。

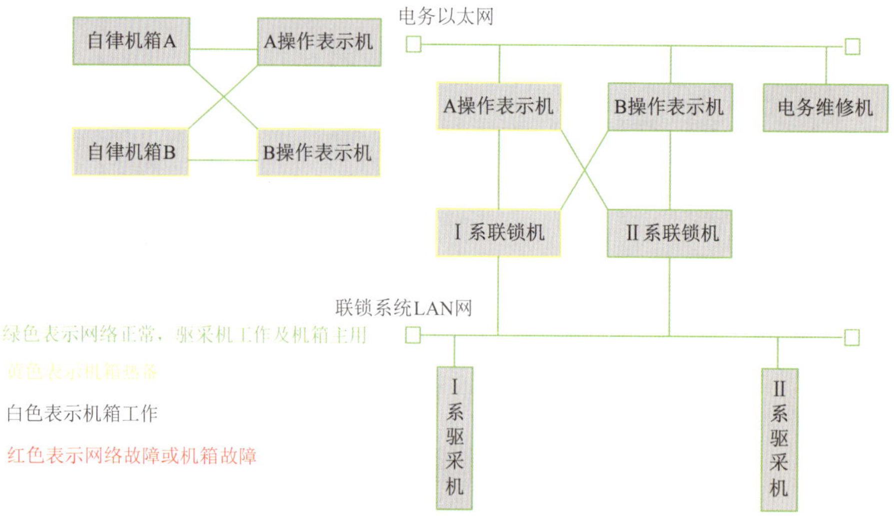

图 6-22　电务维修机网络图界面

2. Ⅰ系→Ⅱ系：将Ⅰ系联锁机内“系统控制板”上的自复式开关拔出向上扳起，如图 6-23所示，“Ⅰ系主用”灭灯，“Ⅱ系主用”亮灯，Ⅰ系倒Ⅱ系成功。10 s后松手，Ⅰ系自动启动，待联锁倒机单元无红灯显示时Ⅰ系备用成功。

3. Ⅱ系→Ⅰ系：将Ⅱ系联锁机内“系统控制板”上的自复式开关拔出向上扳起，“Ⅱ系主用”灭灯，“Ⅰ系主用”亮灯，Ⅱ系倒Ⅰ系成功。10 s后松手，Ⅱ系自动启动，待联锁倒机单元无红灯显示时Ⅱ系备用成功。

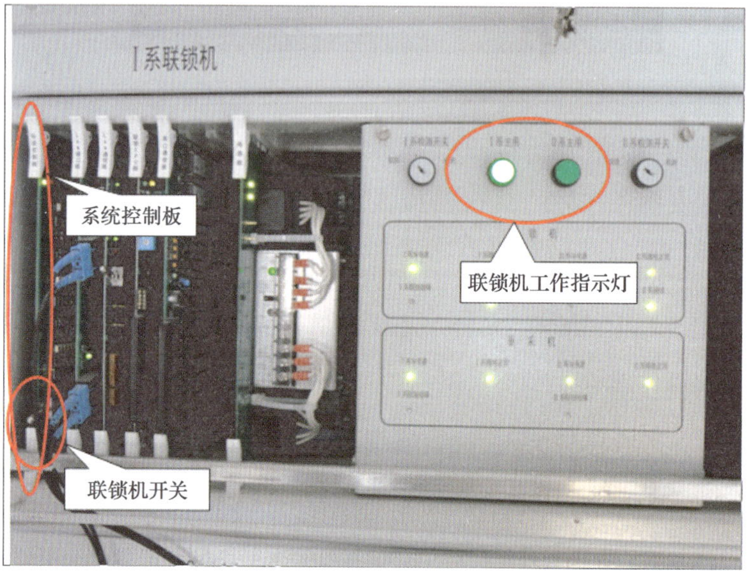

图 6-23　联锁机 A、B 机转换

（二）操作表示机 A、B 机转换（图 6-24）

1. 倒机前必须确认 A、B 操表机工作正常（A 机、B 机运行灯均亮灯）；

2. A 机→B 机，按压操表倒机单元控制板“人工倒机（A→B）”按钮，A 机主用灭灯，B 机主

用灯和切换检查绿灯(EI32-JD各显示、鼠标、音响板切换灯)亮灯,主用即由A机倒为B机;

3. B机→A机,按压操表倒机单元控制板“人工倒机(B→A)”按钮,B机主用灯和切换检查绿灯(EI32-JD各显示、鼠标、音响板切换灯)灭灯,A机主用亮灯,主用即由B机倒为A机;

注:操作表示机倒机单元上的钥匙放在“自动/A机主用”位上。

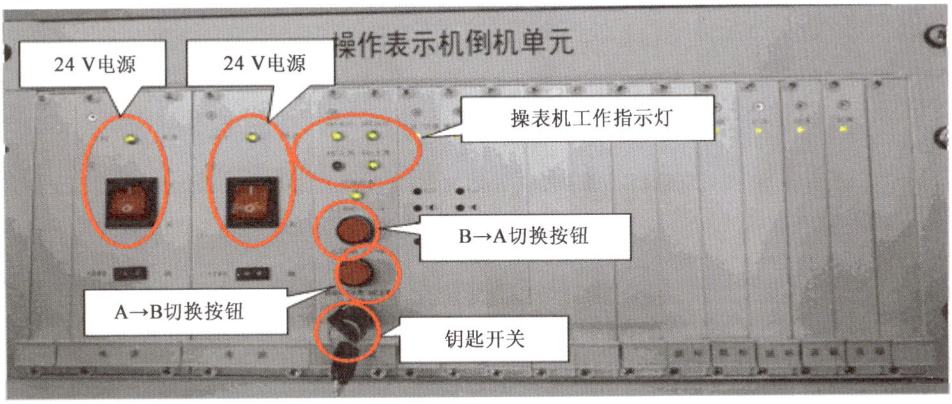

图6-24　操作表示机倒机单元

(三)联锁机、操作表示机、电务维修机、UPS电源开关机

开机:确保分线柜后面底部电源和联锁机柜后面上部的所有开关都在开启状态,按压UPSA、UPSB面板电源“| Test”开关3～5 s,接通UPSA、B电源,经过几秒后UPS电源指示灯闪烁正常后,依次开启操表示机倒机单元的24 V电源1、2、A/B操作表示机、两个联锁机电源、两个驱采电源、两个接口电源、电务维修机电源、运转室显示器开关。

关机:退出维修机程序(选择“信息”菜单下的“关机!”项选择关机),然后依次关闭两个接口电源、两个驱采电源、两个联锁机电源、A/B操作表示机、操作表示机倒机单元的24 V电源1、电源2、最后按压UPSA、UPSB面板电源“○”开关3～5 s,断开UPSA、UPSB电源。

注意事项:

1. 每个操作步骤完成后等待不少于5 s。

2. UPS电源(图6-21)开关机后等待不少于30 s,再进行下一步骤。

三、DS6-11型计算机联锁系统操作

(一)联锁机A、B机转换

1. 倒机前必须确认A、B两套联锁机均工作正常,通过A、B两套联锁设备指示灯、维修机的状态确认两套设备的运行情况。在两套设备均正常工作的情况下(A、B两套联锁机柜电源灯稳亮红灯、运行灯频繁闪绿、主用控制灯稳亮橙灯),才能人工倒机,否则会造成双联锁机脱机。

2. 联锁机倒机:在维修机站场界面菜单栏选择“系统设置-切换联锁机”,如图6-25所示,此时界面弹出输入密码窗口:输入“2000”,点击确认即可切换到联锁另外一套热备系统。

(二)控显机A、B机转换

1. 倒机前必须确认控显A、B机工作正常。

2. 控显机倒机:在维修机站场界面菜单栏选择“系统设置-切换控显机”,如图6-26所

示，此时界面弹出输入密码窗口：输入"2000"，点击确认即可切换到控显另外一套热备系统。

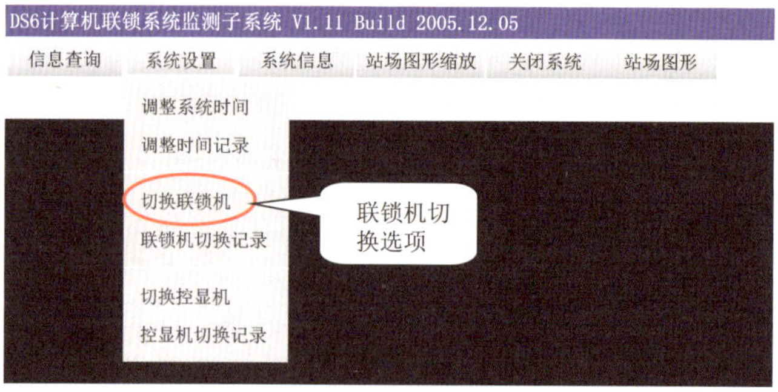

图 6-25　联锁机倒机选项

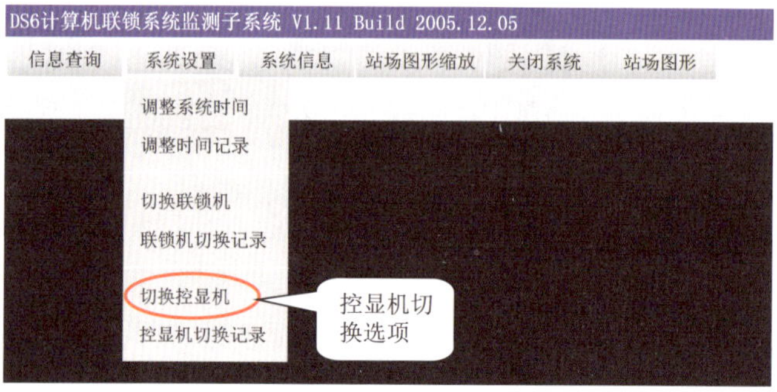

图 6-26　失显机倒机选项

（三）联锁机开关机

1. 断开联锁机笼前插、后插电源板电源和输入输出机笼板电源，如图 6-27 所示。
2. 断开四台直流 24 V 电源。

开机时顺序相反由步骤 2 向步骤 1 进行。

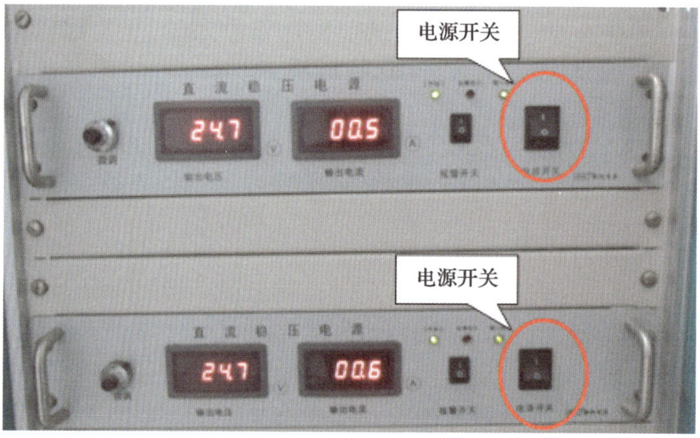

图 6-27　联锁机笼前插、后插电源板电源和输入输出机笼板电源

（四）电务维修机开关机

1. 关闭电务维修机显示器电源开关。

2. 按下电务维修机主机机箱正面黑色电源开关,“○”为关机;“|”为开机。

开机时顺序相反由步骤 2 向步骤 1 进行。

(五)UPS 电源开、关(面板图示见图 6-21)

1. 将联锁机、控显机、电务维修机机按以上步骤关机后,按压联锁机柜中的 UPSA、UPSB 面板电源“○”开关 3～5 s,关闭 UPS 电源。

2. 系统开机时采用相反顺序操作,先按压 UPSA、UPSB 面板电源“|Test”开关 3～5 s,接通 UPS 电源,最后依次将电务维修机、控显机、联锁机开机。

注意事项:

1. 每个操作步骤完成后等待不少于 5 s。

2. UPS 电源开关机后等待不少于 30 s,再进行下一步骤。

四、TYJL-Ⅱ型计算机联锁系统操作

(一)联锁机 A、B 机转换

本项操作均在标有“LA”的联锁机柜底层进行

1. A 机→B 机,将联锁切换手柄(图 6-28)由联锁 A 机扳动至联锁 B 机,联锁 A 机切换至联锁 B 机主用,再按压联锁 A 机“热备联机”按钮,使 A 联锁机同步,此时联锁 A 机备用红灯点亮,工作灯熄灭,B 联锁机同步、工作红灯点亮,备用灯熄灭。说明 B 联锁机在工作状态,A 联锁机在热备状态。最后将联锁切换手柄扳动至热备位置。

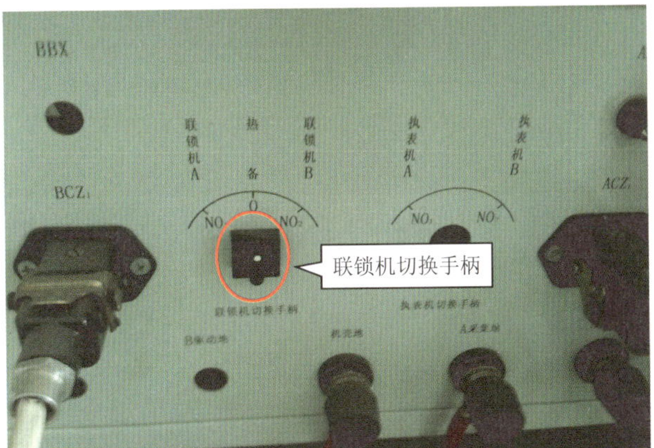

图 6-28　联锁机切换手柄

2. B 机→A 机,将联锁切换手柄由联锁 B 机扳动至联锁 A 机,联锁 B 机切换至联锁 A 机,再按压联锁 B 机“热备联机”按钮(图 6-29),使 B 联锁机同步,此时联锁 B 机备用红灯点亮,工作灯熄灭,A 联锁机同步、工作红灯点亮,备用灯熄灭。说明 A 联锁机在工作状态,B 联锁机在热备状态。最后将联锁切换手柄扳动至热备位置。

(二) 监控机 A、B 机转换

本项操作均在标有“LA”的机柜第一层进行。

监控机不具备自动切换功能,异常情况下应进行人工切换(图 6-30)。

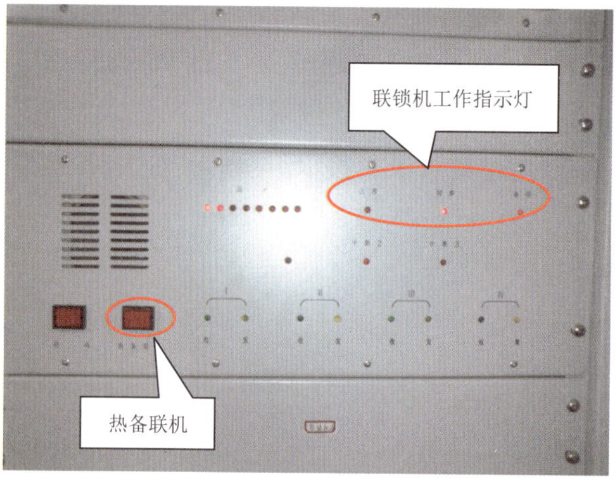

图 6-29　联锁机“热备联机”按钮

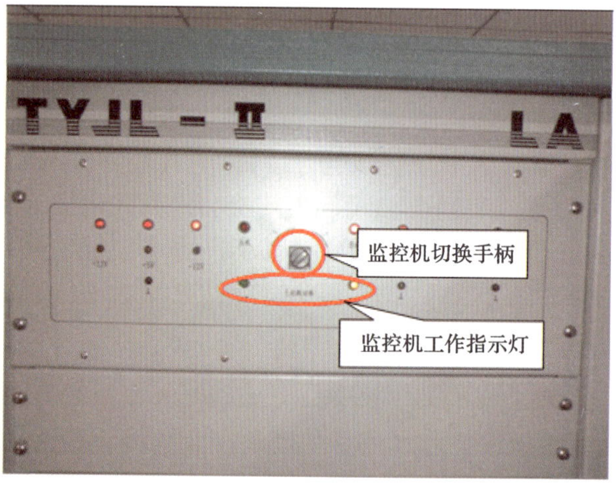

图 6-30　监控机切换手柄

1. A 机→B 机，将上位机切换开关扳动至 B 位置，B 机红色指示灯由灭灯点亮，A 机红色指示灯由点灯变为灭灯状态，监控机即可切换至 B 机工作。

2. B 机→A 机，将上位机切换开关扳动至 A 位置，A 机红色指示灯由灭灯点亮，B 机红色指示灯由点灯变为灭灯状态，监控机即可切换至 B 机工作。

（三）联锁机开关机

关闭联锁机柜前面的联锁 A(B)机电源开关即可进行联锁机开关机。

（四）监控机开关机

1. 按压监控 A(B)机主机箱正面的黑色自复式开关，如图 6-31 所示；
2. 断开监控 A(B)机背面的黑色电源开关，“○”为断开；“|”为闭合；
3. 关闭监控机 A(B)机显示器电源。

开机时顺序相反由步骤 3 向步骤 1 进行。

（五）电务维修机开关机（图 6-32）

1. 按压电务维修机主机箱正面的黑色自复式开关；

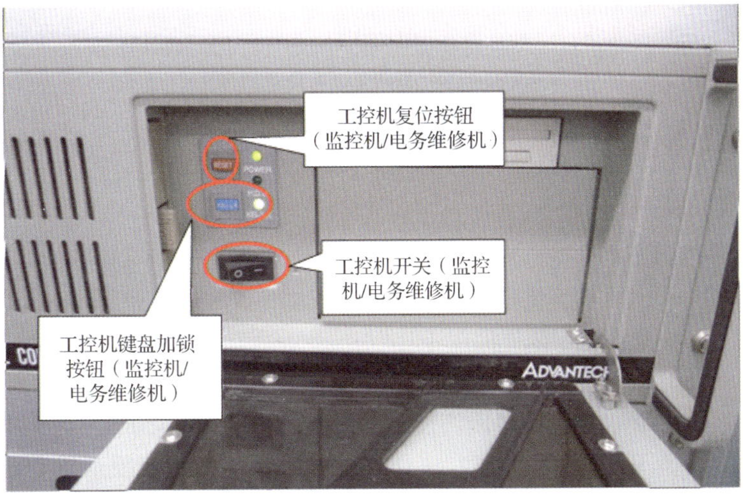

图 6-31　监控机开关

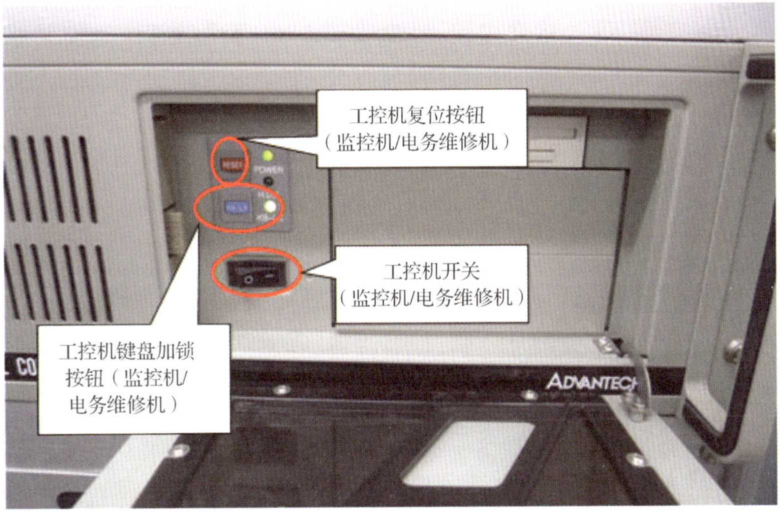

图 6-32　电务维修机开关机

2. 断开电务维修机背面的黑色电源开关，“○”为断开；“|”为闭合；

3. 关闭电务维修机显示器电源。

开机时顺序相反由步骤 3 向步骤 1 进行。

（六）UPS 电源开、关（面板示意见图 6-21）

1. UPS 电源关机必须将联锁机、监控机、电务维修机按以上步骤关机后，方可进行。

2. 首先依次将联锁机、监控机、电务维修机关机，再按压 UPSA、UPSB 面板电源“○”开关 3～5 s，断开 UPSA、UPSB 电源，最后关闭总电源开关，此时系统全部关机。

3. 系统开机时采用相反顺序操作，先打开总电源开关，再按压 UPSA、UPSB 面板电源“| Test”开关 3～5 s，接通 UPSA、UPSB 电源，最后依次将电务维修机、监控机机、联锁机开机。

注意事项：

1. 每个操作步骤完成后等待不少于 5 s。

2. UPS 电源开关机后等待不少于 30 s，再进行下一步骤。

五、TYJL-Ⅱ 双高型计算机联锁系统

(一)联锁机 A、B 机转换

1. 平时联锁机切换手柄处于中间(自动)位置(图 6-33)。

2. 联锁 A 机→联锁 B 机，将联锁切换手柄扳至 B 机，A 机切换至 B 机，此时 B 机 CPU 板 5 灯位红灯，6 灯位灭灯，说明 B 机在工作状态；5 s 后切换手柄扳至自动位置，再按压联机按钮。此时 A 机 CPU 板 5 灯位灭灯，6 灯位红灯，说明 A 机在热备状态。

3. 联锁 B 机→联锁 A 机，将联锁切换手柄扳至 A 机，B 机切换至 A 机，此时 A 机 CPU 板 5 灯位红灯，6 灯位灭灯，说明 A 机在工作状态；5 s 后切换手柄扳至自动位置，再按压联机按钮。此时 B 机 CPU 板 5 灯位灭灯，6 灯位红灯，说明 B 机在热备状态。

(二)监控机 A、B 机转换

1. 监控 A 机→监控 B 机，将监控切换手柄(图 6-33)扳至 B 机，监控 B 机工作灯亮绿灯；监控 A 机工作灯熄灭。等待 5 s 后再将监控切换手柄扳至自动，保证主控机与备用机自动转换。

2. 监控 B 机→监控 A 机，将监控切换手柄(图 6-33)扳至 A 机，监控 A 机工作灯亮绿灯(图 6-34)；监控 B 机工作灯熄灭。等待 5 s 后再将监控切换手柄扳至自动，保证主控机与备用机自动转换。

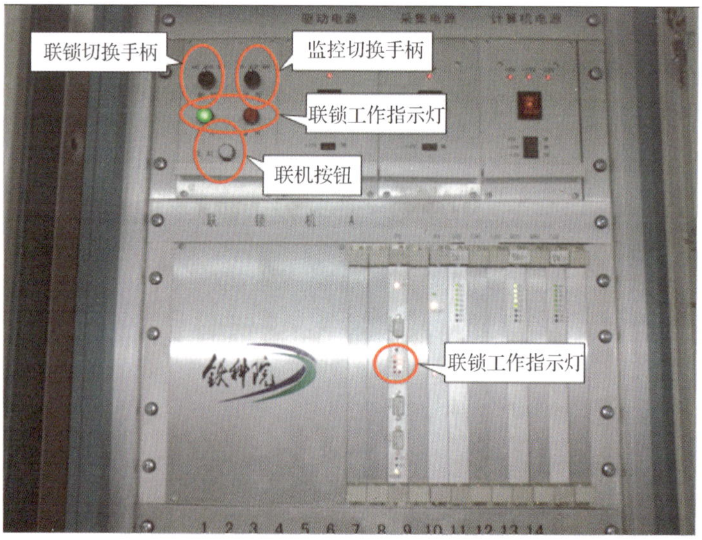

图 6-33　联锁机 A、B 机转换图

(三)联锁机开关机(图 6-35)

关机：

1. 断开联锁机柜正面的联锁 A(B)机 24 V 电源开关；

2. 断开综合机柜正面的联锁 A(B)机 220 V 电源开关；

开机时顺序相反由步骤 2 向步骤 1 进行。

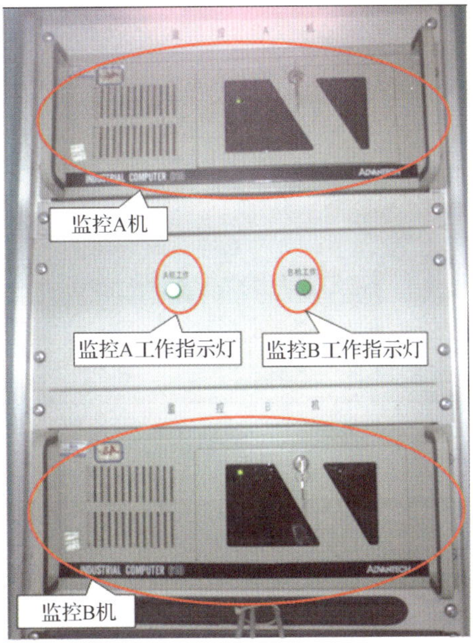

图 6-34　监控机 A、B 机指示灯

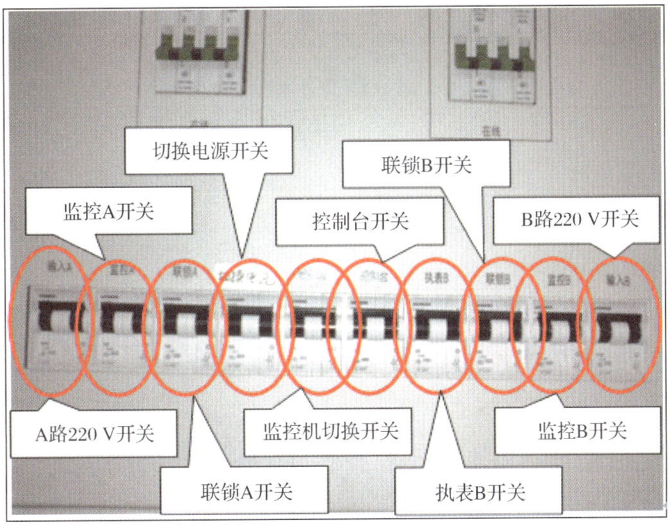

图 6-35　联锁机开关机示意图

（四）监控机开关机

关机：

1. 按压综合机柜中监控 A(B)机主机箱正面的黑色自复式开关，如图 6-36(a)所示；

2. 断开综合机柜中监控 A(B)机背面的黑色电源开关，如图 6-36(b)所示，“○”为断开，“|”为闭合；

3. 关闭监控机 A(B)机显示器电源。

开机时顺序相反由步骤 3 向步骤 1 进行。

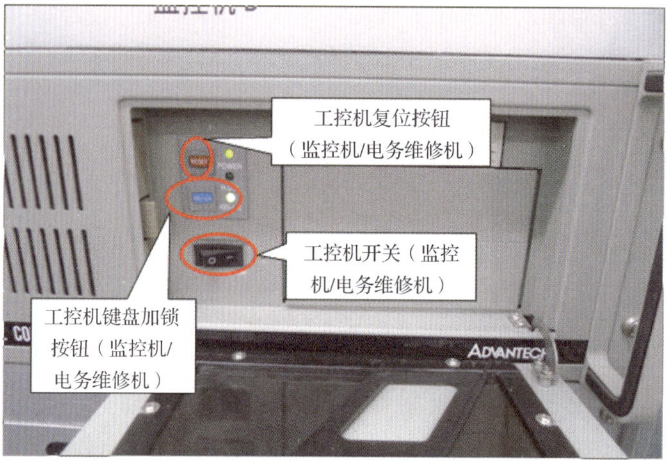

(a)监控机正面

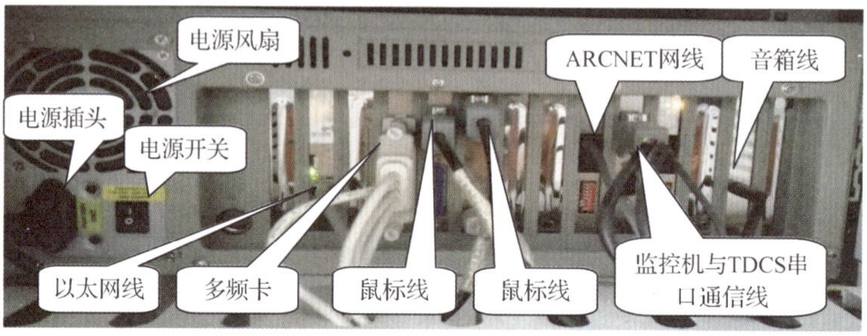

(b)监控机背面

图 6-36 监控机正、背面示意图

(五)维修机开关机

1. 按压电务维修机主机箱正面的黑色自复式开关，参见图 6-36(a)所示。

2. 断开电务维修机背面的黑色电源开关，“○”为断开；“|”为闭合；

3. 关闭电务维修机显示器电源。

开机时顺序相反由步骤 3 向步骤 1 进行。

(六) UPS 电源开、关(面板示意见图 6-21)

1. UPS 电源关机必须将联锁机、监控机、电务维修机按以上步骤关机后，方可进行。

2. 首先依次将联锁机、监控机、电务维修机关机，再按压 UPSA、UPSB 面板电源“○”开关 3～5 s，断开 UPSA、UPSB 电源，最后关闭总电源开关，此时系统全部关机。

3. 系统开机时采用相反顺序操作，先打开总电源开关，再按压 UPSA、UPSB 面板电源“| Test”开关 3～5 s，接通 UPSA、UPSB 电源，最后依次将电务维修机、监控机、联锁机开机。

注意事项：

1. 每个操作步骤完成后等待不少于 5 s。

2. UPS 电源开关机后等待不少于 30 s，再进行下一步骤。

六、TYJL-Ⅱ 高密型(旧)计算机联锁系统操作

(一) 联锁机 A、B 机转换

1. 平时联锁 A、B 机电源开关均闭合(向上闭合,向下断开)。

2. 联锁 A 机→联锁 B 机,将联锁 A 机开关断开,如图 6-37 所示,使联锁 A 机切换至联锁 B 机,联锁 B 机 CPU 板 5 灯位红灯,6 灯位灭灯,说明联锁 B 机在工作状态;再将联锁 A 机电源开关闭合,此时联锁 A 机 CPU 板 5 灯位灭灯,6 灯位红灯,说明联锁 A 机在热备状态。

3. 联锁 B 机→联锁 A 机,将联锁 B 机开关断开,如图 6-38 所示,使联锁 B 机切换至联锁 A 机,联锁 A 机 CPU 板 5 灯位红灯,6 灯位灭灯,说明联锁 A 机在工作状态;再将联锁 B 机电源开关闭合,此时联锁 B 机 CPU 板 5 灯位灭灯,6 灯位红灯,说明联锁 B 机在热备状态。

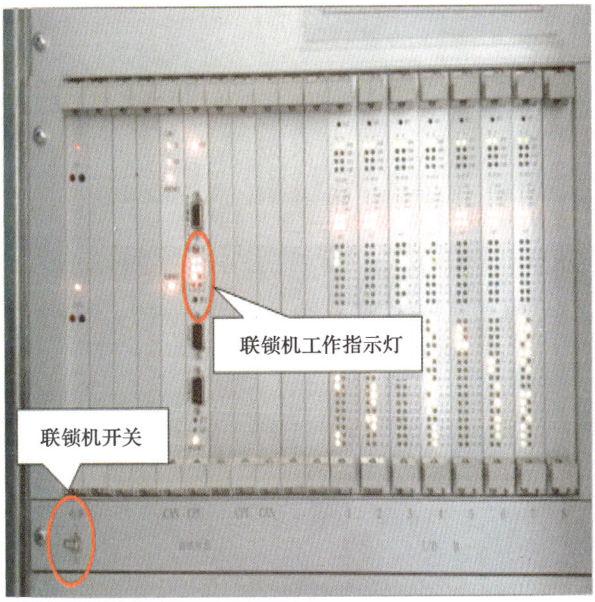

图 6-37　联锁 A 机开关及工作指示灯

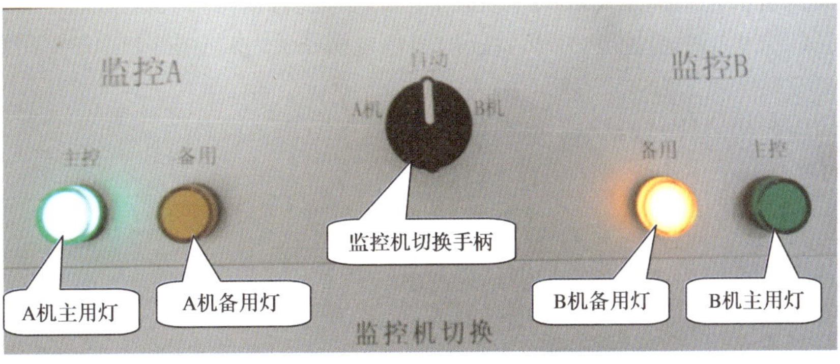

图 6-38　监控机倒机单元正面

（二）监控机A、B机转换

1. 监控A机→监控B机，将监控切换手柄扳至B机，监控B机主控灯亮绿灯，监控A机备用灯亮黄灯。等待5 s后再将监控切换手柄扳至自动，保证主控机与备用机自动转换。

2. 监控B机→监控A机，将监控切换手柄扳至A机，监控A机主控灯亮绿灯，监控B机备用灯亮黄灯。等待5 s后再将监控切换手柄扳至自动，保证主控机与备用机自动转换。

（三）联锁机开关机(图6-39)

关机：

1. 断开联锁机柜正面的联锁A(B)机电源开关；

2. 断开综合机柜背面的联锁24 V电源开关；

3. 断开综合机柜背面的联锁A(B)机220 V电源开关。

开机时顺序相反由步骤3向步骤1进行。

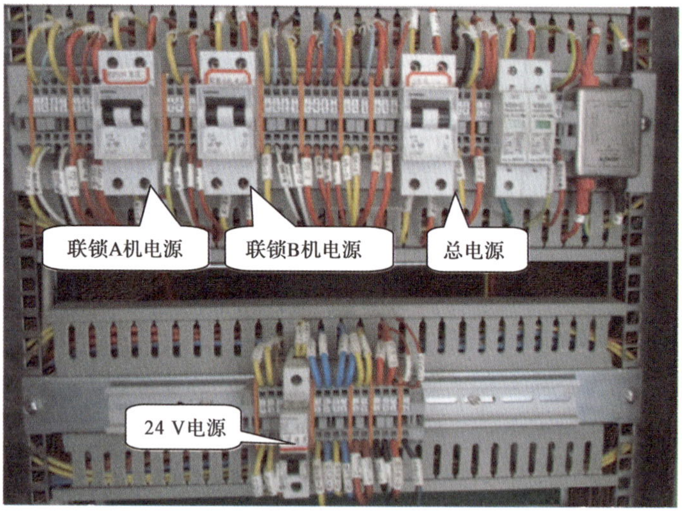

图6-39　联锁电源、24 V电源

（四）监控机开关机

关机：

1. 按压综合机柜中监控A(B)机主机箱正面的黑色自复式开关，参见图6-36(a)。

2. 断开综合机柜中监控A(B)机背面的黑色电源开关，参见图6-36(b)“○”为断开；“|”为闭合；

3. 关闭监控机A(B)机显示器电源。

开机时顺序相反由步骤3向步骤1进行。

（五）维修机开关机

1. 按压电务维修机主机箱正面的黑色自复式开关，参见图6-36(a)。

2. 断开电务维修机背面的黑色电源开关，“○”为断开；“|”为闭合；

3. 关闭电务维修机显示器电源。

开机时顺序相反由步骤3向步骤1进行。

（六）UPS 电源开、关（面板示意见图 6-21）

1. UPS 电源关机必须将联锁机、监控机、电务维修机按以上步骤关机后，方可进行。

2. 首先依次将联锁机、监控机、电务维修机关机，再按压 UPSA、UPSB 面板电源“O”开关 3～5 s，断开 UPSA、UPSB 电源，最后关闭电源控制箱背面的总电源开关，此时系统全部关机。

3. 系统开机时采用相反顺序操作，先打开电源控制箱背面的总电源开关，再按压 UPSA、UPSB 面板电源“$\overset{|}{\text{Test}}$”开关 3～5 s，接通 UPSA、UPSB 电源，最后依次将电务维修机、监控机、联锁机开机。

注意事项：

1. 每个操作步骤完成后等待不少于 5 s。

2. UPS 电源开关机后等待不少于 30 s，再进行下一步骤。

七、TYJL-Ⅱ 高密型计算机联锁系统操作

（一）联锁机 A、B 机转换

1. 联锁 A 机→联锁 B 机。先将联锁机柜后面底部联锁 A 机电源开关断开，如图 6-40 所示，此时联锁 B 机 CPU 板 5 灯位红灯，6 灯位灭灯，说明联锁 B 机在工作状态，如图 6-41 所示；10 s 后再闭合联锁 A 机电源开关，联锁 A 机 CPU 板 5 灯位灭灯，6 灯位红灯，说明此时联锁 A 机在热备状态。

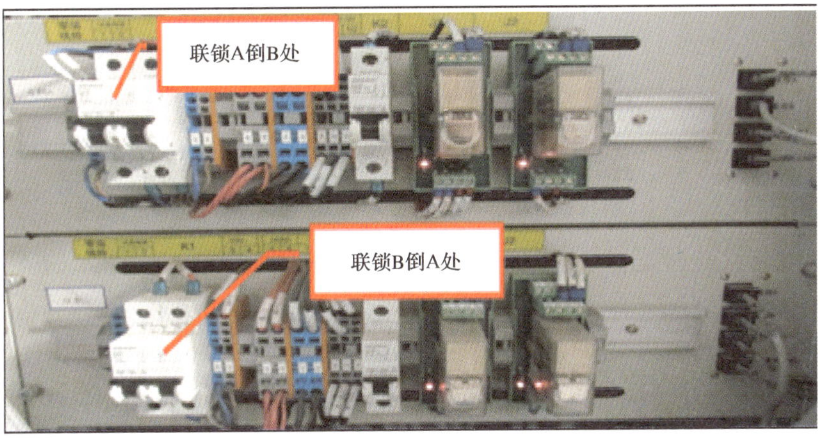

(a)铁科 TYJL-Ⅱ型高密（机柜厂家：上海铁路通信厂）

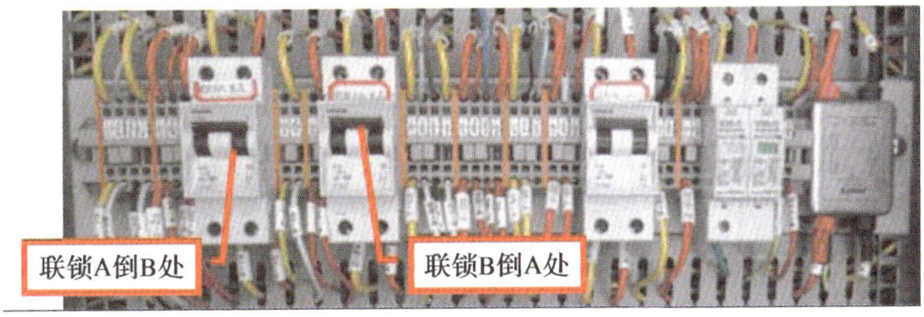

(b)铁科 TYJL-Ⅱ型高密（机柜厂家：铁科院通信信号研究所）

图 6-40　联锁机 A、B 机转换

2. 联锁B机→联锁A机。先将联锁机柜后面底部联锁B机电源开关断开(图6-40)，此时联锁A机CPU板5灯位红灯，6灯位灭灯，说明联锁A机在工作状态(图6-41)；10 s后再闭合联锁B机电源开关，联锁B机CPU板5灯位灭灯，6灯位红灯，说明此时联锁B机在热备状态。

(二)监控机A、B机转换

1. 监控A机→监控B机，将监控切换手柄扳(图6-42)至B机，监控B机主用，监控B机主控灯亮绿灯；监控A机备用，监控A机备用灯亮黄灯。等待5 s后再将监控切换手柄扳至自动，保证主控机与备用机自动转换。

2. 监控B机→监控A机，将监控切换手柄(图6-42)扳至A机，监控A机主用，监控A机主控灯亮绿灯；监控B机备用，监控B机备用灯亮黄灯。等待5 s后再将监控切换手柄扳至自动，保证主控机与备用机自动转换。

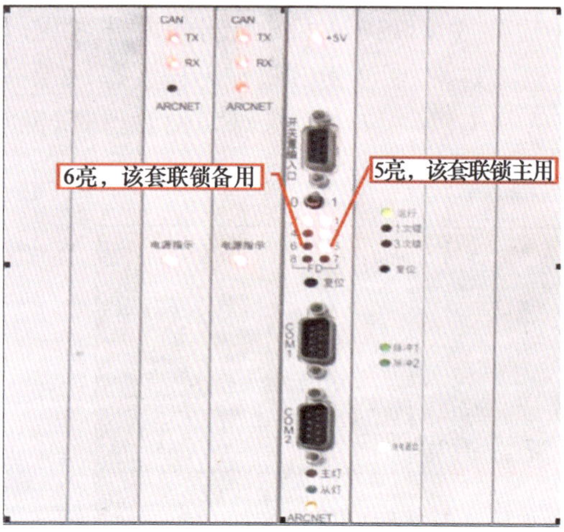

图6-41 联锁机CPU板

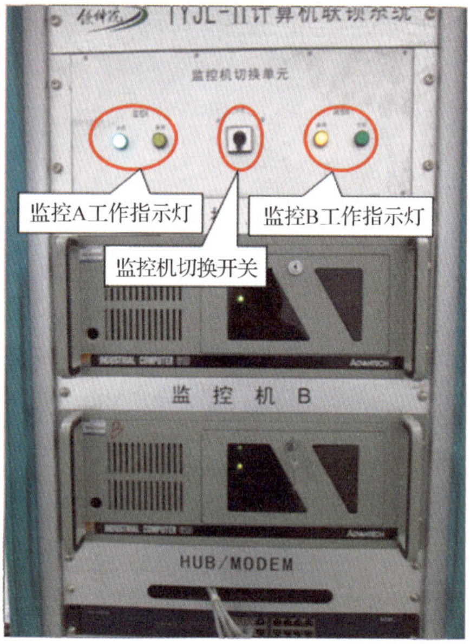

图6-42 监控切换手柄

(三)联锁机开关机

关机：

1. 断开联锁机柜正面的联锁A(或B)机24 V电源开关；

2. 断开联锁机柜正面的联锁A(或B)机220 V电源开关；

开机时顺序相反由步骤2向步骤1进行。

(四)监控机开关机

关机：

1. 按压综合机柜中监控A(B)机主机箱正面的黑色自复式开关(参见图6-36)；

2. 断开综合机柜中监控A(B)机背面的黑色电源开关，“○”为断开；“|”为闭合；

3. 关闭监控机A(B)机显示器电源。

开机时顺序相反由步骤3向步骤1进行。

（五）维修机开关机

1. 按压电务维修机主机箱正面的黑色自复式开关，参见图 6-36(a)；

2. 断开电务维修机背面的黑色电源开关，“○”为断开；“|”为闭合；

3. 关闭电务维修机显示器电源。

开机时顺序相反由步骤 3 向步骤 1 进行。

（六）UPS 电源开、关（面板示意图 6-21）

1. UPS 电源关机必须将联锁机、监控机、电务维修机按以上步骤关机后，方可进行。

2. 首先依次将联锁机、监控机、电务维修机关机，再按压 UPSA、UPSB 面板电源“○”开关 3～5 s，断开 UPSA、UPSB 电源，最后关闭配电箱正面的 220 V 电源开关，此时系统全部关机。

3. 系统开机时采用相反顺序操作，先打开配电箱正面的 220 V 电源开关，再按压 UPSA、UPSB 面板电源“$\overset{|}{\text{Test}}$”开关 3～5 s，接通 UPSA、UPSB 电源，最后依次将电务维修机、监控机、联锁机开机。

注意事项：

1. 每个操作步骤完成后等待不少于 5 s。

2. UPS 电源开关机后等待不少于 30 s，再进行下一步骤。

八、TYJL-ADX 型计算机联锁系统操作

（一）联锁机Ⅰ、Ⅱ系转换

Ⅰ系→Ⅱ系，断开联锁机柜底部Ⅰ系 FFC1(FFC2)电源开关，如图 6-43 所示，此时转为Ⅱ系主用，Ⅱ系 FCX 板 RUN 为绿灯，Ⅰ系 FFC1(FFC2)板 RUN 灭灯，再将Ⅰ系 FFC1(FFC2)电源开关闭合，待Ⅰ系 FCX、FFC1、FFC2 板 RUN 为黄灯后说明已转为备用。

Ⅱ系→Ⅰ系，断开联锁机柜底部Ⅱ系 FFC1(FFC2)电源开关，此时转为Ⅰ系主用，Ⅰ系 FCX 板 RUN 为绿灯，Ⅱ系 FFC1(FFC2)板 RUN 灭灯，再将Ⅱ系 FFC1(FFC2)电源开关闭合，待Ⅱ系 FCX、FFC1、FFC2 板 RUN 为黄灯后说明已转为备用。

（二）联锁机、监控机、维修机开机（图 6-44）

开机步骤：

(1)电源屏向联锁系统供电开关闭合；

(2)配电箱 A 路、B 路 220 V 开关闭合；

(3)按压 UPSA、UPSB 面板电源“$\overset{|}{\text{Test}}$”开关 3～5 s，首先 UPS 本身进行自检，UPS 所有指示灯稳定后，表明 UPS 已经准备就绪，可以对外供电；

(4)顺序闭合配电箱联锁机、维修机、控制台等开关；

(5)将联锁机柜底部的各个电源开关闭合，联锁机开始运行，几分钟后系统同步，开始正常工作；

(6)将配电箱 24 V 电源闭合；

(7)监控 A，B 机开机，电源灯点亮，硬盘灯闪烁，监控软件正常运行后，硬盘灯熄灭；

(8)维修机开机，电源灯点亮，硬盘灯闪烁，维修软件正常运行后，硬盘灯熄灭。

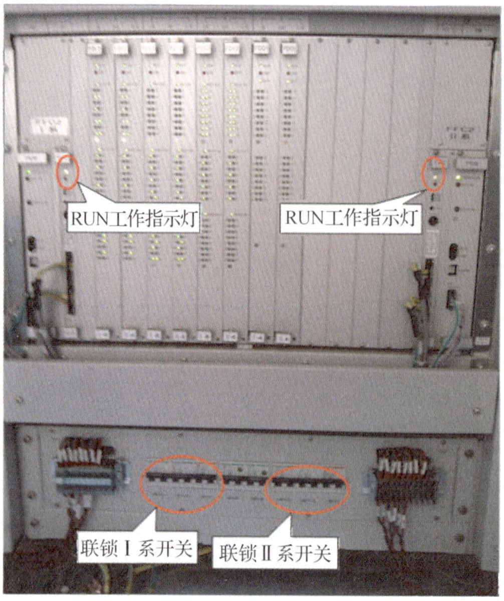

图 6-43 联锁机Ⅰ、Ⅱ系开关示意图

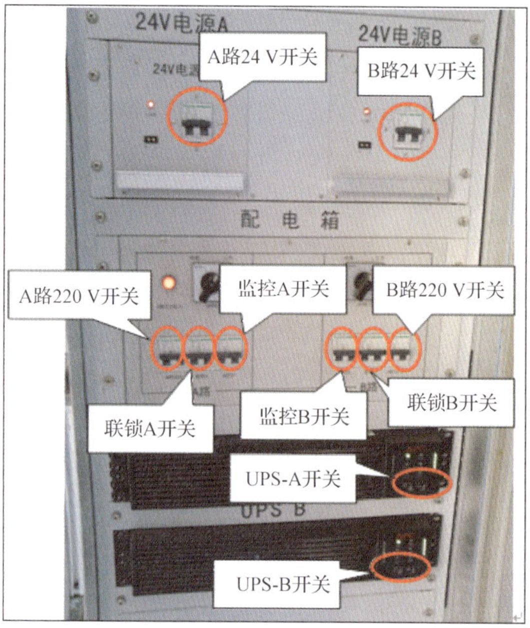

图 6-44 联锁机、监控机、维修机开关示意图

（三）联锁机、监控机、维修机关机

关机步骤：

（1）将联锁机柜底部的各电源开关断开；

（2）如需保存维修机记录，则需在维修机上选择“手动存盘”按钮后，再选择退出程序按钮，待维修机程序退出后，同时按压键盘上的：“Alt”＋“F4”键，选择关闭系统按钮，等待屏幕出现关闭计算机电源提示后，关闭维修机电源；

（3）关闭监控 A，B 机（严禁在硬盘灯闪烁时直接关闭监控 A，B 机和维修机的计算机电源）；

（4）将配电箱上的 24 V 电源关闭；

（5）按压 UPSA、UPSB 面板电源“O”开关 3～5 s，关闭 UPS；

（6）断开电源屏至联锁系统开关。

（四）UPS 电源开、关（面板示意见图 6-21）

1. UPS 电源关机必须将联锁机、监控机、电务维修机按以上步骤关机后，方可进行。

2. 首先依次将联锁机、监控机、电务维修机关机，再按压 UPSA、UPSB 面板电源“O”开关 3～5 s，断开 UPSA、UPSB 电源，最后关闭配电箱正面的 220 V 电源开关，此时系统全部关机。

3. 系统开机时采用相反顺序操作，先打开配电箱正面的 220 V 电源开关，再按压 UPSA、UPSB 面板电源“| Test”开关 3～5 s，接通 UPSA、UPSB 电源，最后依次将电务维修机、监控机、联锁机开机。

注意事项：

1. 每个操作步骤完成后等待不少于 5 s。

2. UPS 电源开关机后等待不少于 30 s，再进行下一步骤。

第三节　电源屏设备故障处理

一、普通电源屏故障处理程序（图 6-45）

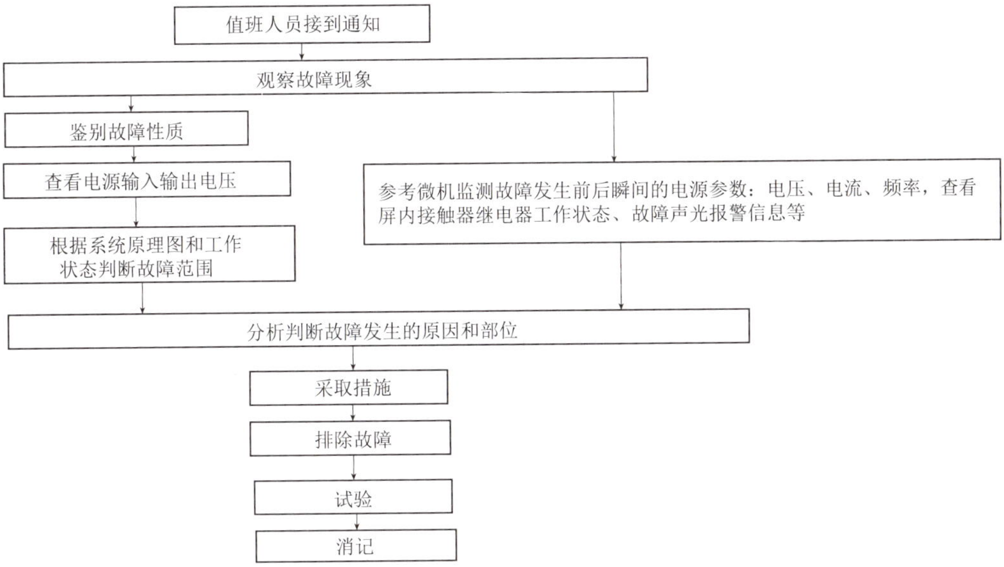

图 6-45　普通电源屏故障处理程序

二、智能型电源屏故障处理程序（图 6-46）

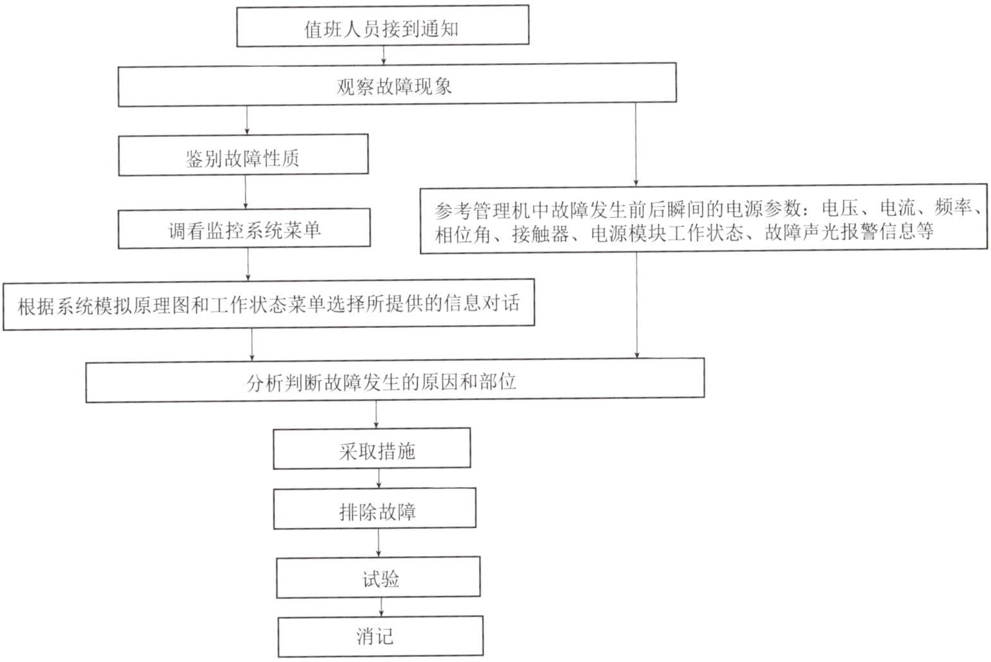

图 6-46　智额型电源屏故障处理程序

三、电源屏设备故障处理程序及注意事项(表 6-3)

表 6-3 电源屏设备故障处理程序及注意事项

故障现象	步骤	具体内容
电源屏故障	故障判断	1. 电源屏故障后认真观察电源屏各部表示灯,智能电源屏故障信息提示,确认电源屏具体故障点。 2. 判断是外电网故障还是电源屏故障。 3. 确认电源屏是输入还是输出故障。
	应急准备	1. 了解故障影响范围,根据情况停用相关设备,将故障现象等信息通知电源屏工区。 2. 观察电源屏工作状态(声、光报警及信息提示等),在电源屏工区指导下,进行应急处置,初步恢复设备正常使用。 3. 一时不能恢复的故障,电源工区、现场车间、段技术人员迅速集结人员,准备器材、图纸、仪表、工具,及时向故障地点进行调集。
	故障处理方法	1. 测试判断输入电压是否正常。 2. 测试输出电压是否正常。 3. 检查各部空开(熔断器)是否正常。 4. 若电源屏不能进行Ⅰ、Ⅱ路转换,可在电源引入箱处倒接两路电源。 5. 其中一路停电而另一路又无法稳压供电,可直接倒直供。 6. 智能电源屏提示模块故障后,可根据提示核对该模块故障指示灯,拔掉故障模块进一步确认,更换备用模块。 7. 电源屏供出的 50 Hz/220 V 交流电源如信号点灯电源、道岔表示电源,可临时借用电源屏空闲的“备用稳压电源”或“备用不稳压电源”代替。 8. 若微机联锁、TDCS、CTC 的 50 Hz/220 V 交流输入电源及 UPS 电源同时故障时,可用开 UPS,临时借用电源屏空闲的“备用稳压电源”或“备用不稳压电源”代替。 9. 待故障排除后及时拆除临时电源,恢复电源屏正常供电。

第四节 电源屏设备操作

一、“津宇嘉信”电源转换程序及应急处置(PMZG-25W＊＊S-XY 型)

(一)Ⅰ、Ⅱ路电源转换程序(图 6-47)

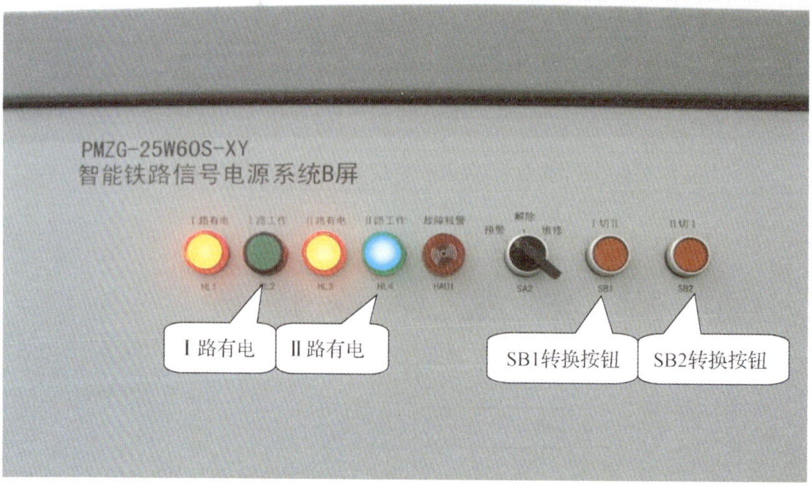

图 6-47 Ⅰ、Ⅱ路电源转换示意图

手动倒换：Ⅰ路至Ⅱ路

第一步：确认Ⅱ路电源供电正常（重要）。

第二步：按压B屏前面板SB1转换按钮，电源自动转换。

第三步：确认Ⅱ路电源指示正确各路输出正常，倒换完成。

手动倒换：Ⅱ路至Ⅰ路

第一步：确认Ⅰ路电源供电正常（重要）。

第二步：按压B屏前面板SB2转换按钮，电源自动转换。

第三步：确认Ⅰ路电源指示正确各路输出正常，倒换完成。

注意：本站两路电源零线并在一起，应确保输入相位关系正确。

（二）两路电源转换故障应急处置

电源屏转换电路异常，无法通过常规方式进行Ⅰ、Ⅱ路电源转换时，可采取以下方法进行应急处置：

第一步：确认Ⅰ、Ⅱ路电源输入是否正常（图6-48）。

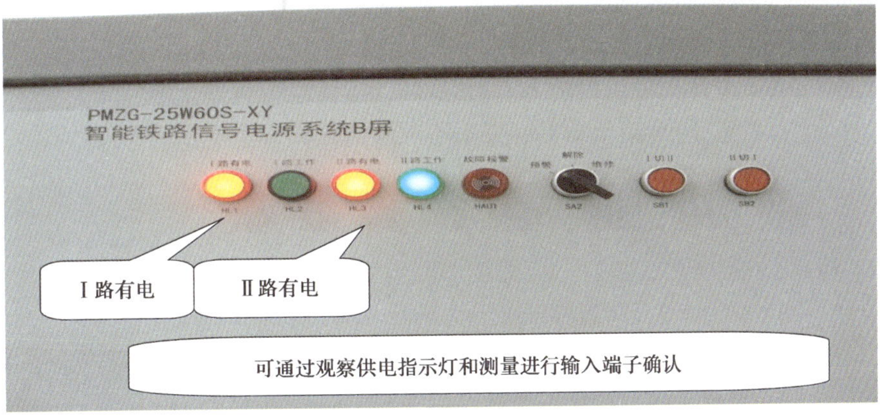

图6-48　确认Ⅰ、Ⅱ路电源输入是否正常

第二步：确认Ⅰ、Ⅱ路电源接触器是否均未吸起（图6-49）。

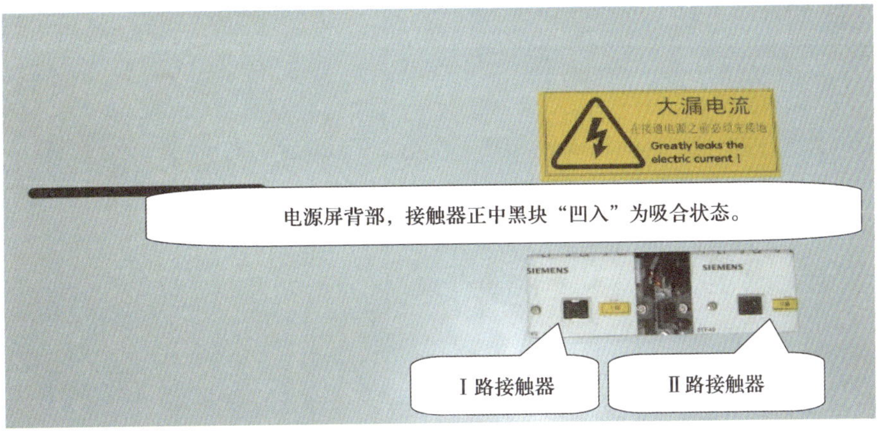

图6-49　确认Ⅰ、Ⅱ路电源接触器是否均未吸起

第三步：扳动 B 屏上部 SA1 直供开关，转换至Ⅰ路或者Ⅱ路进行供电（图 6-50）。

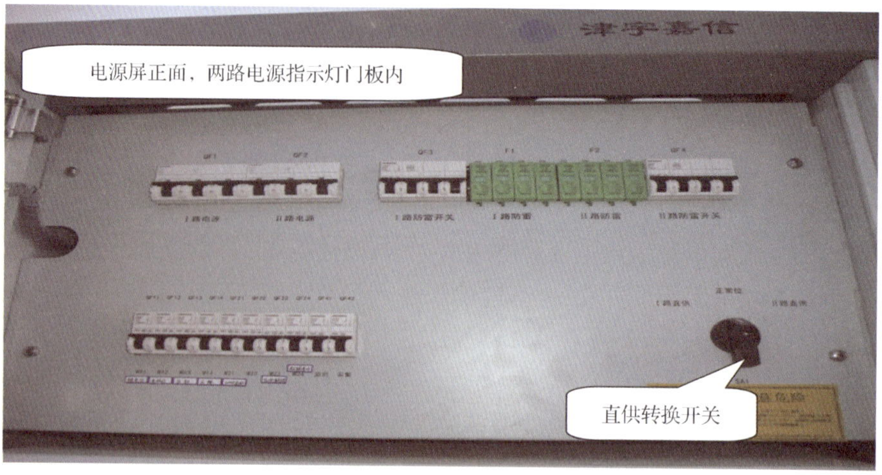

图 6-50 直供转换开关示意图

（三）轨道短路切除板故障应急处置（A 屏下部）

当轨道Ⅰ、Ⅱ束电源因短路保护无输出时：

第一步：确认轨道Ⅰ、Ⅱ束负载端有无短路现象（图 6-51）。

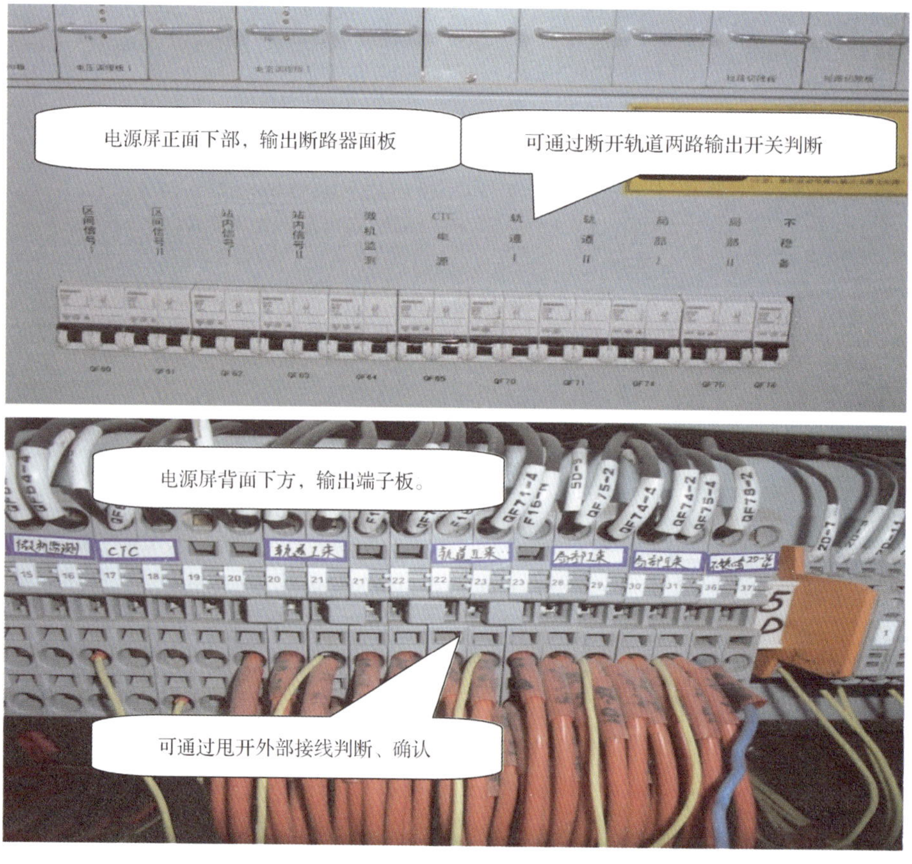

图 6-51 确认轨道Ⅰ、Ⅱ束负载端有无短路现象

第二步：确认轨道模块工作状态是否正常(图 6-52)。

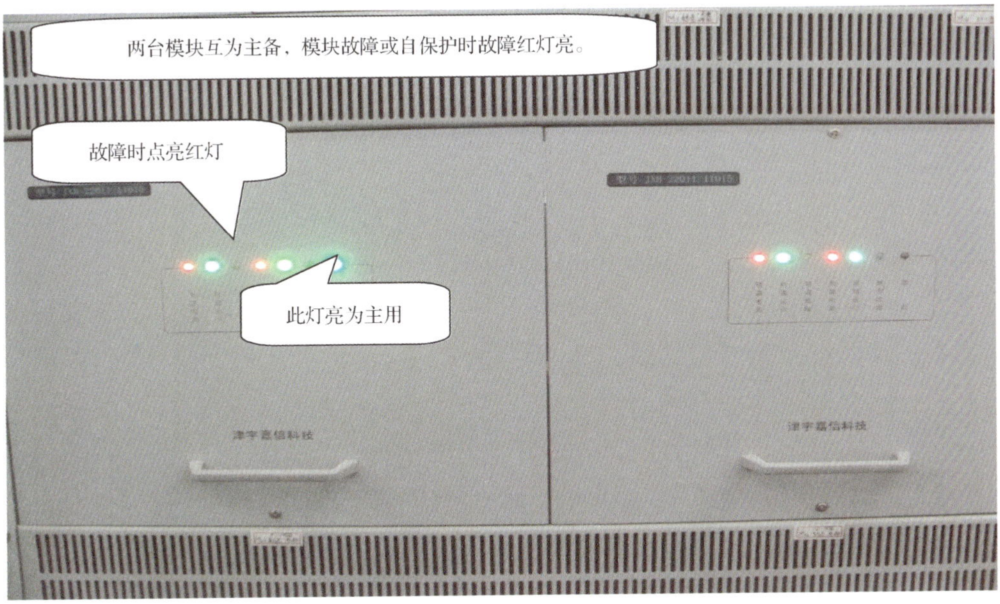

图 6-52　确认轨道模块工作状态是否正常

第三步：若由于输出端短路而造成轨道Ⅰ、Ⅱ束不能输出，应立即甩开短路负载进行查找。

第四步：若输出端无短路现象，应为切除板不良。及时将相应切除板上两只开关(1 路或 2 路)按至接通位置，进行直供(图 6-53)。

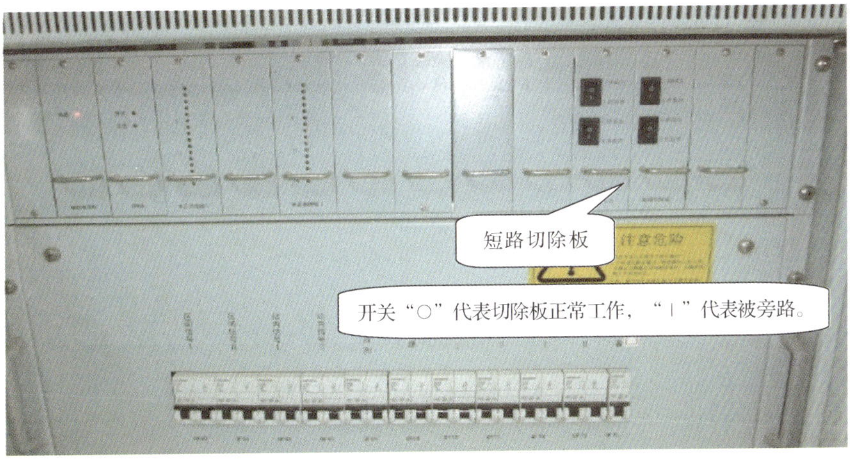

图 6-53　切除板开关示意图

(四) 电源模块故障应急处置及注意事项

1. 当模块故障时，应能自动转至相应备用模块，模块故障灯明亮(图 6-54)。
2. 发生模块故障后，应及时更换相同型号模块。
3. 当故障模块影响到其他模块正常使用时，应及时将其拔下(图 6-55)。

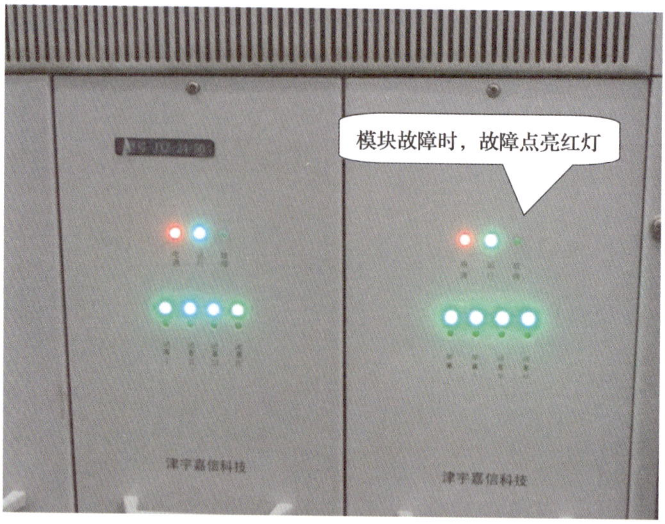

图 6-54　模块故障灯

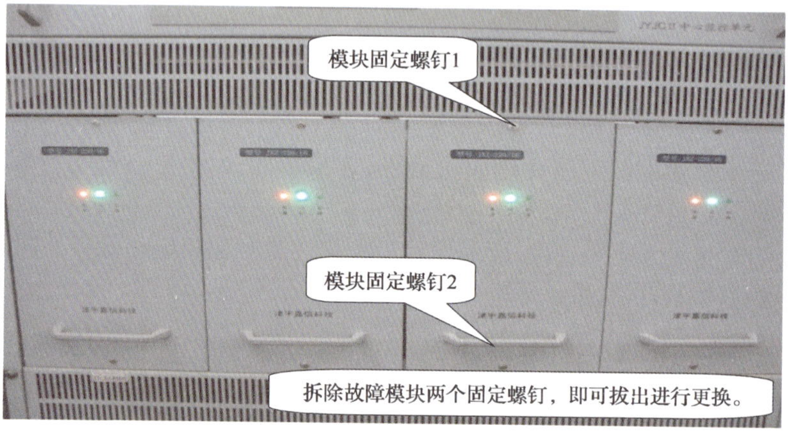

图 6-55　模块固定螺钉

（五）提速屏（C 屏）注意事项

1. 当提速屏三相电源输出正常时，上部相应指示灯点亮，断/错相指示灯灭灯（图 6-56）。

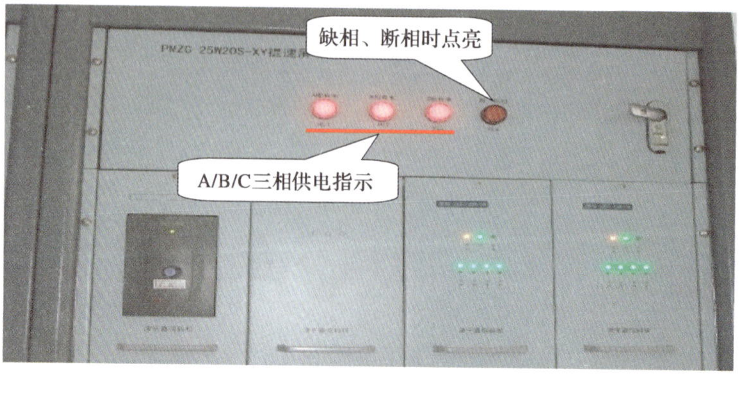

图 6-56　提速屏三相输出正常时的指示灯状态

2. 当发生断相时,相应相位指示灯灭灯,断/错相指示灯点亮,及时进行输出电源判断。
3. 当发生错相时,相位指示灯依然点亮,断/错相指示灯点亮,及时进行输出电源判断。

二、"北京鼎汉"电源转换程序及应急处置(PZGWJ-25/380/25 型)

(一)Ⅰ、Ⅱ路电源转换程序(图 6-57)

手动倒换:Ⅰ路至Ⅱ路

第一步:确认Ⅱ路电源供电正常(重要)。

第二步:打开一号屏前面板,断开交流Ⅰ路开关,电源自动转换至二路电源供电。

第三步:确认Ⅱ路电源指示正确各路输出正常,倒换完成后,需将交流Ⅰ路开关闭合。

手动倒换:Ⅱ路至Ⅰ路

第一步:确认Ⅰ路电源供电正常(重要)。

第二步:打开一号屏前面板,断开交流Ⅱ路开关,电源自动转换至一路电源供电。

第三步:确认Ⅰ路电源指示正确各路输出正常,倒换完成后,需将交流Ⅱ路开关闭合。

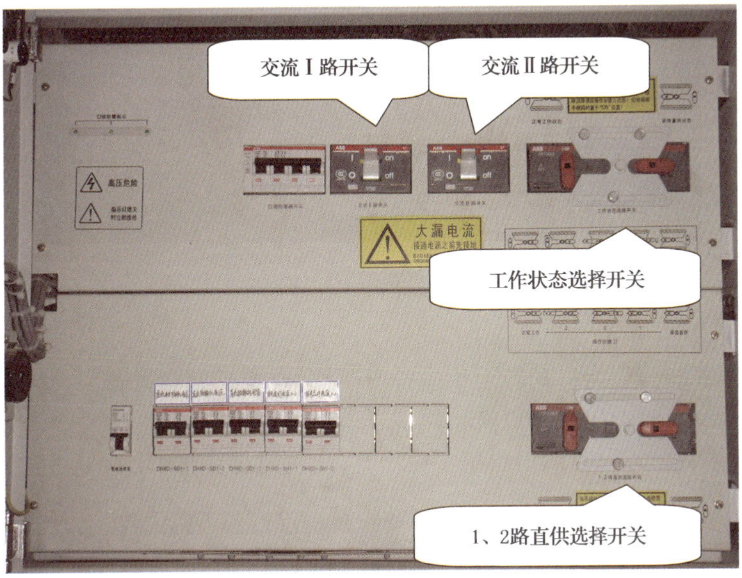

图 6-57　Ⅰ、Ⅱ路电源转换程序

(二)两路电源转换故障应急处置

电源屏转换电路异常,无法通过常规方式进行Ⅰ、Ⅱ路电源转换时,可采取以下方法进行应急处置:

第一步:确认Ⅰ、Ⅱ路输入电源是否正常。

第二步:确认Ⅰ、Ⅱ路电源接触器是否均未吸起。

第三步:进行直供操作。

1. 选择一路电源直供时,先将工作状态选择开关转换至紧急直供状态,再将 1、2 路直供选择开关转换至交流 1 路直供状态,此时由一路电源直接供电。

2. 选择二路电源直供时,先将工作状态选择开关转换至紧急直供状态,再将 1、2 路直供选择开关转换至交流 2 路直供状态,此时由二路电源直接供电。

(三)轨道短路切除板故障应急处置(装有25Hz模块屏背面上部)

当轨道Ⅰ、Ⅱ束电源因短路保护无输出时:

第一步:确认轨道Ⅰ、Ⅱ束负载端有无短路现象。

第二步:确认轨道模块工作状态是否正常。

第三步:若由于输出端短路而造成轨道Ⅰ、Ⅱ束不能输出,应立即甩开短路负载进行查找。

第四步:若输出端无短路现象,应为轨道短路切除板不良。及时将相应轨道短路切除板上5J5插头拔下,插接在5J4上进行直供(图6-58)。

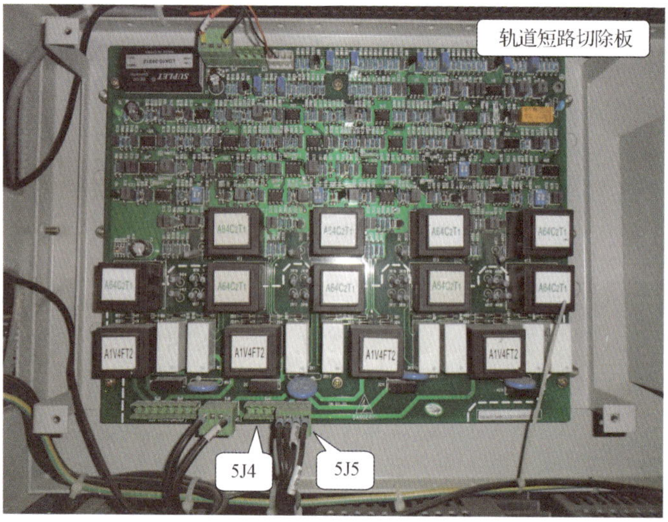

图6-58 轨道短路切除板

(四)电源模块故障应急处置及注意事项

1. 当模块故障时,应能自动转至相应备用模块,模块故障灯明亮。
2. 发生模块故障后,应及时更换相同型号模块。
3. 当故障模块影响到其他模块正常使用时,应及时将其拔下(图6-59)。

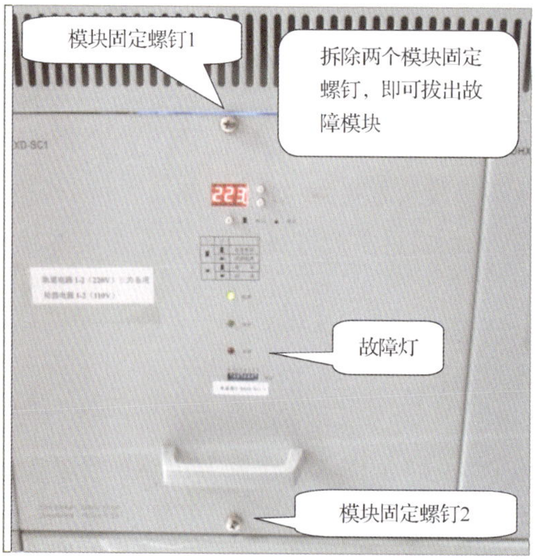

图6-59 模块故障处理示意图

三、“国铁路阳”电源转换程序及故障应急处置(DSG/25-15DW型)

(一)Ⅰ、Ⅱ路电源转换程序

手动倒换:Ⅰ路至Ⅱ路

第一步:确认Ⅱ路电源供电正常(重要)。

第二步:按压1#屏输入模块1前面板转换按钮(SB1),如图6-60所示,电源转换至输入模块2工作。

第三步:确认Ⅱ路电源指示正确各路输出正常,倒换完成。

手动倒换:Ⅱ路至Ⅰ路

第一步:确认Ⅰ路电源供电正常(重要)。

第二步:按压1#屏输入模块2面板转换按钮(SB2),如图6-60所示,电源转换至输入模块1工作。

第三步:确认Ⅰ路电源指示正确各路输出正常,倒换完成。

注意:应确保两路输入电源火零关系,接线正确。

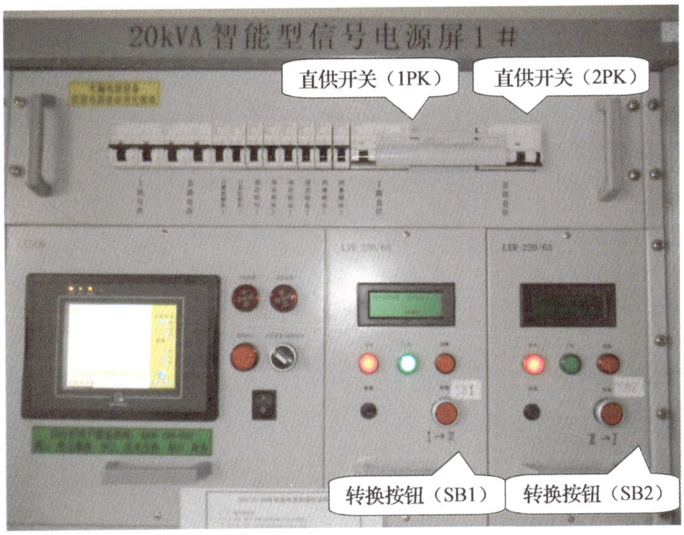

图6-60　转换按钮

(二)两路电源转换故障应急处置

电源屏转换电路异常,无法通过常规方式进行Ⅰ、Ⅱ路电源转换时,可采取以下方法进行应急处置:

第一步:确认Ⅰ、Ⅱ路电源输入电源是否正常。

第二步:确认Ⅰ、Ⅱ路电源接触器是否均未吸起。

第三步:扳动1#屏上部直供开关1PK或2PK,转换至Ⅰ路或者Ⅱ路进行供电。

注意:直供开关1PK、2PK不得同时闭合。

(三)UPS故障应急办法(图6-61)

1. UPS发生故障时,首先闭合UPS离线维修旁路开关,再断开UPS输入及输出开关;

2. UPS恢复供电时,首先闭合UPS输入及输出开关,确认UPS供电正常后,再断开

UPS 离线维修旁路开关。

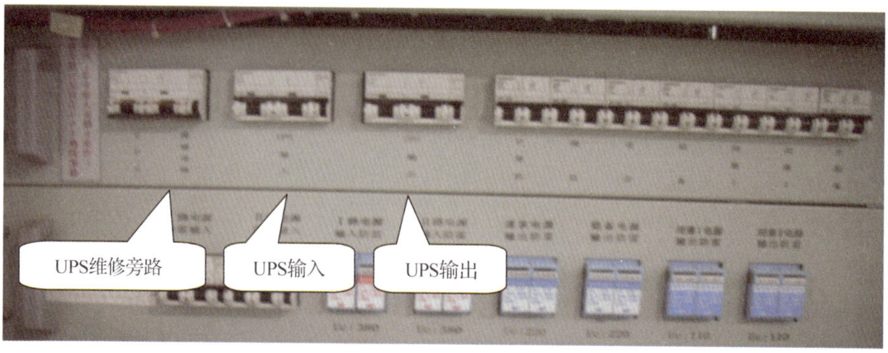

图 6-61　UPS 面板

四、“西安电务器材厂”电源转换程序及应急处置(PZXG-20W)

(一)Ⅰ、Ⅱ路电源转换程序

手动倒换:Ⅰ路至Ⅱ路

第一步:确认Ⅱ路电源供电正常(重要)。

第二步:按压 B 屏前面板Ⅰ路停供按钮,如图 6-62 所示,电源自动转换。

第三步:确认Ⅱ路电源指示正确各路输出正常,倒换完成。

手动倒换:Ⅱ路至Ⅰ路

第一步:确认Ⅰ路电源供电正常(重要)。

第二步:按压 B 屏前面板Ⅱ路停供按钮,如图 6-62 所示,电源自动转换。

第三步:确认Ⅰ路电源指示正确各路输出正常,倒换完成。

(二)两路电源转换故障倒外网直供应急处置

电源屏转换电路异常,无法通过常规方式进行Ⅰ、Ⅱ路电源转换时,可采取以下方法进行应急处置:

第一步:确认Ⅰ、Ⅱ路电源输入电源是否正常。

第二步:确认Ⅰ、Ⅱ路电源接触器是否均未吸起。

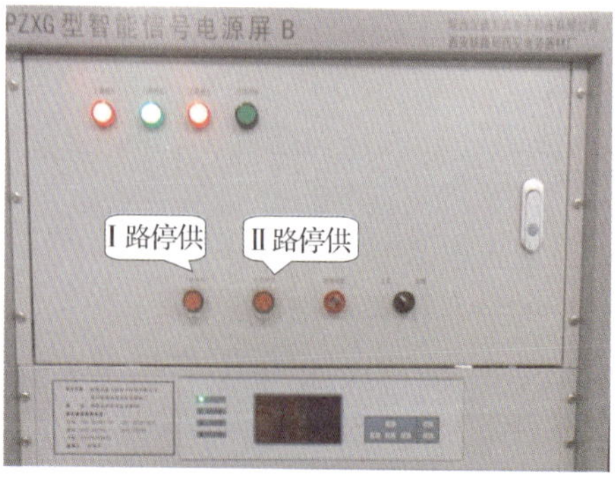

图 6-62　Ⅰ、Ⅱ路转换

第三步:首先断开 B 屏Ⅰ路供电开关(1QF)和Ⅱ路供电开关(2QF),如图 6-63 所示,然后闭合旁路 1 开关(BQF1)或闭合旁路 2 开关(BQF2),此时整屏转向Ⅰ路或Ⅱ路电源直接供电。此操作严禁将闭合旁路 1 开关(BQF1)和闭合旁路 2 开关(BQF2)同时闭合。

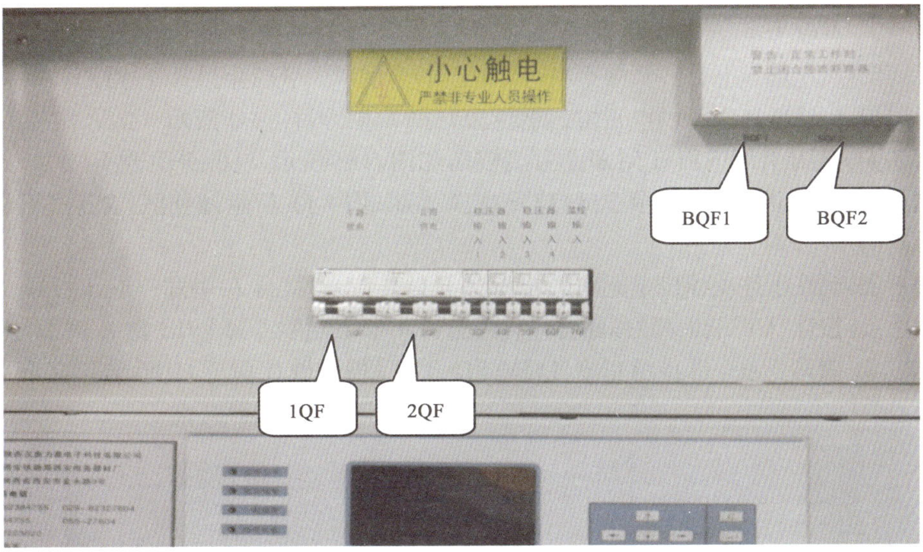

图 6-63　B 屏Ⅰ路供电开关和Ⅱ路供电开关

(三)高压脉冲系统模块故障转换应急处置

第一步:确认轨道 1 或轨道 2 电源是否有输出。

第二步:如轨道 1 电源无输出,在电源屏后部,将隔离开关 QS1 扳上,如图 6-64 所示,此时由热备模块 3 进行供电。

第三步:如轨道 2 电源无输出,在电源屏后部,将隔离开关 QS2 扳上,此时由热备模块 3 进行供电。

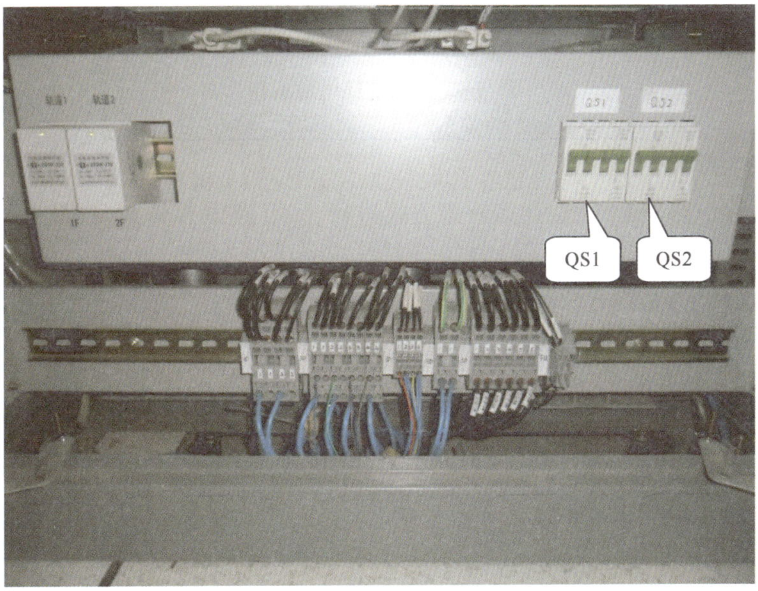

图 6-64　电源屏后部隔离开关 QS1 和 QS2

五、“西安电务器材厂”电源转换程序及应急处置(PZXG-10/B型、PWZ3-10/B型)

(一)Ⅰ、Ⅱ路电源转换程序

手动倒换:Ⅰ路至Ⅱ路

第一步:确认Ⅱ路电源供电正常(重要)。

第二步:按压A屏前面板“Ⅰ路停供”按钮,如图6-65所示,电源自动转换。

第三步:确认Ⅱ路电源指示正确各路输出正常,如图6-65所示,倒换完成。

手动倒换:Ⅱ路至Ⅰ路

第一步:确认Ⅰ路电源供电正常(重要)。

第二步:按压A屏前面板“Ⅱ路停供”按钮,电源自动转换。

第三步:确认Ⅰ路电源指示正确各路输出正常,倒换完成。

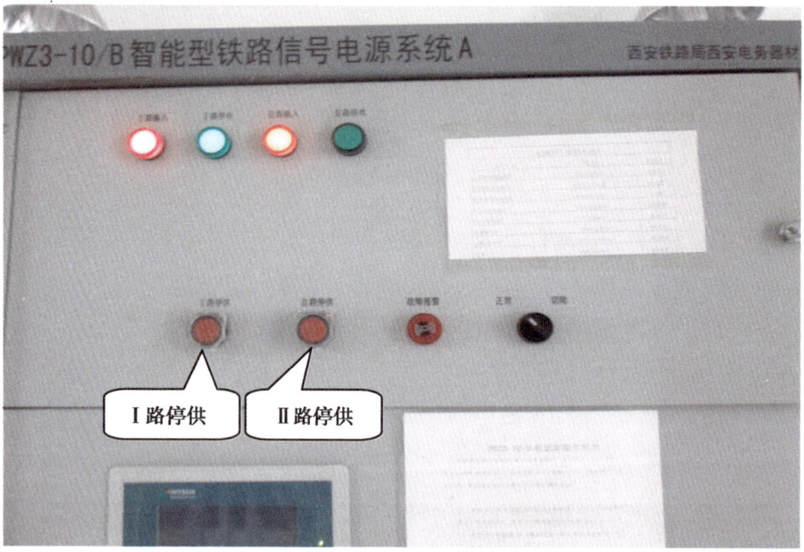

图6-65 Ⅰ、Ⅱ路电源按钮

(二)两路电源转换故障倒外网直供应急处置

电源屏转换电路异常,无法通过常规方式进行Ⅰ、Ⅱ路电源转换时,可采取以下方法进行应急处置:

第一步:确认Ⅰ、Ⅱ路电源输入电源是否正常。

第二步:确认Ⅰ、Ⅱ路电源接触器是否均未吸起。

第三步:首先断开B屏Ⅰ路供电开关(1QF)和Ⅱ路供电开关(2QF),然后闭合旁路1开关(BQF1)或闭合旁路2开关(BQF2),此时整屏转向Ⅰ路或Ⅱ路电源直接供电。此操作严禁将闭合旁路1开关(BQF1)和闭合旁路2开关(BQF2)同时闭合,如图6-66所示。

(三)稳压器故障无输出或稳压器输出电压大幅波动影响整屏电源输出应急处置方法

第一步:确认正在使用的输入电源是否正常(176~253 V)。

第二步:如输入电源不正常,超出稳压器工作范围,进行Ⅰ、Ⅱ路转换操作。如输入电源正常,各输出电源电压波动,可确认稳压器不良,此时在A屏上方将稳压器输入开关(3QF)

拉下，切断稳压器输入电源，直供交流接触器吸起，自动转向外网直接供电。

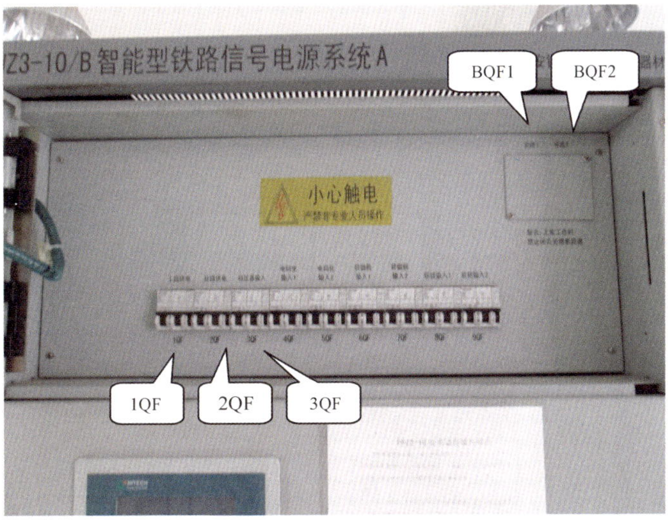

图 6-66　BQF1 和 BQF2

六、“北京铁通康达有限公司”电源转换程序及应急处置

（一）Ⅰ、Ⅱ路电源转换程序

手动倒换：Ⅰ路至Ⅱ路

第一步：确认Ⅱ路电源供电正常，FYX2（Ⅱ路过欠压相序保护器）工作正常（重要），如图 6-67 所示。

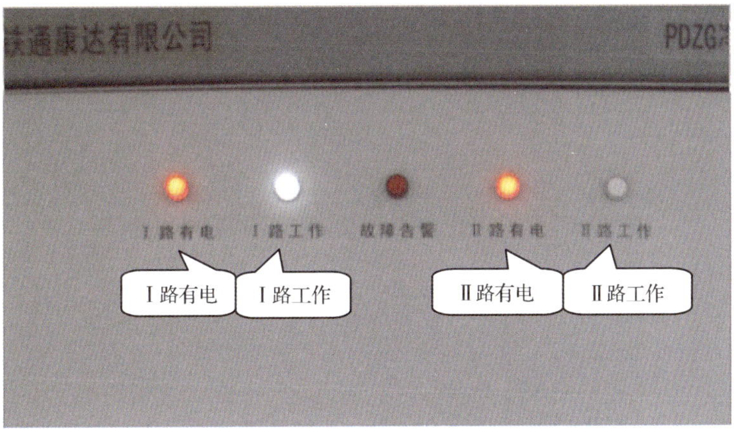

图 6-67　Ⅰ路、Ⅱ路供电电源指示

第二步：打开净化稳压屏前面板，按压 SP1（Ⅰ路电源转换按钮），如图 6-68 所示，电源自动转换为Ⅱ路电源工作。

第三步：确认Ⅱ路电源指示正确各路输出正常，倒换完成。

手动倒换：Ⅱ路至Ⅰ路

第一步：确认Ⅰ路电源供电正常，FYX1（Ⅰ路过欠压相序保护器）工作正常（重要）。

第二步：打开净化稳压屏前面板，按压 SP2（Ⅱ路电源转换按钮），如图 6-68 所示，电源自动转换为Ⅰ路电源工作。

第三步：确认Ⅰ路电源指示正确各路输出正常，倒换完成。

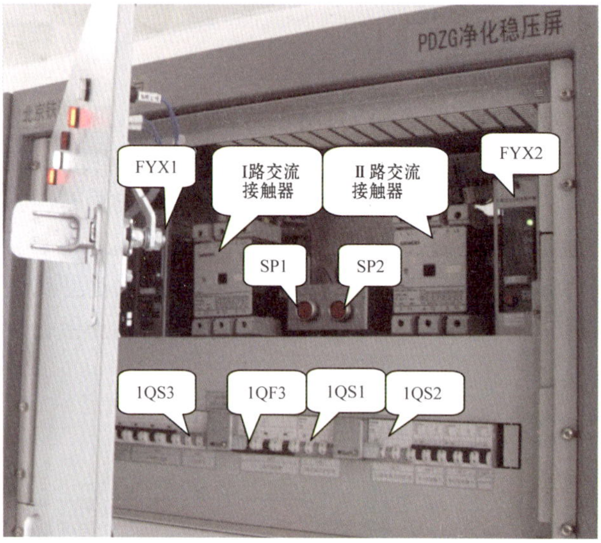

图 6-68　净化稳压屏前面板

（二）两路电源转换故障倒外网直供应急处置

电源屏转换电路异常，无法通过常规方式进行Ⅰ、Ⅱ路电源转换时，可采取以下方法进行应急处置：

第一步：确认Ⅰ、Ⅱ路电源输入电源是否正常。

第二步：确认Ⅰ、Ⅱ路电源接触器是否均未吸起(图 6-69)。

第三步：首先断开净化稳压屏 1QS3（电源转换后输出隔离开关），然后闭合 1QF3（直供断路器），最后闭合 1QS1（Ⅰ路电源直供隔离开关）或 1QS2（Ⅱ路电源直供隔离开关），此时整屏转向Ⅰ路或Ⅱ路电源直接供电。此操作严禁同时闭合 1QS3 和 1QF3，1QS1 和 1QS2，如图 6-70 所示。

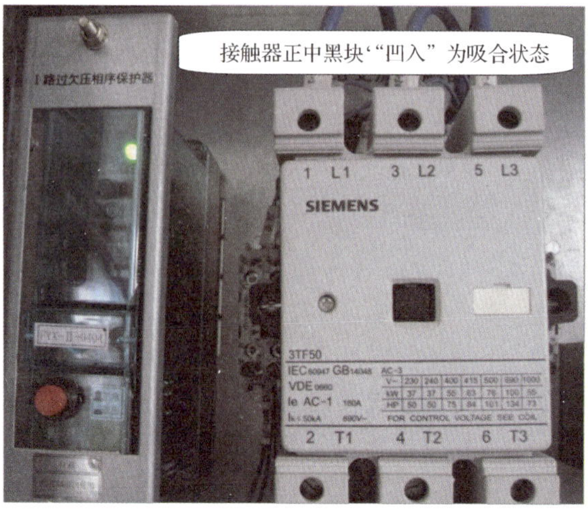

图 6-69　Ⅰ、Ⅱ路电源接触器状态

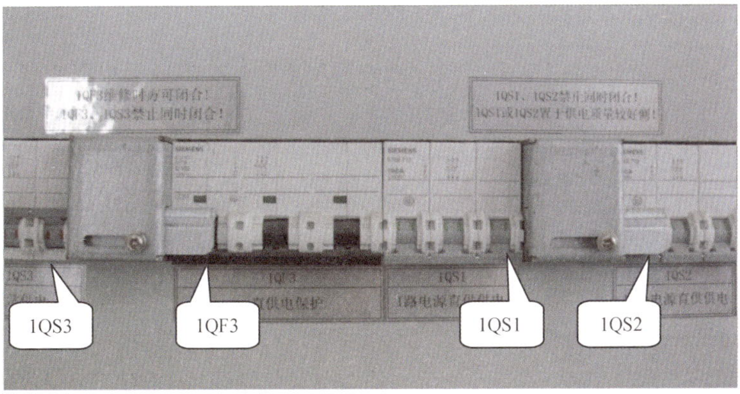

图 6-70　净化稳压屏

（三）过欠压保护器故障处理方法

当外电网输入电源正常，过欠压相序保护器自身出现故障时，保护器工作指示灯熄灭、停止工作，不能接通外电网输入电源。此时可通过按压过欠压相序保护器正下方的红色按钮，使保护器退出工作，手动接通外电网输入电源（此时可实现Ⅰ、Ⅱ路电源故障后的自动倒换），如图 6-71 所示。

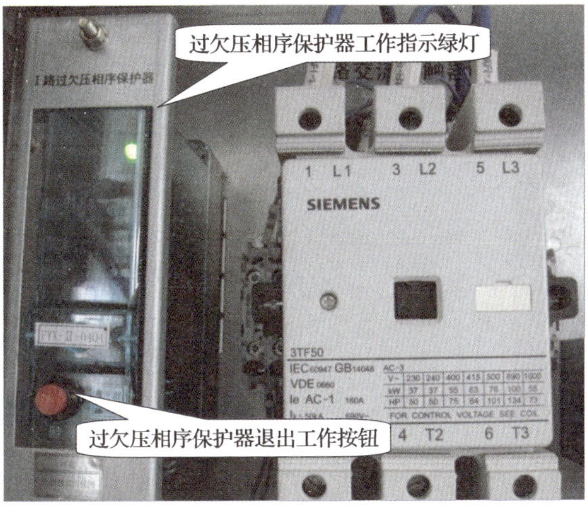

图 6-71　过欠压保护器

附录 1　常用器材说明

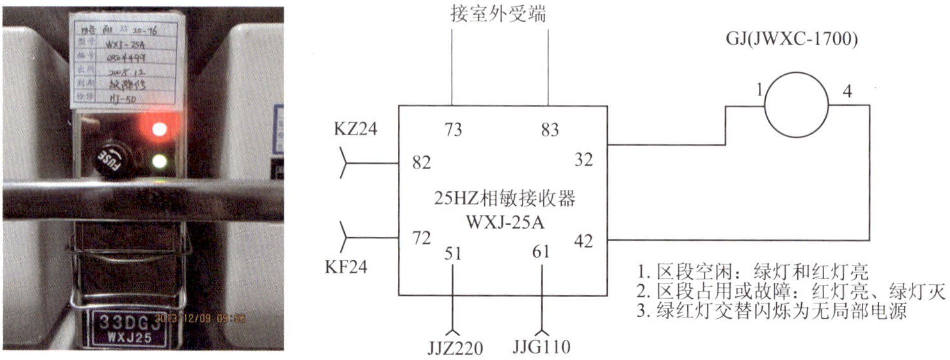

附图 1-1　电子二元相敏接收器示意图

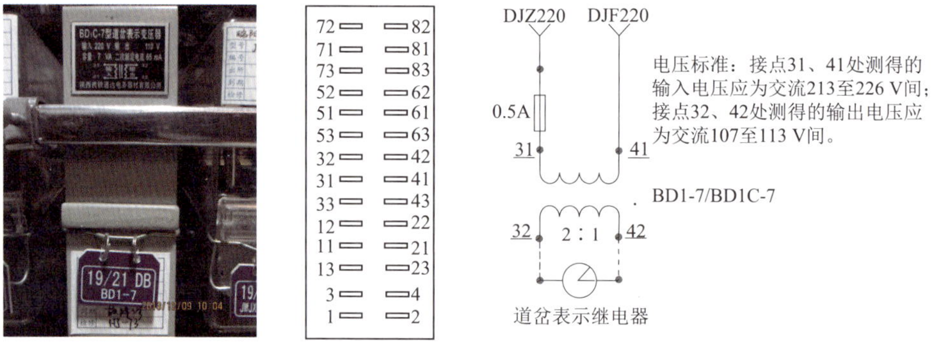

附图 1-2　BD1-7/BD1C-7 表示变压器端子示意图

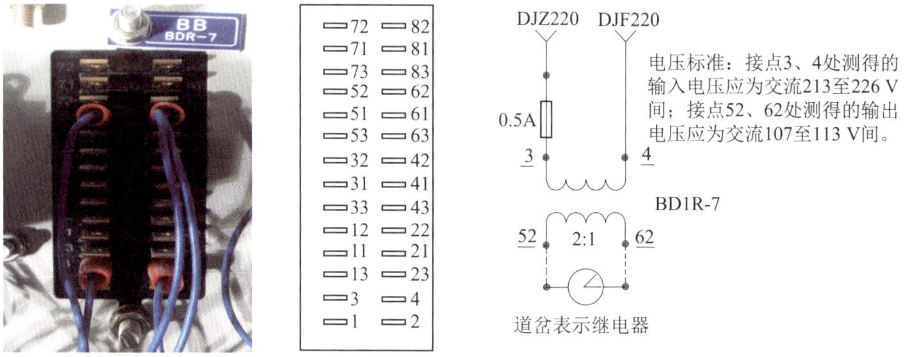

附图 1-3　BD1R-7 表示变压器端子示意图

BDR-7变压器插座板

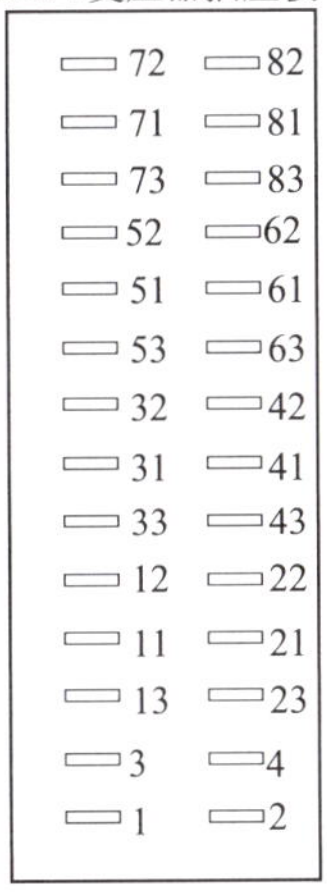

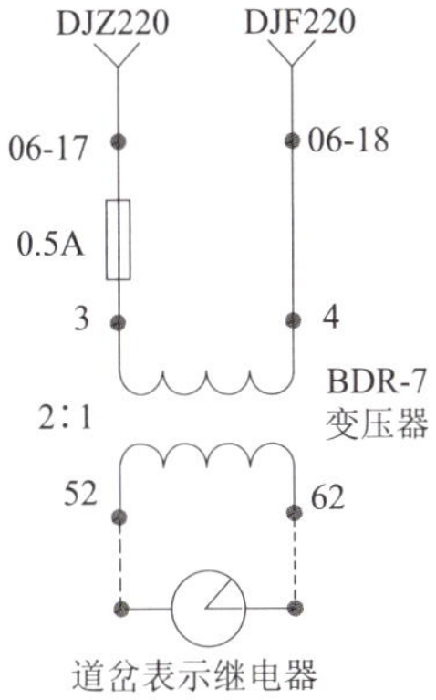

器材介绍：左侧所示为道岔表示电路使用的隔离变压器后视图和原理图，该变压器采用继电器式结构安装，将输入的交流220 V电压进行变压，供道岔表示电路使用。带下划线数字表示继电器插座板接点编号。

测试地点：在该变压器背面，接点3、4处测试输入电压；接点52、56处测试输出电压。

电压标准：接点3、4处测得的输入电压应为交流213至226 V间；接点52、56处测得的输出电压应为交流107~113 V间。

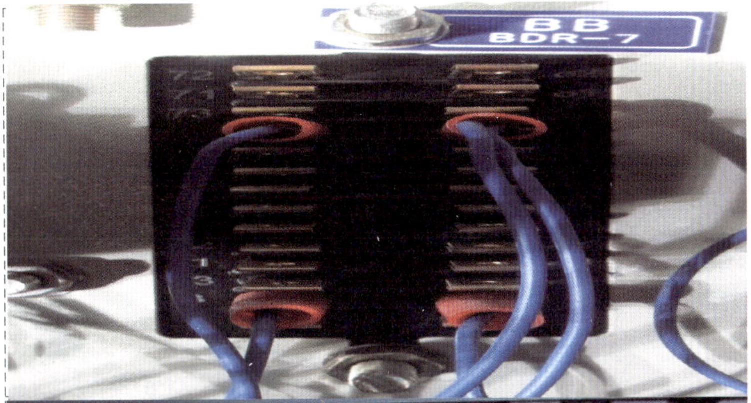

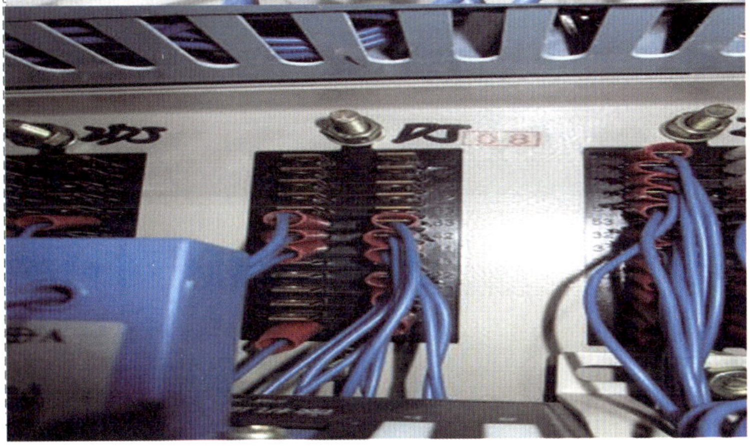

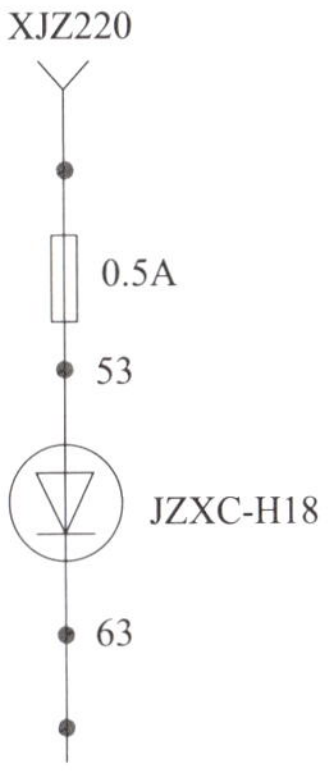

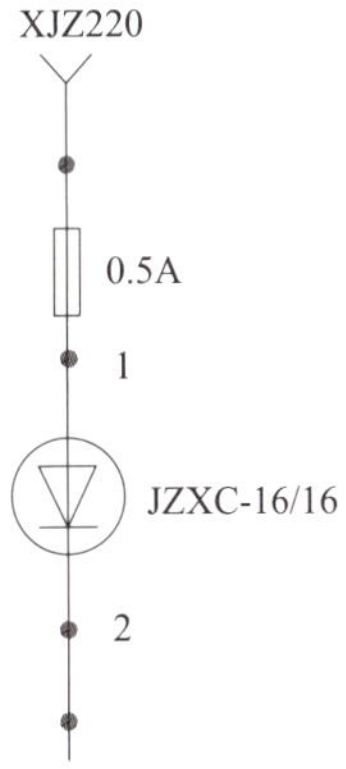

器材介绍：左侧所示为信号机点灯电路使用的灯丝继电器原理图，采用继电器式结构安装，该继电器为整流继电器，带下划线数字表示继电器插座板接点编号。JZXC-H18用作站内信号机、JZXC-16/16用作区间信号机。

测试地点：在JZXC-H18继电器背面，接点53、63处测试输入电压；在JZXC-16/16继电器背面，接点1、2处测试输入电压。

电压标准：JZXC-H18继电器，接点53、63处测得的输入电压应为交流1.9至5.4 V间，接点2、3处测得的输出电压应为直流1.7至4.9 V间；JZXC-16/16继电器，接点1、2处测得的输入电压应为交流20 V左右。

说明：DJ工作正常与否可通过微机监测查看DJ电流即可。JZXC-H18继电器电流范围90~120 mA、JZXC-16/16继电器电流范围不小于140 mA。

JWX25插座板

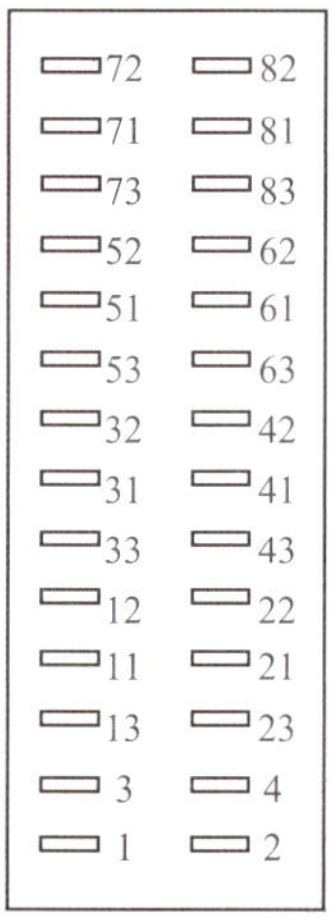

器材介绍：左侧所示为25 Hz轨道电路使用的电子二元继电器插座板编号，采用继电器式结构安装。当检查接收电压、相位满足后输出直流24 V电源来动作DGJ（或GJ）。

测试地点：在该继电器背面，即面对继电器插座板，在接点73、83处侧分线盘送来的电压；在接点51、61处测侧面送来的JJZ电压；在72、82处测侧面送来的KZ电压；在32、42处测该继电器输出的直流电压。

电压标准：接点73、83处测得的输入电压应为交流15至30 V；接点51、61处测得的JJZ电压应为交流110 V；接点72、82处测得的KZ电压应为直流电压24 V；接点32、42处测得的输出电压应为直流24 V。

说明：72、82接点配线从侧面03-1、03-3来；51、61接点配线从侧面03-18、01-18来；73、83接点配线从01-3、01-4（或01-13、01-14）来，也可从02-3、02-4（或02-13、02-14）来；32、42接点配线从01-1、01-2（或01-11、01-12）来，也可从02-1、02-2（或02-11、02-12）来。

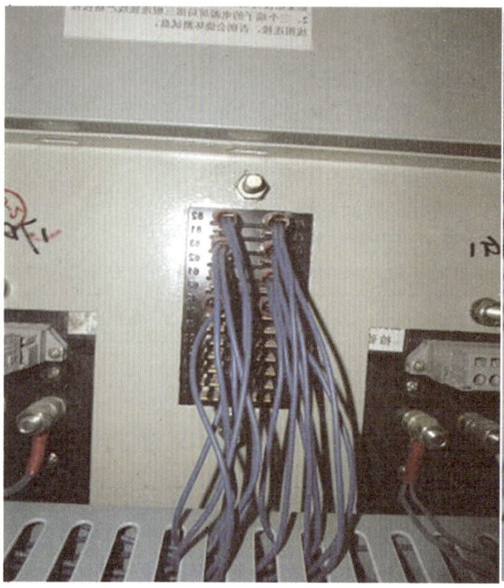

图1：电子二元继电器后视图

图2：HF4-25防护盒后视图

HF4-25后视图

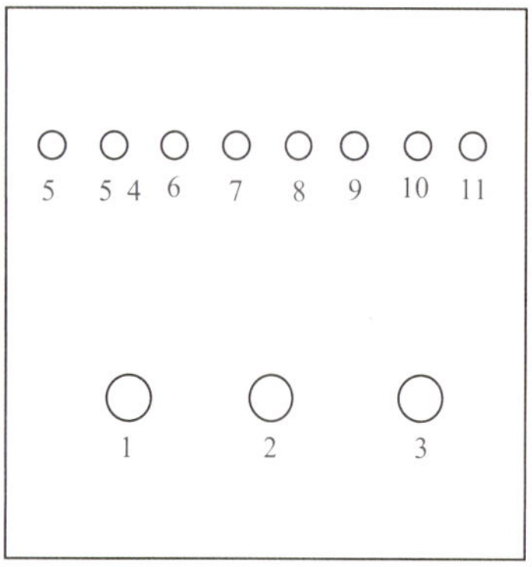

器材介绍：左侧所示为25 Hz轨道电路使用的防护盒后视图，接线端子采用Φ6 mm接线柱，处于后视图下方，编号为1、2、3（红色字体）；为满足相位调整的要求，在防护盒背面的上方，设有4至11个相位调整端子，采用万科插接。

测试地点：在该防护盒背面，Φ6 mm接线柱1、3端子上测试，接线柱2端子接至上部万科端子，调整相位用。

电压标准：与电子二元继电器插座板接点73、83处测得的电压一致。

说明：Φ6 mm接线柱1、3配线从JWX25接点73、83接点来。防护盒正面有相位调整说明，基本连接：2、6、9同普通防护盒，上调20～40°，连接4、2、9、10、11，上调10～20°，连接5、2、9、10，下调10～20°，连接7、2、10，下调20～40°，连接8、2即可。

器材介绍：下图所示为区间信号机使用的远程隔离变压器后视图，接线端子采用接点片焊接式，编号为Ⅰ1、Ⅰ2、Ⅱ1、Ⅱ2、Ⅱ3、Ⅱ4、Ⅱ5、Ⅱ6能满足200至310 V电压需求。

测试地点：在该变压器背面，接点Ⅰ1、Ⅰ2处测试输入电压；接点Ⅱ1、Ⅱ2（或Ⅱ3、Ⅱ4、Ⅱ5、Ⅱ6）处测试输出电压。

电压标准：接点Ⅰ1、Ⅰ2处测得的输入电压应为交流213至226 V间；接点Ⅱ1、Ⅱ2（或Ⅱ3、Ⅱ4、Ⅱ5、Ⅱ6）处测得的输出电压应为交流200至310 V间。

说明：为满足区间设备电压要求，BGY2-80变压器输出电压可根据实际需要调整。通过不同的连线方式达到输出不同电压的目的，具体连接表见左侧。

BGY2-80变压器电压调整表

输出电压（V）	使用端子	连接端子
200	Ⅱ1—4	Ⅱ2—5
215	Ⅱ1—2	
230	Ⅱ1—5	Ⅱ2—4
245	Ⅱ1—6	Ⅱ2—5
260	Ⅱ1—6	Ⅱ2—4
265	Ⅱ1—3	
280	Ⅱ1—5	Ⅱ3—4
295	Ⅱ1—6	Ⅱ3—5
310	Ⅱ1—6	Ⅱ3—4

BGY2-80变压器

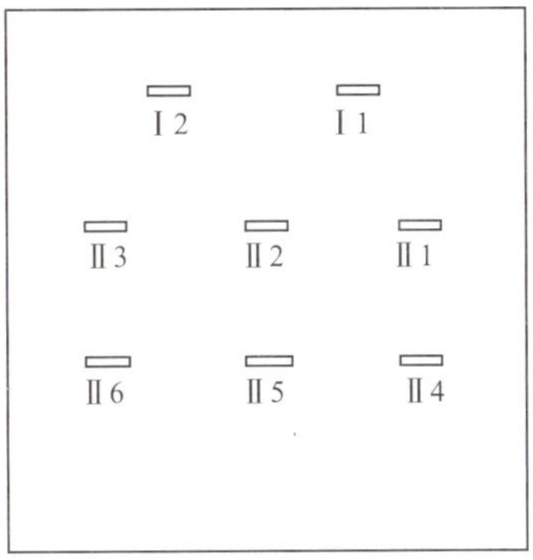

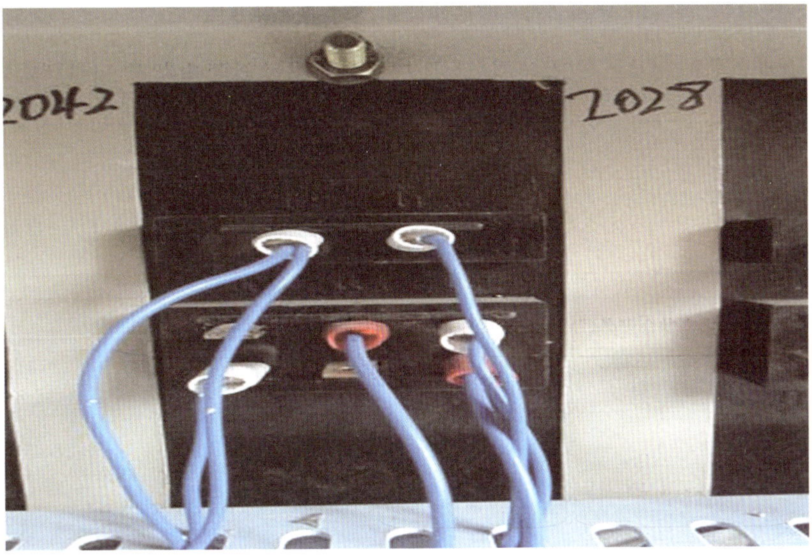

附录 2　信号设备故障调看测试项目

附表 2-1　ZPW-2000A 轨道电路故障调看和测试项目

故障现象	微机监测调看项目	现场测试项目	备注
闭塞分区红光带（小轨不参与联锁，$N+1$和并机能够正常工作）	1 查看是否一个或相邻区段红光带，多个区段红光带，区分带切割点闭塞分区具体故障区段 2. 故障区段移频发送电压、载频、低频信息，发送电压、载频、低频信息，轨入电压、主轨出电压、小轨接受电压等信息 3. 如果分线盘移频发送电压正常，移频接受小轨正常，故障处于发送分线盘至室外通道故障 4. 如果分线盘移频发送电压正常，移频接受小轨偏低，故障可能处于接收端至衰耗盒部分故障 5. 如果分线盘移频发送电压不正常，故障在室内 6. 如果分线盘移频发送电压正常，移频接受小轨正常，前方区段接受小轨正常，室外通道不良 7. 电源屏报警，移频报警，熔丝断丝报警、区段灯丝断丝报警记录 8. 通过主轨和小轨电压判断故障大概地点 9. 询问现场天气情况（低温、打雷、隧道返潮等） 10. 询问外单位作业情况	1. 有移频报警，观察衰耗盒发送灯未亮灯，检查发送器电源 24 V、发送器后部配线检查，参与编码继电器状态和接点 2. 无移频报警，观察衰耗盒发送灯亮灯，根据微机监测电压分析大概故障点，进行测试。 3. 分线盘发送电压没有说明室内发送设备故障，室内分别测量衰耗盘功放输出、电缆模拟网络盘输入及输出，确定故障具体位置（主要有发送器电源、发送通道的继电器接点、电缆模拟网络盘、编码接点、发送器后部配线） 4. 故障在室外发送设备，室外分别测量匹配压器电压、调谐单元电压以及轨面电压，从而进一步确定故障具体位置（主要有发送电缆、匹配变压器、调谐单元、等阻线） 5. 分线盘接收电压正常说明室外接收设备正常，故障在室内接收设备，室内分别测量电缆模拟网络盘输入及输出、衰耗盘信号输入及轨道继电器输出，从而进一步确定故障具体位置（主要有接收器、衰耗器、电缆模拟网络盘、衰耗器后部封线）。 6. 室外接收设备故障，室外主要测试接收轨面电压：接收轨面电压正常，说明补偿电容好，故障在接收端器材，分别测量调谐单元、匹配变压器电压进一步确定故障具体位置（主要有调谐单元、匹配变压器、接收电缆），接收轨面没有电压说明室外该区段轨道通道、轨距杆、外单位过轨连接线及补偿电容不好，需测试轨面电压进一步确认。	

附表 2-2　ZWP-2000A 轨道电路设备故障判断标准项目及流程

故障现象	指挥中心调看项目								现场测试数据（室外）								
轨道电路红光带	需调看测试项目和数据对比	发送功出电压、频率信息	分线盘发送电压	分线盘接受电压	主轨入和主轨出电压、频率信息	小轨入和小轨出电压、频率信息	报警信息	前方分区占用和信号显示情况	轨面电压	调谐线电流	调谐单元电压、阻抗	匹配变压器E1E2、V1V2电压	空芯线圈电压、阻抗	补偿电容值	机械绝缘节绝缘值	空抗电压、抗流线电流	
	正常值																
	故障值																

续上表

故障现象	指挥中心调看项目								现场测试数据(室外)								
轨道电路红光带	现场测试数据(室内)								更换器材试验								
	需调看测试项目和数据对比	继电器线圈电压和状态	关键继电器接点压降	电缆模拟网络电压	分线盘开路电压(甩开电缆)	电缆环阻(断电测)	电缆绝缘	断路器电压	发送器	接收器	衰耗盒	电缆模拟网络	调谐单元	匹配变压器	空心线圈	补偿电容	
	正常值																
	故障值																
	需要询问了解的项目								外观检查重点								
	红光带出现的时机	天气情况	外单位作业情况	电务作业情况	隧道内返潮	通道轨距杆			室内各种封线连接情况	机械绝缘安装状态	通道、轨底异物	空抗流线固定情况检查	器材有无异响、异味	熔断器状态	防雷元件状态	电缆径路有无异味	箱盒内部及配线

附表 2-3　25Hz 相敏轨道电路故障调看和测试项目

故障现象	微机监测调看项目	现场测试项目	备注
区段红光带	1. 查看是否一个或相邻区段红光带,多个区段红光带 2. 故障区段和相邻区段电压、相位(24 小时内),一送多受区段各个分支电压、相位 3. S(X)GJZ 电压和电源屏报警记录 4. 故障前该区段有无列车经过 5. 询问现场天气情况(高温、打雷等) 6. 询问外单位作业情况	1. 拔掉防雷补偿器分线盘测试接受端电压 2. 无电压或电压偏低,甩掉分线盘接受端一根电缆,测试接收端电缆电压,电压高于正常值室内短路或防护盒不良,电压偏低室外短路 3. 相邻区段红光带测试分界绝缘节电阻值(>20 Ω) 4. 测试送端抗流线电流:电流偏低通道开路(塞钉线、各种跳线阻抗测试、抗流适配器电压测试);电流大于正常值,通道短路(轨距杆、外单位过轨线、道岔安装装置绝缘测试检查、抗流适配器电压测试);无电流测试 XB 内部器材电压和 BE 电压 5. 测试受端抗流线电流:电流正常,测试 XB 内部器材电压和 BE 电压	

附表 2-4　25Hz 轨道电路设备故障判断标准项目及流程

故障现象	指挥中心调看项目						现场测试数据(室外)									
轨道电路红光带	需调看测试项目和数据对比	轨道电路接收端电压、相位	相邻区段电压	轨道电路电压历史值及变化趋势	电源屏相关电压	电缆绝缘	轨面电压	限流器电压	适配器端子电压	轨道变压器Ⅰ、Ⅱ次电压	抗流变压器Ⅰ、Ⅱ次电压	隔离盒端子电压	轨道绝缘测试	极性交叉	抗流线、跳线电流	牵引电流
	正常值															
	故障值															

续上表

故障现象	指挥中心调看项目						现场测试数据（室外）									
轨道电路红光带	现场测试数据（室内）						更换器材试验									
	需调看测试项目和数据对比	继电器线圈电压	分线盘电压	分线盘发送电压	分线盘开路电压（甩开测电缆）	电缆环阻（断电测）	电子二元	FB阻容	硒堆	防护盒	隔离盒	轨道变压器	抗流盒			
	正常值															
	故障值															
	需要询问了解的项目						外观检查重点									
	红光带出现的时机	天气情况	外单位作业情况	电务作业情况			绝缘安装状态	通道、轨底异物、开口销	抗流线固定情况检查	器材有无异响、异味	熔断器状态	防雷元件状态				

附表 2-5　ZD6 道岔故障调看和测试项目

故障现象	微机监测调看项目	现场测试项目	备注
ZD6 道岔无表示、扳不动	1. 查看每台转辙机启动电流，判断哪台转辙机未启动或未锁闭 2. 查看双动道岔电流曲线，判断哪组道岔不良 3. 车务进路操作回放 4. 询问外单位作业情况 5. 故障前该区段有无列车经过 6. 电源屏、组合架报警情况 7. 天气情况（下雪、低温结冰）	1. 单机道岔摩擦状态，现场检查有无卡阻（滑床板是否掉板、尖轨是否上翘、岔根螺丝是否紧死、尖轨底部及第一、二牵引点尖轨与基本轨间是否有异物、轨距是否变化、是否有拨道痕迹、是否夹雪）；道岔转换密贴后摩擦状态，检查道岔压力和故障电流 2. 单机道岔转换电流曲线和参考曲线相符，检查道岔缺口和表示电路 3. 双机牵引道岔电流曲线：一台转辙机处于摩擦状态，另一台转辙机无电流，检查该转辙机分线盘启动电压，在分线盘测试 ZD6 道岔电压 DC 220 V，电动岔定位 X1、X4（反位 X2、X4）；S700K 道岔电压 AC 380 V 定位 X1、X2、X5（反位 X1、X3、X4），电机电阻、插接器、电缆配线 4. 双动道岔曲线反映一动转换完成，二动转辙机未转换，检查一动转辙机是否卡缺口 5. 如果列车过后，道岔扳不动，注意检查滑床板是否有异物	

附表 2-6　ZD6 道岔故障判断标准项目及流程

故障现象	指挥中心调看项目							现场测试数据（室外）								
ZD6 道岔无表示、扳不动	需调看测试项目和数据对比	道岔动作电流	道岔扳动过程中表示灯显示	报警信息	电缆绝缘			终端盒表示或启动电压	CJQ 表示或启动电压	电机电阻	故障电流	动作电流	开闭器接点压降			
	正常值															
	故障值															

续上表

故障现象	指挥中心调看项目								现场测试数据（室外）								
ZD6道岔无表示、扳不动	现场测试数据（室内）								更换器材试验								
	需调看测试项目和数据对比	继电器线圈电压和继电器动作状态	表示变压器Ⅰ、Ⅱ次电压	断路器电压	分线盘表示电压	道岔单扳分线盘电压	分线盘开路测表示启动电压（甩开测端子）	启动或表示电缆环阻（断电测）	电机	摩擦带	自动开闭器	挤切销	减速器	移位接触器			
	正常值																
	故障值																
	需要询问了解的项目								外观检查重点								
	故障出现时机	天气情况	外单位作业情况	电务作业情况	道岔转换到位情况	双动、多动道岔区段占用情况			道岔加锁情况	滑床板状态	安装装置检查	基本轨、尖轨情况	尖端杆、动作杆、表示杆及方钢	工务设备状态	道岔转换动态检查	转辙机内部	道岔压力缺口

附表 2-7　S700K 道岔故障调看和测试项目

故障现象	微机监测调看项目	现场测试项目	备注
S700K道岔无表示、扳不动	1. 查看单（双）机牵引，判断哪台转辙机不良 2. 双动道岔电流曲线，判断哪组道岔不良 3. 车务进路操作回放 4. 询问外单位作业情况 5. 故障前该区段有无列车经过 6. 电源屏、组合架报警情况	1. 单动道岔未转换到位处于摩擦状态，现场检查有无卡阻（滑床板是否掉板、尖轨是否上翘、岔根螺丝是否紧死、尖轨底部及第一、二牵引点尖轨与基本轨间是否有异物、轨距是否变化、是否有拨道痕迹、是否夹雪）；道岔转换密贴后摩擦状态，检查道岔压力、缺口、锁闭量 2. 单动道岔转换密贴后摩擦状态，检查道岔压力、缺口、锁闭量 3. 双机牵引道岔电流曲线：一台转辙机处于摩擦状态，另一台转辙机无电流，检查该转辙机分线盘启动电路、电缆配线 4. 双动道岔每台转辙机均转换到位，室内检查每台转辙机表示继电器状态和总表示继电器状态 5. 如果列车过后，道岔扳不动，注意检查滑床板是否有异物	

附表 2-8　S700K 道岔故障判断标准项目及流程

故障现象	指挥中心调看项目									现场测试数据（室外）								
S700K道岔无表示扳不动	需调看测试项目和数据对比	各牵引点动作电流	各牵引点动作时间	道岔扳动过程中表示灯显示	报警信息	电缆绝缘				终端盒表示或启动电压	转辙机内部表示或启动电压	动作电流	接点组接点压降					
	正常值																	
	故障值																	

续上表

故障现象	指挥中心调看项目									现场测试数据（室外）								
S700K道岔无表示扳不动	现场测试数据（室内）									更换器材试验								
	需调看测试项目和数据对比	各牵引点继电器线圈电压和状态	道岔扳动DBQ电压和有关继电器动作状态	表示变压器Ⅰ、Ⅱ次电压	断路器电压	分线盘表示电压	道岔单扳分线盘电压	分线盘开路测表示启动电压（甩开测端子）	启动或表示电缆环阻（断电测）	整机								
	正常值																	
	故障值																	
	需要询问了解的项目									外观检查重点								
	故障出现时机	天气情况	外单位作业情况	电务作业情况	道岔转换到位情况	双动、多动道岔区段占用情况	道岔扳动DBQ表示灯显示			道岔加锁情况	滑床板状态	安装装置检查	基本轨、尖轨情况	工务设备状态	外锁闭油润情况	道岔转换动态检查	道岔压力缺口	转辙机内部

附表 2-9　64D 半自动故障调看和测试项目

故障现象	微机监测调看项目	现场测试项目	备注
64D半自动故障不能正常办理，表示灯错误显示	1. 车务闭塞操作，按钮按压情况 2. 发车站和接车站闭塞办理正负脉冲 3. 控制台闭塞表示灯显示情况 4. 询问两站有关继电器状态 5. 微机监测报警信息	1. 发车站办理请求发车后闭塞外线电压、接车站接受电压情况。 2. 发车站闭塞外线无电压，检查发车站设备，BSAJ XZJ ZDJ HDJ 线圈电压、动作状态及阻容，整流器电压 3. 接车站未收到请求正脉冲，两站配合测试外线环阻 4. 接车站收到收到请求正脉冲，无接车 U 灯，测试 ZXJ TJJ HDJ 线圈电压 、动作状态及阻容 5. 接车站 U 灯，发车站未亮灯时，检查接车站是否送出负脉冲，发车站检查 FXJ ZKJ GDJ 线圈电压 、动作状态及阻容 6. 接车站办理同意接车时，接车站未亮 L 灯，BSAJ BSJ 线圈电压 、动作状态 7. 发车站发车表示灯未亮 L 灯，发车站检查是否接到正脉冲，检查 ZXJ KTJ 线圈电压 、动作状态 8. 列车发车后，接车站未亮 H 灯，检查 ZXJ TCJ GDJ 线圈电压 、动作状态 9. 列车进站后，接车站发车表示未亮 H 灯，检查 GDJ HDJ 线圈电压 、动作状态	

附表 2-10　64D 半自动故障判断标准项目及流程

故障现象	指挥中心调看项目							现场测试数据(室外)				
64D 半自动不能正常办理，表示灯错误显示	需调看测试项目和数据对比	回放车务操作记录	报警信息	两站控制台表示灯	两站半自动发送、接受电压	按钮按压情况						
	正常值											
	故障值											
	现场测试数据(室内)							更换器材试验				
	需调看测试项目和数据对比	继电器线圈电压和继电器状态	分线盘外线电缆电压	整流器Ⅰ、Ⅱ次电压	分线盘开路电压(断开外线电缆)	外线环阻和绝缘	阻容测试	继电器	阻容元件	整流器		
	正常值											
	故障值											
	需要询问了解的项目							外观检查重点				
	故障发生时机	两站继电器状态						器材有无异响、异味	防雷元件状态			

附表 2-11　站内信号机故障调看和测试项目

故障现象	微机监测调看项目	现场测试项目	备注
允许信号不能开放	1. 车务操作是否正确 2. 微机监测和电源屏报警记录 3. 排除侵限区段、道岔表示、进路表示器参与联锁等故障 4. 故障前该区段有无列车经过 5. 询问现场天气情况(降雨、打雷等) 6. 询问外单位作业情况 7. 询问进路表示器开放情况	1. 检查防雷元件，重复开放信号，测试分线盘相应灯位电压 2. 断路器脱扣，断开回线重复试验仍脱扣，查室内配线有无混线点；恢复回线仍脱扣，到室外进行查找 3. 重复开放信号，Ⅱ次电压为正常值，可判断为信号灯泡断丝或机构引入线断线 4. 重复开放信号，Ⅱ次电压为零，断开输出一端复测，Ⅱ次电压为正常值，可判为机构引入线部分混线 5. 重复开放信号，Ⅱ次电压仍为零，继续检测Ⅰ次电压，Ⅰ次电压为正常值，可判为信号变压器故障，Ⅰ次电压为零，可判为至室内电缆断路；断路器脱扣，可判为至室内电缆短路或变压器短路故障	

附表 2-12　站内信号机故障判断标准项目及流程

故障现象	指挥中心调看项目							现场测试数据(室外)				
允许信号不能开放	需调看测试项目和数据对比	电源屏相关电压	进路涉及侵限区段电压	报警信息	回放车务操作情况	电缆绝缘	特殊联锁关系(闭塞、场联、站联、改方等)	灯端电压	点灯单元Ⅰ、Ⅱ次电压	电缆盒电压		
	正常值											
	故障值											
	现场测试数据(室内)							更换器材试验				
	需调看测试项目和数据对比	继电器线圈电压和继电器状态	分线盘点灯电压	断路器电压	分线盘开路电压(甩开测端子)	电缆环阻(断电测)		站内信号隔离变压器	点灯单元	灯泡	灯座	
	正常值											
	故障值											
	需要询问了解的项目							外观检查重点				
	车站进路操作情况	天气情况	进路表示器开放情况	电务作业情况	设备单锁封闭情况			室内外器材有无异响、异味	箱盒、机构加锁密封检查	防雷元件状态	灯泡安装状态	灯座状态

附表 2-13　区间信号机故障调看和测试项目

故障现象	微机监测调看项目	现场测试项目	备注
区间信号显示错误、灭灯、H灯	1. 车务按钮按压情况 2. 微机监测和电源屏报警记录 3. 运行前方闭塞分区移频信息、信号开发情况 4. 运行前方闭塞分区列车运行情况 5. 询问现场天气情况(降雨、打雷等) 6. 询问外单位作业情况	1. 检查防雷元件,测试分线盘相应灯位电压,无电压检查继电器接点和变压器,有电压故障室外 2. 断路器脱扣,断开回线重复试验仍脱扣,查室内配线有无混线点;恢复回线仍脱扣,到室外进行查找 3. Ⅱ次电压为正常值,可判断为信号灯泡断丝或机构引入线断线 4. Ⅱ次电压为零,断开输出一端复测,Ⅱ次电压为正常值,可判为机构引入线部分混线 5. Ⅱ次电压仍为零,继续检测Ⅰ次电压,Ⅰ次电压为正常值,可判为信号变压器故障,Ⅰ次电压为零,可判为至室内电缆断路;伴有断路器脱扣,可判为至室内电缆短路或变压器短路故障	

附表 2-14　区间信号机故障判断标准项目及流程

故障现象	指挥中心调看项目							现场测试数据(室外)				
区间信号显示错误、灭灯、H灯	需调看测试项目和数据对比	电源屏相关电压	前方分区占用和信号机显示情况	报警信息	回放车务操作情况	电缆绝缘	特殊联锁关系(站联、改方等)	灯端电压	点灯单元Ⅰ、Ⅱ次电压	电缆盒点灯电压		
	正常值											
	故障值											
	现场测试数据(室内)							更换器材试验				
	需调看测试项目和数据对比	继电器线圈电压和继电器状态	分线盘点灯电压	断路器电压	分线盘开路电压(甩开测端子)	电缆环阻(断电测)	信号远程隔离变压器Ⅰ、Ⅱ次电压	信号远程隔离变压器	点灯单元	灯泡	灯座	
	正常值											
	故障值											
	需要询问了解的项目							外观检查重点				
	车站进路操作情况	天气情况						室内外器材有无异响、异味	箱盒、机构加锁密封检查	防雷元件状态		

附表 2-15　方向电路故障调看和测试项目

故障现象	微机监测调看项目	现场测试项目	备注
方向电路故障不能正常办理，表示灯错误显示	1. 区间轨道电路是否空闲，有无运行列车 2. 接发车表示灯是否正确，区间通过信号机是否灭灯 3. 车务操作是否正确(正常改方时接车站办理改方操作) 4. 区分监督电路和控制电路故障 5. 询问现场两站 FJ1、FJ2 继电器状态	1. 区间空闲，两站没有向所属闭塞区间排列进路，区间方向灯亮红灯属监督电路故障，测试发车站监督电源是否正常；两站分线盘测试电压，确定故障站，进一步检查站联电缆，QGJ 和 FSJ 继电器接点、JQJ 和电阻 2. 改方操作办理后两站设备未动作，检查原接车站 GFJ 是否励磁并缓放，GFFJ 是否缓落；接车站 GFJ 和 GFFJ 继电器状态是否一致；再次办理，两站同时在分线盘测试是否有改方控制电压，排除外线故障 3. 改方操作办理后，原发车站区间信号机未灭灯，发车表示灯改点黄灯，说明 FJ2 未转极(接通前接点)，测试继电器线圈，检查继电器插座 4. 改方操作办理后，原发车站发车表示灯改点黄灯，区间信号机未灭灯，说明 FJ2 未转极(接通前接点)，测试继电器线圈，检查继电器插座 5. 改方操作办理后，原发车站设备动作正常，原接车站，区间信号机未灭灯，说明 FJ2 未转极(接通后接点)，测试继电器线圈，检查继电器插座 6. 改方操作办理后，原发车站设备动作正常，原接车站，区间信号机灭灯，表示灯未点绿灯，说明 FJ1 未转极(接通后接点)，测试继电器线圈，检查继电器插座 7. 改方之后区段轨道电路红光带，检查 QZJ、QFJ 继电器状态和 FJ2 继电器接点	

附表 2-16　方向电路故障判断标准项目及流程

故障现象	指挥中心调看项目							现场测试数据(室外)				
方向电路故障不能正常办理,表示灯错误显示	需调看测试项目和数据对比	回放车务操作记录	报警信息	两站控制台方向电路表示灯	区段轨道电路空闲情况、有无列车运行	电压屏报警情况	区间信号机灭灯情况	站联电缆接续盒电压				
	正常值											
	故障值											
	现场测试数据(室内)							更换器材试验				
	需调看测试项目和数据对比	继电器线圈电压和继电器状态	分线盘站联电缆电压	整流器电压	分线盘开路电压(甩开电缆)	电缆环阻(断电测)	阻容测试	继电器	阻容元件	整流器		
	正常值											
	故障值											
	需要询问了解的项目							外观检查重点				
	车站改方办理操作情况	两站 FJ1、FJ2 继电器状态						站联电缆径路有无异味	站联电缆接续盒配线			

附表 2-17　计算机联锁设备故障判断和处理

故障现象	故障判断	故障处理	备注
故障倒机、备机脱机、信号不能开放、控制显示异常	1. 计算机联锁设备故障后,应急处理人员应首先到控制台确认故障现象,观察控制台显示器显示情况及控制台盘面有无异常信息 2. 明确故障现象后询问值班员故障时设备使用情况,故障前进行什么操作、显示有无异状。排除值班员操作不当造成的故障。 3. 进入机械室,对比双套监控机、联锁机、UPS、电源模块的运行状态,观察其他单项设备状态,并查看电务维修机信息。 4. 确认故障现象及设备状态后,初步判断可能引发此故障的原因,预想如何恢复设备正常使用,在电子车间指导下进行应急处置,切勿盲目误动扩大故障范围。 5. 若无法明确故障原因,应立即联系电子车间,并在其指导下进行应急处置	1. 首先到控制台确认故障现象,询问车站值班人员在故障前的操作、使用情况,查看计算机联锁机柜内各设备工作状态,并根据结合设备运用状态调看电务维修机信息记录。 2. 联系电子车间,反馈故障现象、设备运用状态及电务维修机信息提示,在其指导下进行应急处置,至少保证单套联锁设备使用正常。 3. 若应急处置后双套联锁系统仍未全部恢复,则在电子车间指导下检查出现异常状态的设备,判断可能发生故障的部位。 4. 若检查判断某一器材发生故障,则在电子车间指导下,利用备用器材进行更换(现场可更换范围内)。 5. 若更换器材后仍未使系统恢复正常,则联系电子车间和联锁设备厂家值班人员,根据指示作进一步检查和处理。同时,要求电子车间人员赶赴现场进行处理。 6. 若应急处置或更换器材后系统恢复正常,则应对处理过程中影响的设备进行试验,确认试验良好后销记。 7. 处理故障前,现场处理人员要仔细观察并清楚描述故障现象,切勿盲目误动,扩大故障范围。	

附表 2-18　计算机联锁设备故障判断标准项目及流程

故障现象	指挥中心调看项目						现场测试数据(室外)						
故障倒机、备机脱机、信号不能开放、控制显示异常	信号开放情况	控制台报警信息	车务进路排列情况	熔丝报警									
	现场调看测试数据(室内)						更换器材试验						
	维修机报警信息	UPS电源	组合架、联锁柜断路器状态	计算机电源、驱动、采集电源电压	各部插头插接情况	联锁机有关继电器状态	驱动、采集板、驱动单元指示灯显示	驱动继电器励磁线圈电压，继电器接点采集电压	采集板	驱动板	各种电源	继电器	
	需要询问了解的项目						外观检查重点						
	天气情况(闪电打雷等)	UPS面板指示灯	设备重启操作后状态						器材有无异响、异味	防雷元件状态	地线状态		

附表 2-19　电源屏设备故障调看和测试项目

故障现象	微机监测调看项目	现场测试项目	备注
电源屏故障无输出电源	1. 控制台现象和报警信息 2. 微机监测报警信息，外电网波动情况，监测电压	1、外电网波动超限，造成电源屏无输出 2. UPS故障无输出，重点观察UPS指示灯，或者重启UPS 3. 电源屏输入端子有电压，各模块均无输出，检查稳压器、短路器或者倒直供 4. 个别模块无输出，检查断路器、万科端子插接情况，观察模块指示灯	

附表 2-20　电源屏设备故障判断标准项目及流程

故障现象	指挥中心调看项目						现场测试数据(室外)					
电源屏故障无输出电源	控制台现象和报警信息	微机监测报警信息	电源屏监测电压	外电网波动情况								
	现场调看测试数据(室内)						更换器材试验					
	电源屏报警信息	UPS工作状态	模块指示灯显示	断路器电压和状态	电源输出端子开路电压(排除负载短路)		电源模块					

续上表

故障现象	指挥中心调看项目						现场测试数据（室外）					
电源屏故障无输出电源	需要询问了解的项目						外观检查重点					
	供电有无停电计划	天气情况（闪电打雷等）	UPS面板指示灯显示	UPS重启操作后状态	稳压器不良倒直供情况	电务作业情况	器材有无异响、异味	防雷元件状态	地线状态			

附录3　常用单元电路图

一、轨道电路原理图

1. 区间轨道电路原理图(附图 3-1)

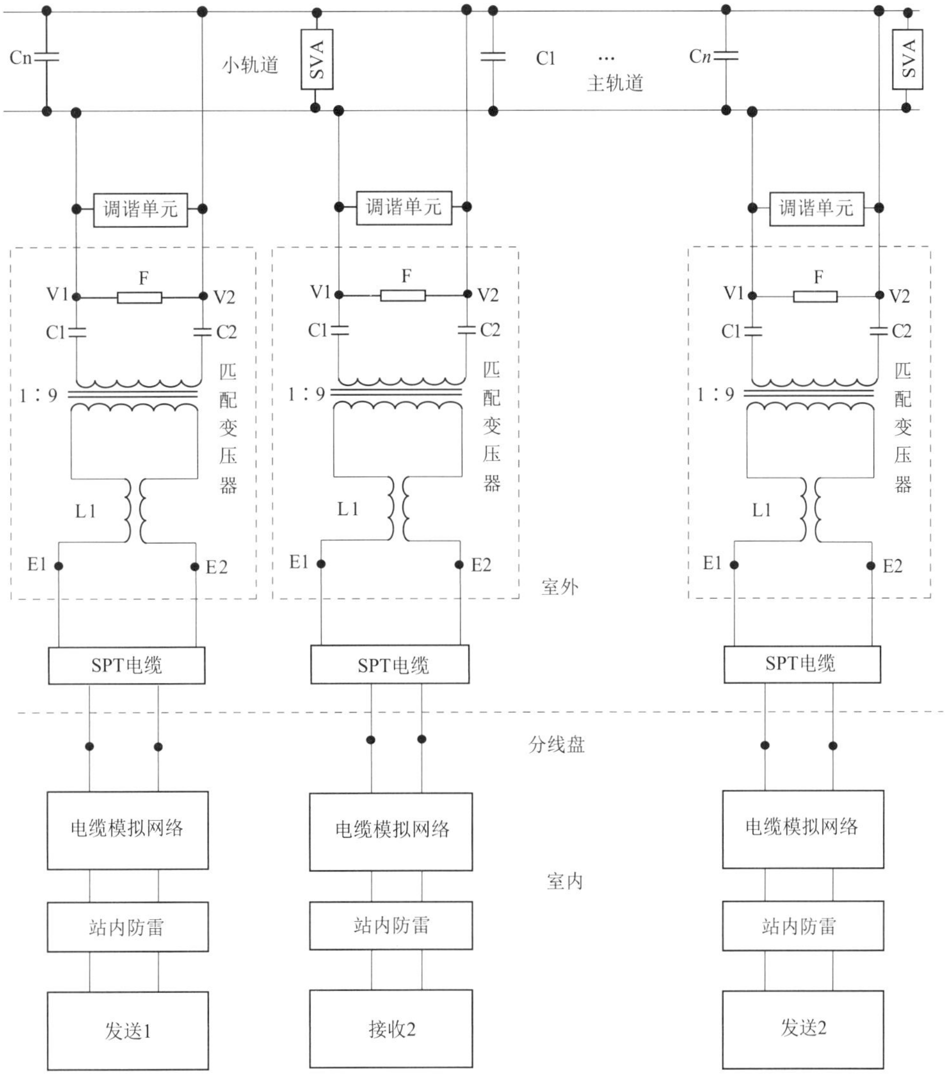

附图 3-1　区间轨道电路原理图

2. 25 Hz 相敏轨道电路叠加电码化原理图(四线制)(附图 3-2)

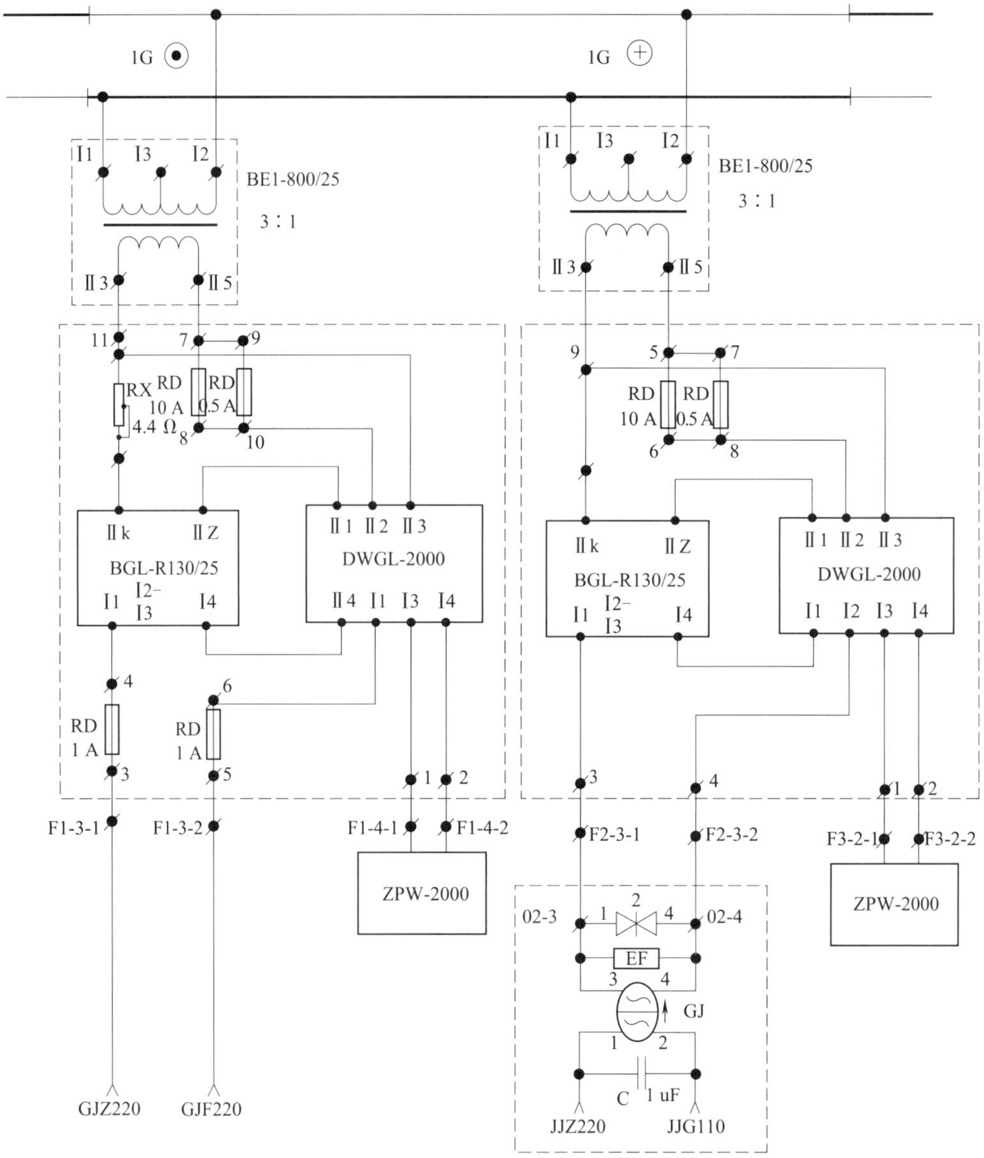

附图 3-2　25 Hz 轨道电路叠加电码化原理图(一送一受)

3. 25 Hz 相敏轨道电路叠加电码化原理图(二线制)(附图 3-3)

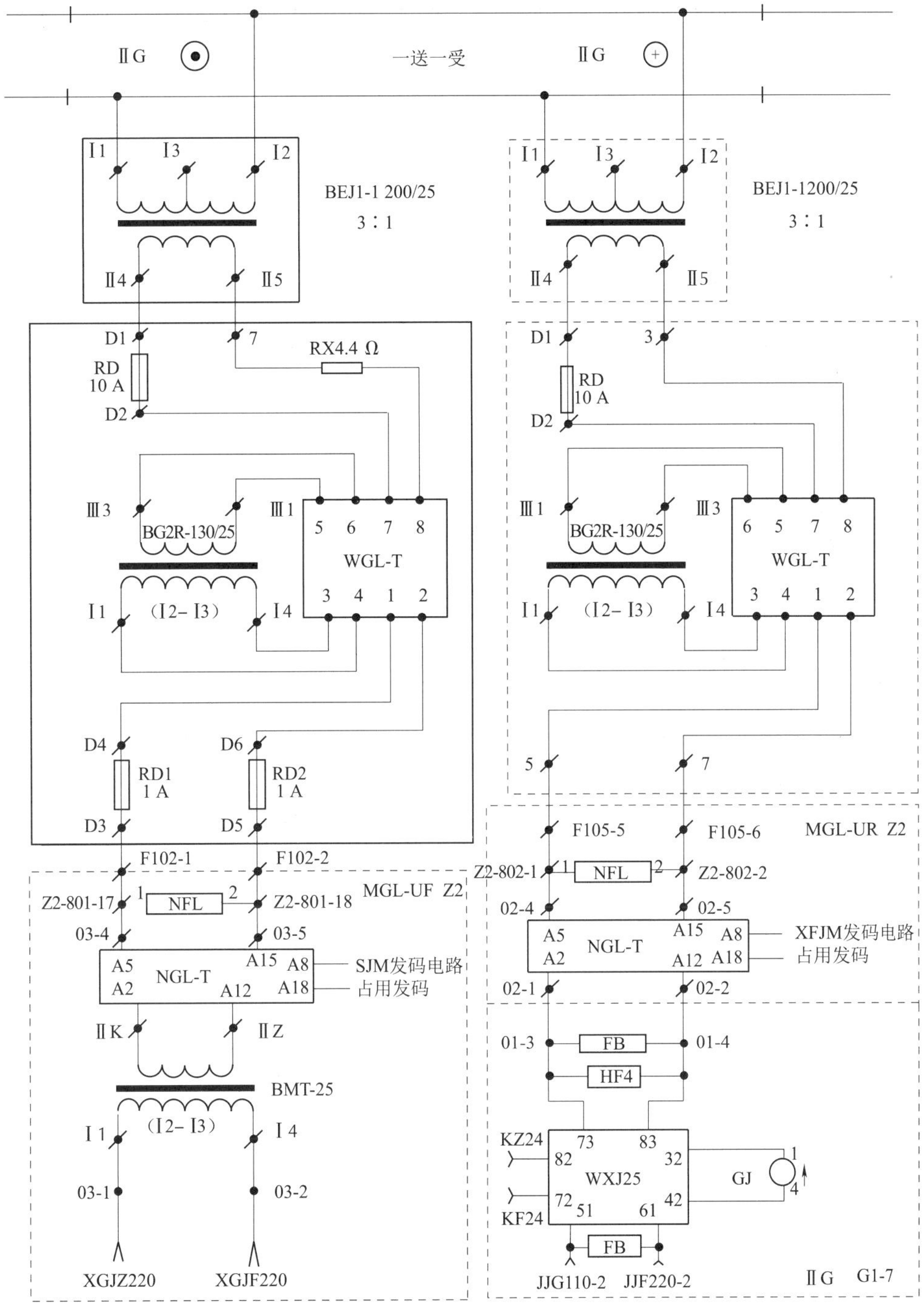

附图 3-3　25 Hz 相敏轨道电路图

4. 电气化非电码化高压脉冲轨道电路原理图(附图 3-4)

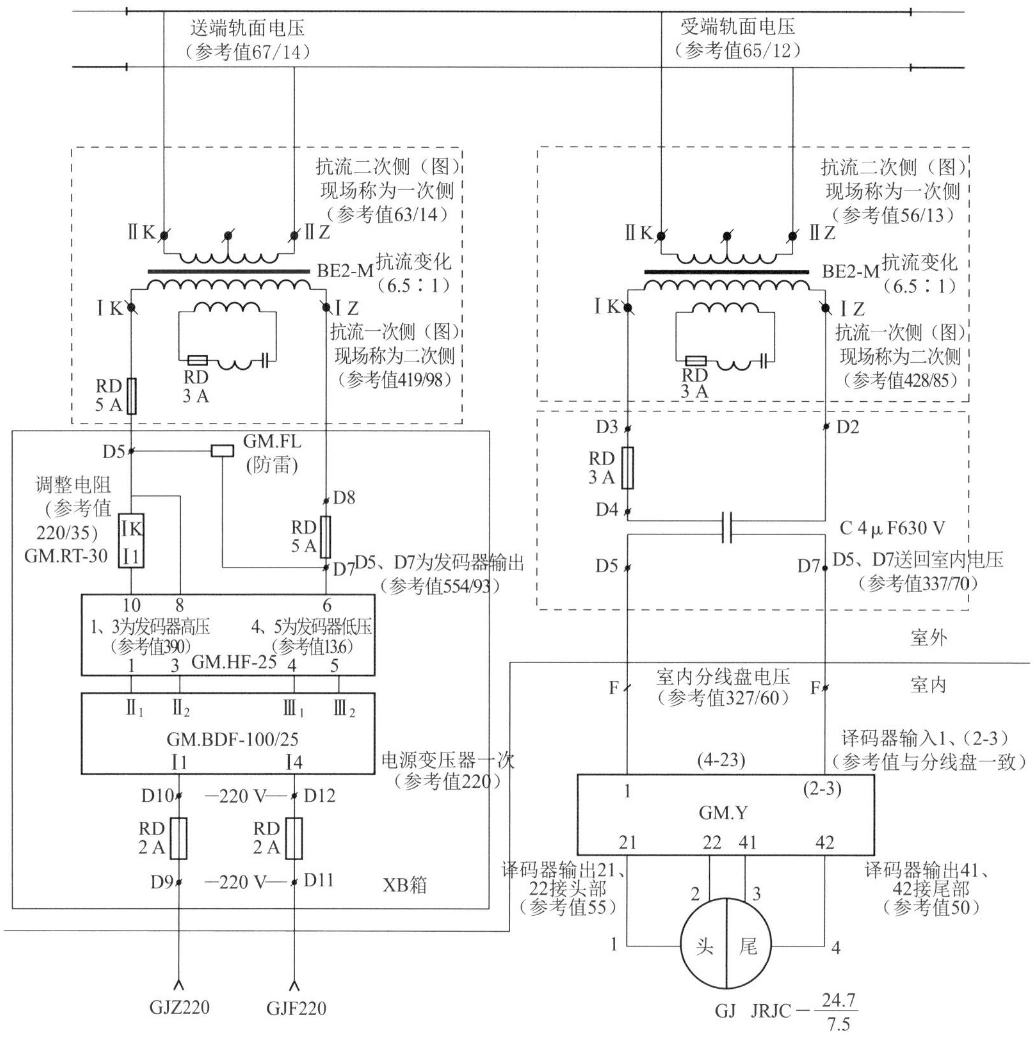

注：
1.电源变压器输出二次电压为300、400、500可调；电源变压器输出三次电压为12、14、16可调。
2.以上电压、及端子均为参考值，“/”前为头部电压，后为尾部电压；单位均为V。
3.发码器指示灯闪光频率为3次/s。
4.二元差动继电器工作电压头部不小于27 V，尾部不小于19 V。

附图 3-4 电气化非电码化高压脉冲轨道电路原理图(一送一受)

5. 电气化 ZPW-2000A 高压脉冲轨道电路原理图(附图 3-5)

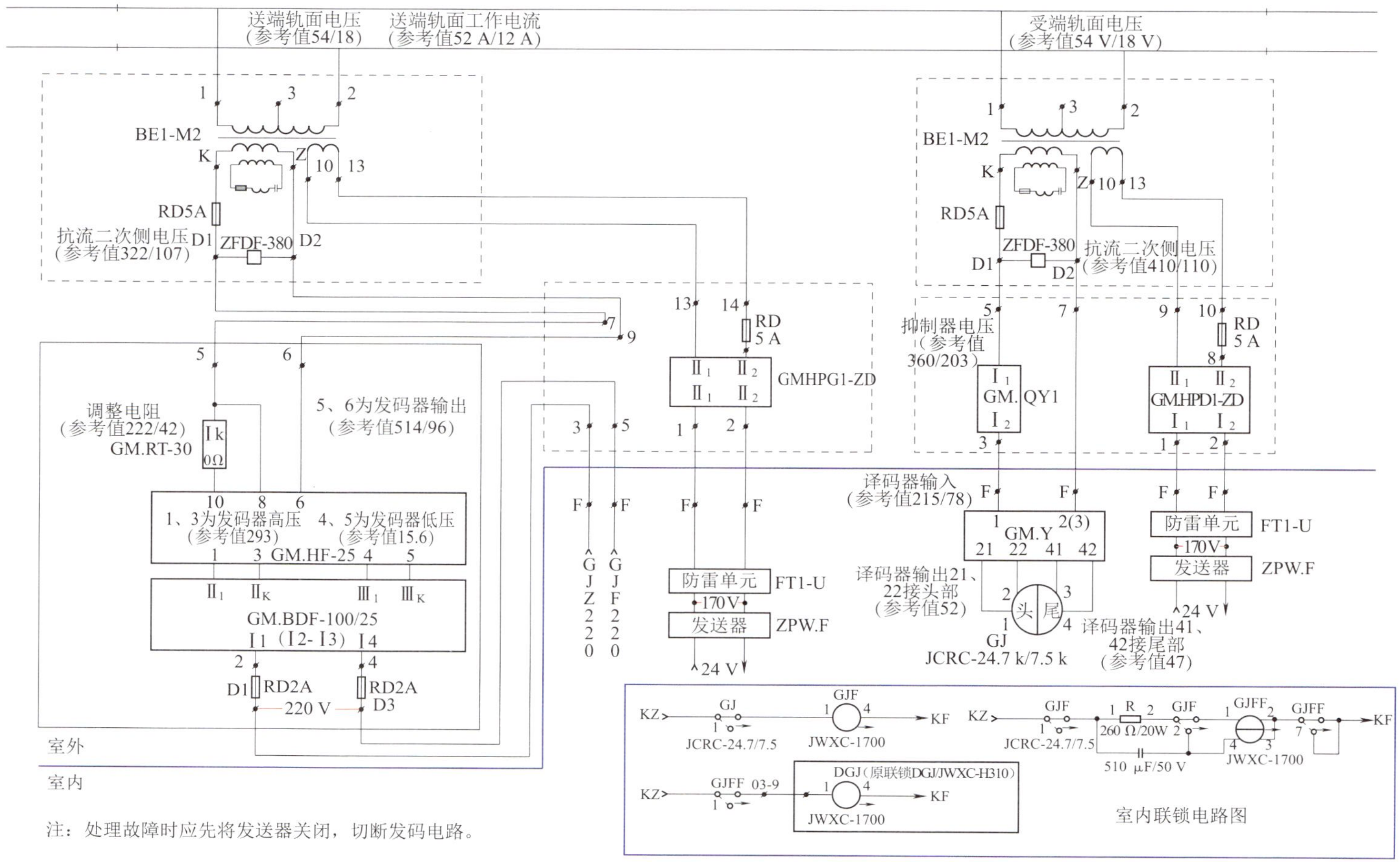

注：处理故障时应先将发送器关闭，切断发码电路。

附图 3-5 电气化 ZPW-2000A 高压脉冲轨道电路原理图(一送一受)

二、道岔电路原理图

1. 普通道岔(六线制)电路原理图(附图 3-6)

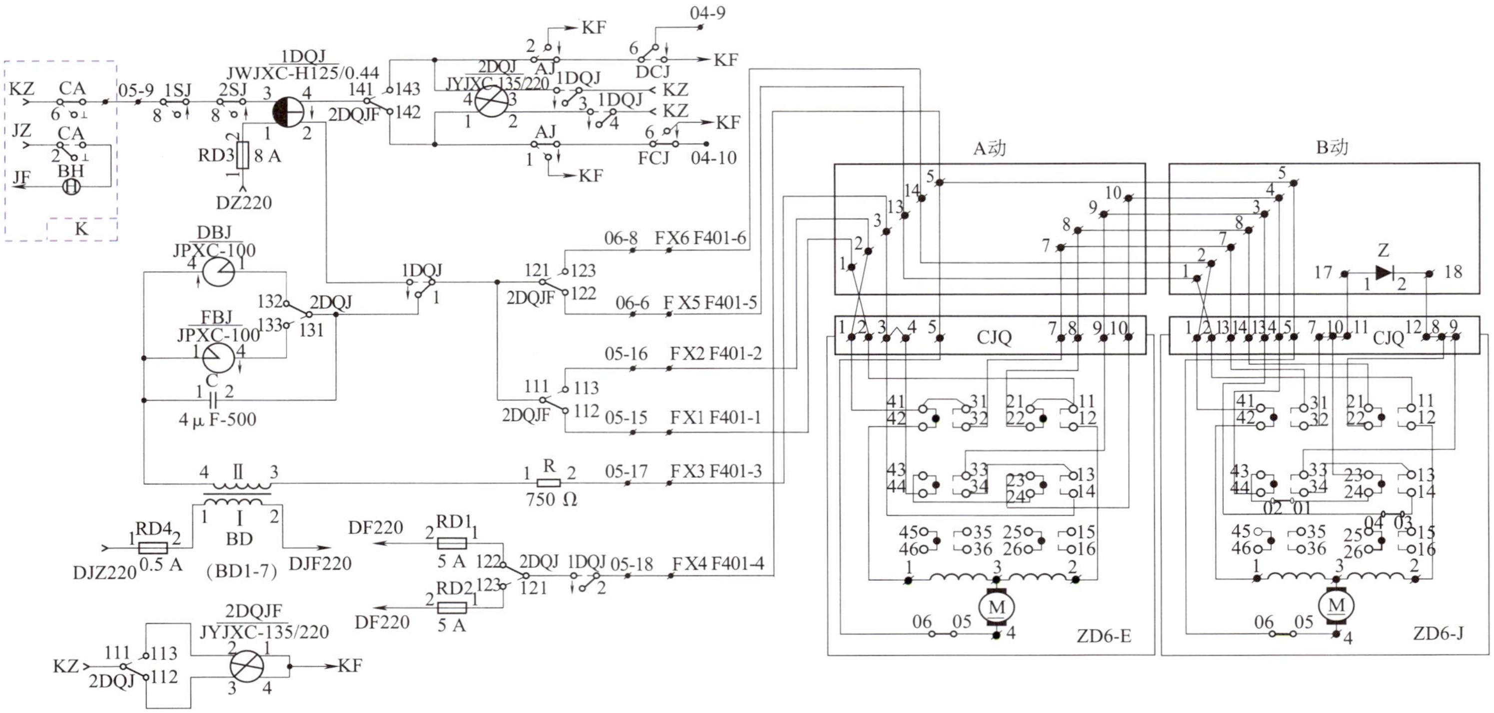

附图 3-6　六线制单动道岔电路电路图

2. 普通道岔(4线制)电路原理图(附图3-7)

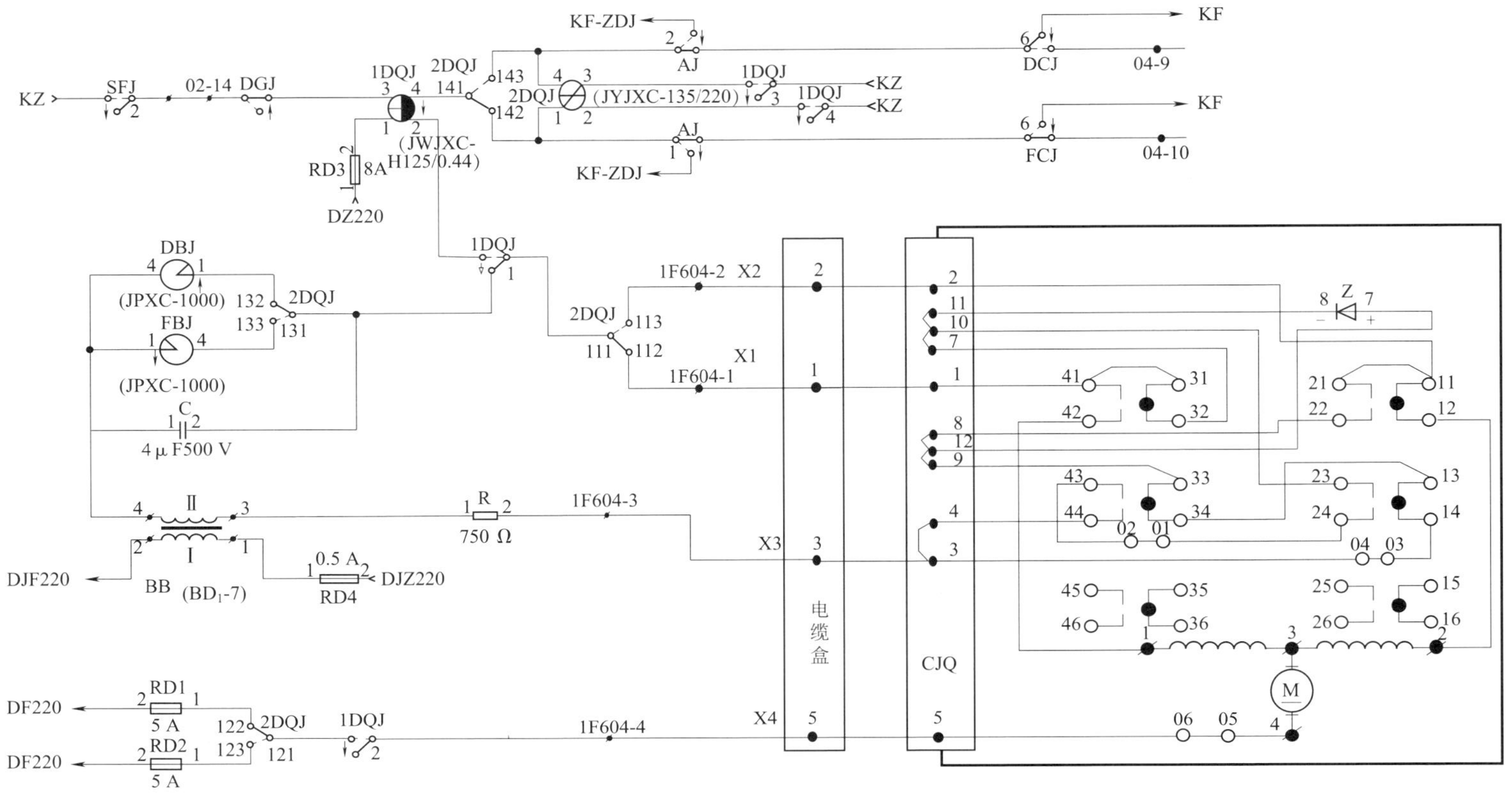

附图3-7 四线制单动道岔电路电路图

3. 五线制 S700K 牵引道岔控制电路原理图(附图 3-8 至附图 3-11)

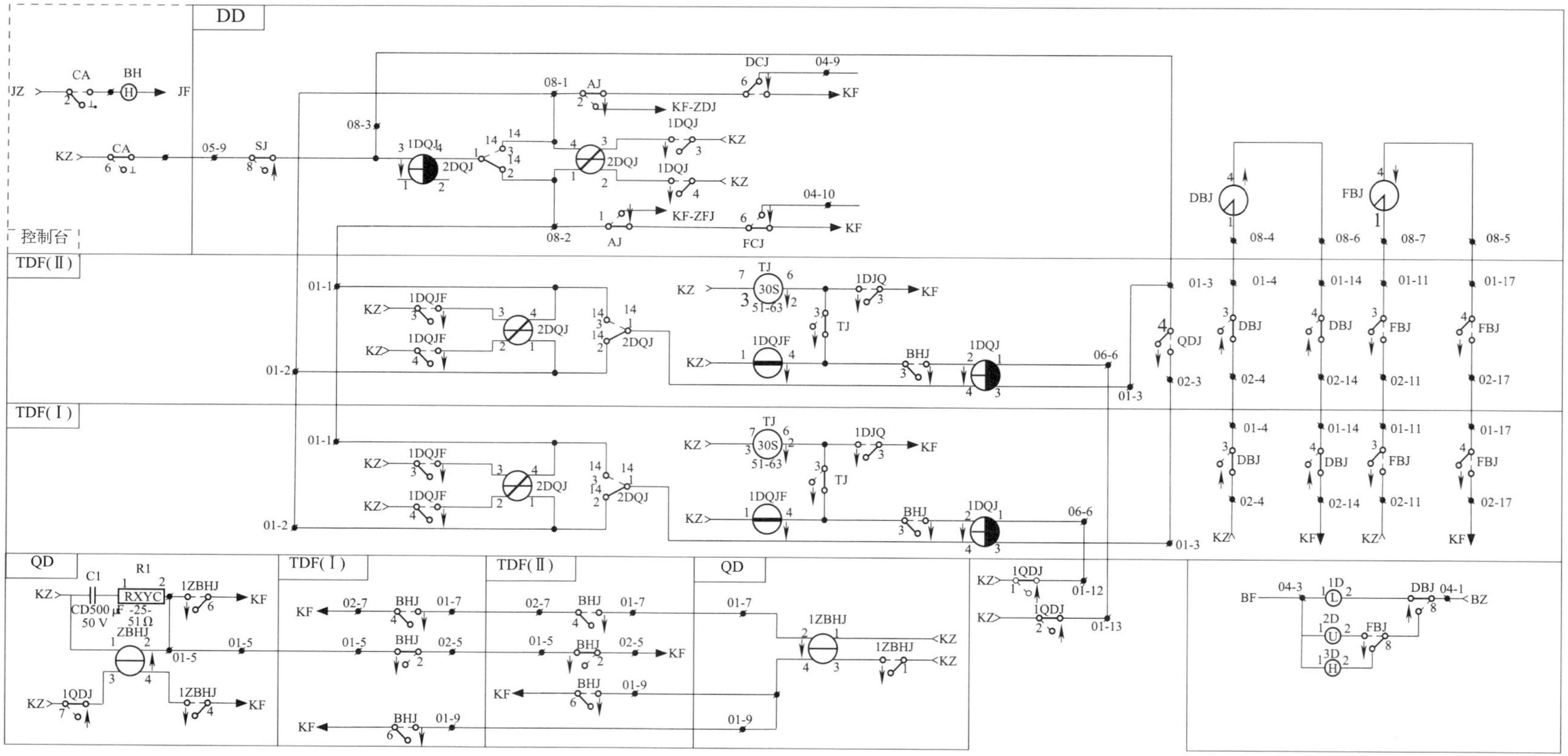

附图 3-8 灭火沟站原理图

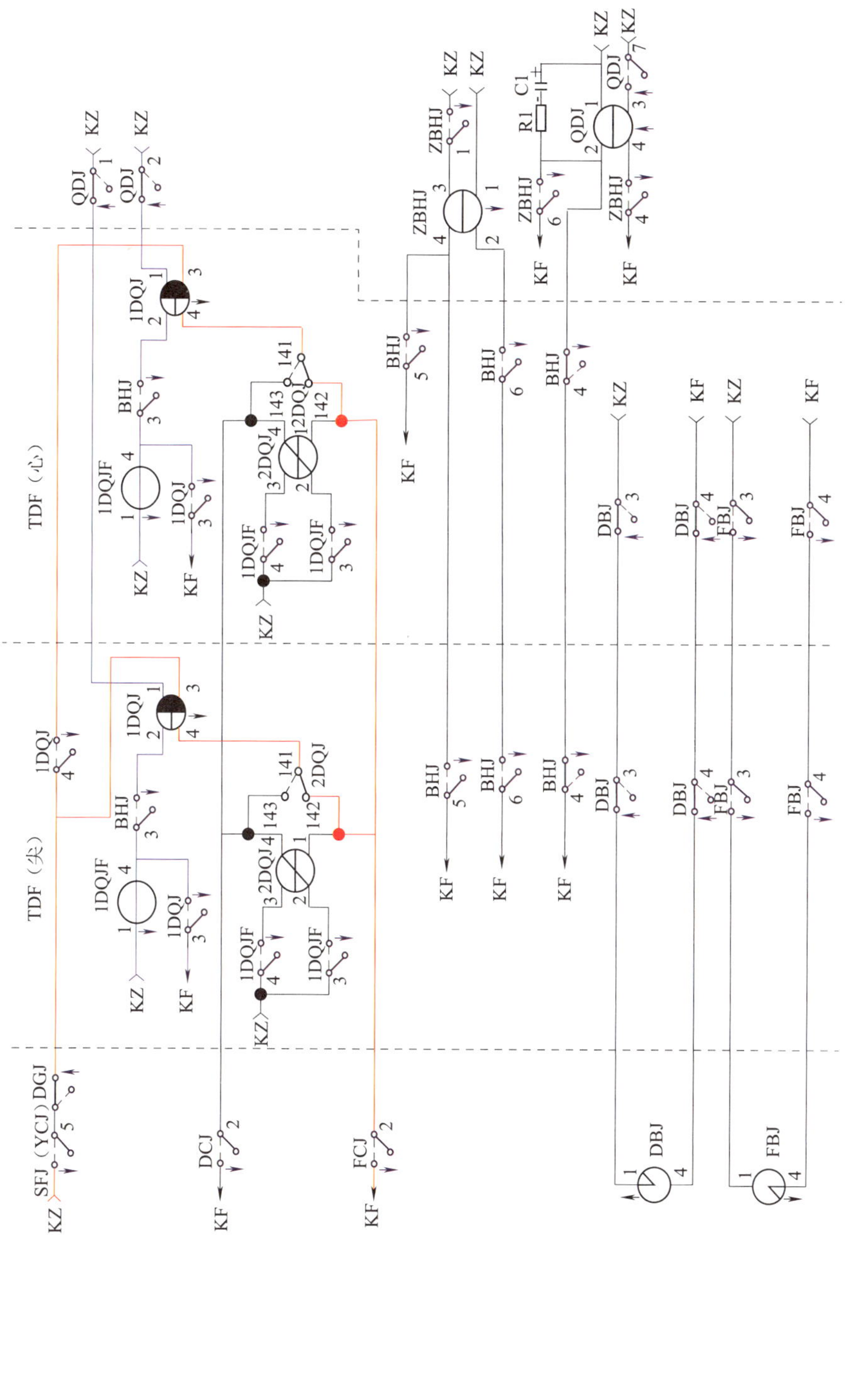

附图 3-9　S700K 道岔室内电路图

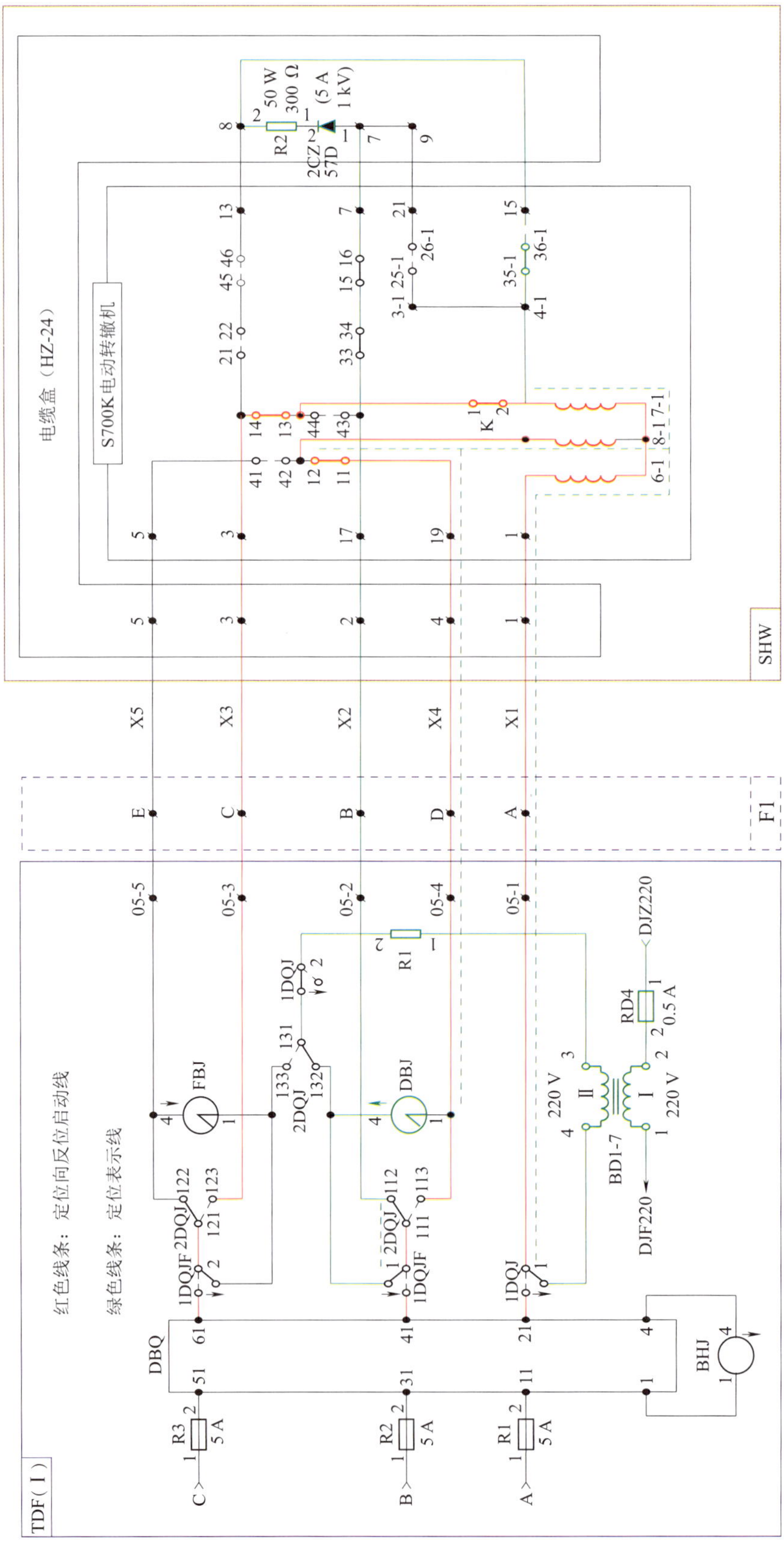

附图 3-10　1.3 闭合原理图

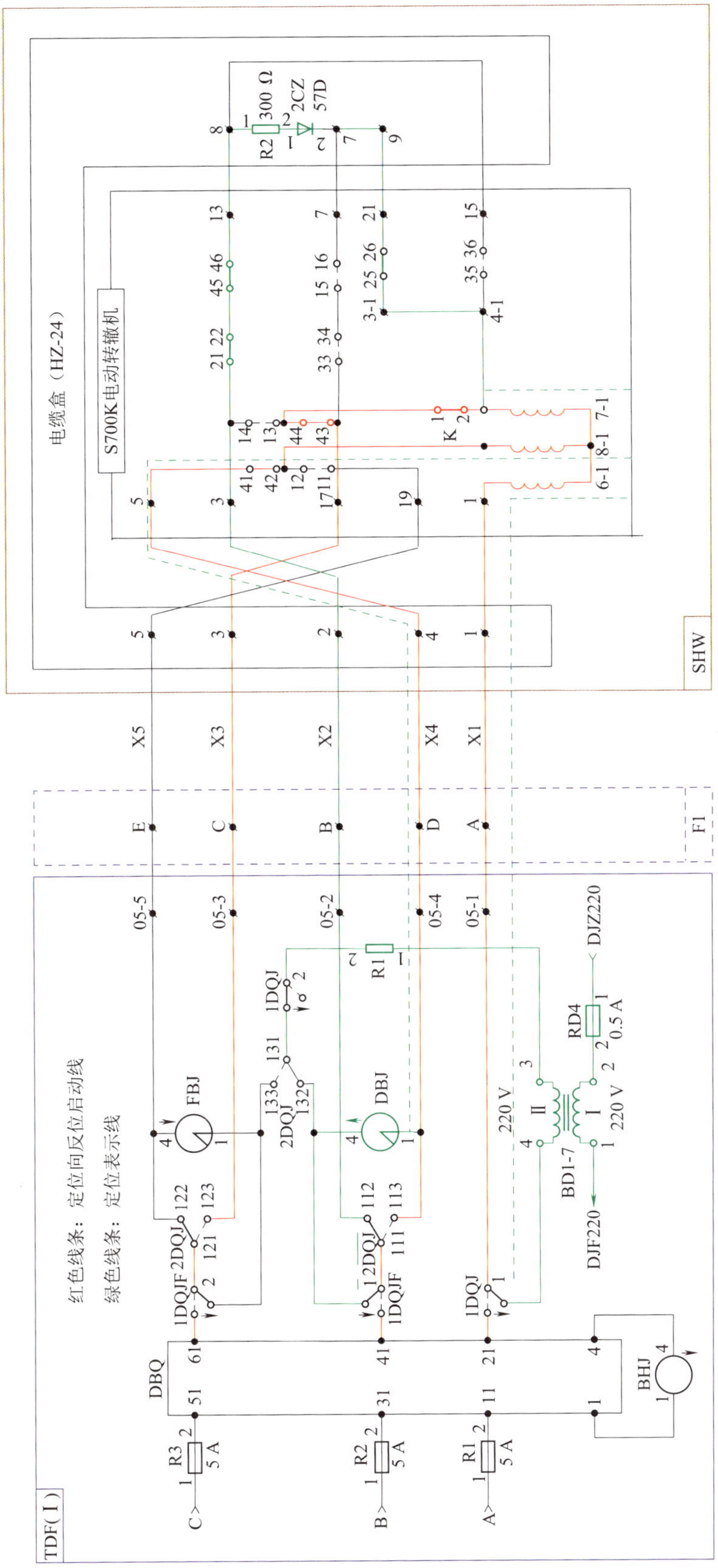

附图 3-11　2.4 闭合原理图

三、64D 半自动闭塞设备原理图和动作程序图(附图 3-12 至附图 3-14)

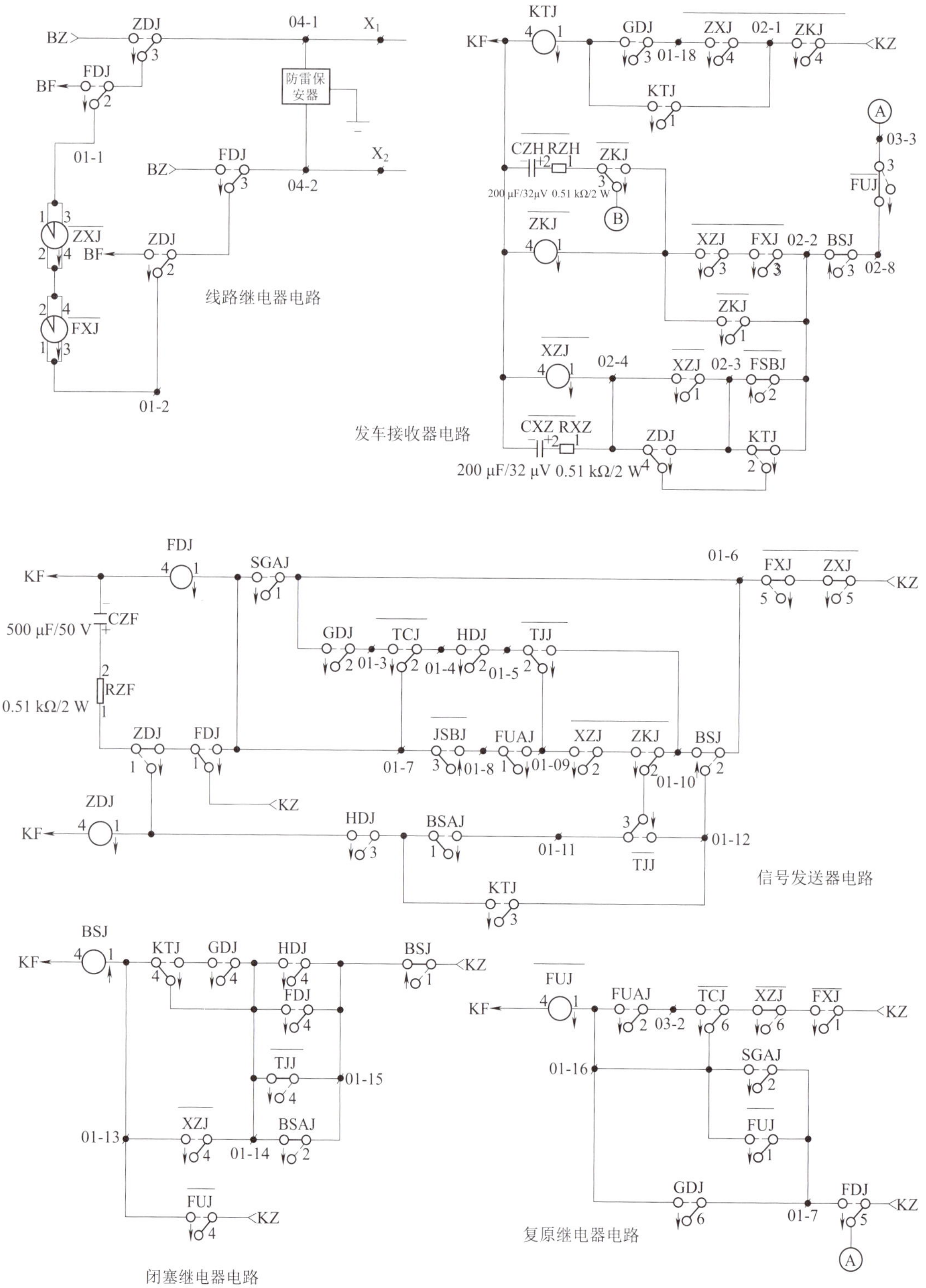

注：名称上加横线者为B2组合中的继电器

附图 3-12

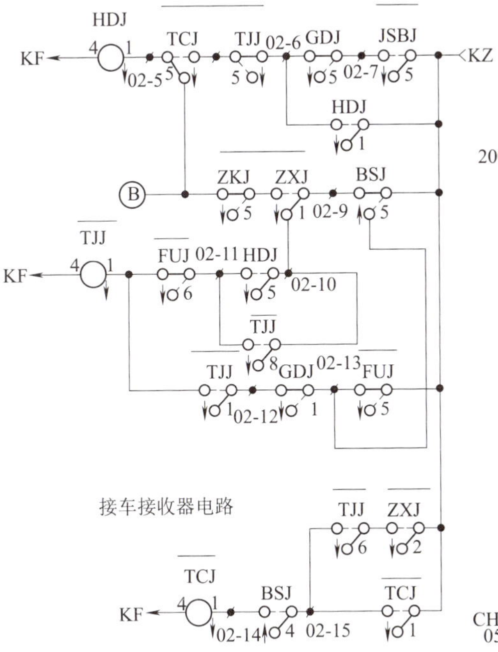

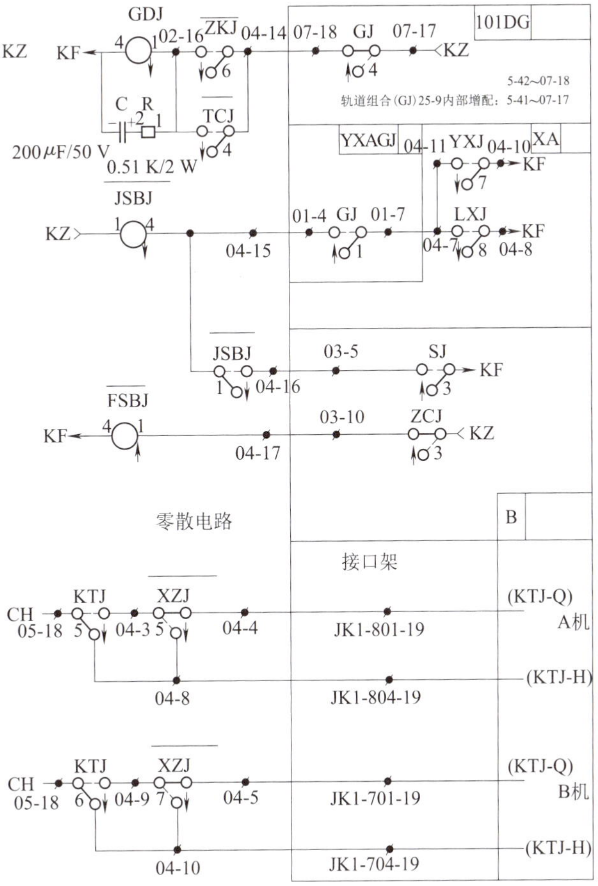

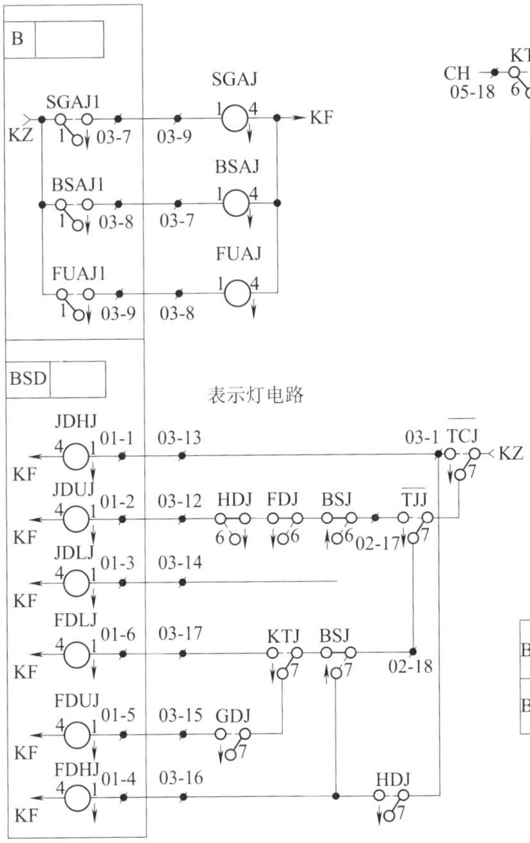

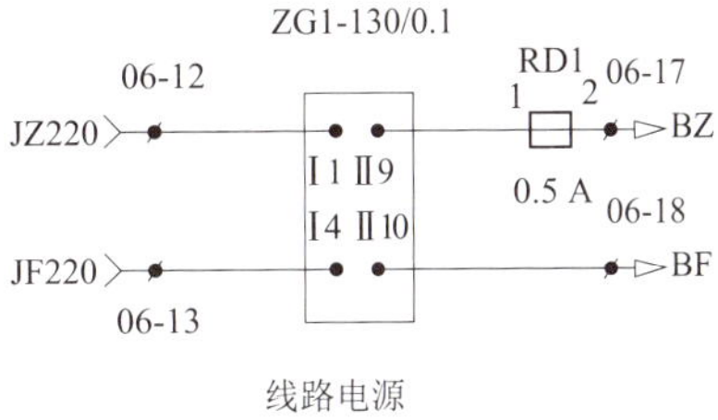

B1	HDJ BSJ KTJ ZDJ FDJ GDJ FUAJ SGAJ BSAJ ZG
B2	ZXJ FXJ FUJ ZKJ XZJ TJJ TCJ JSBJ FSBJ

注：名称上加横线者为B2组合中的继电器

附图 3-13

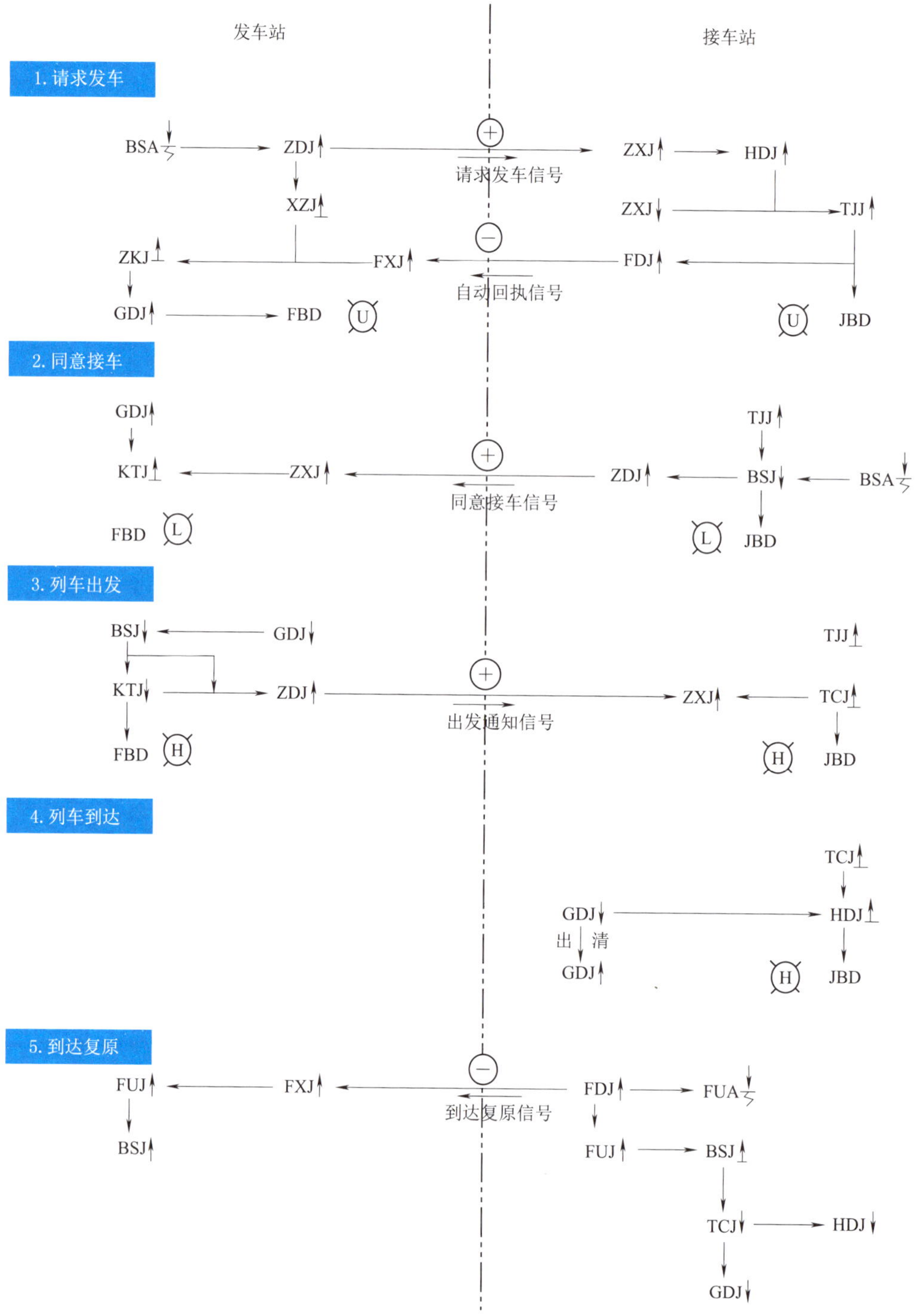

附图 3-14 64D 半自动闭塞继电器动作程序

四、信号机点灯电路原理图

1. 自闭单表示出站信号机点灯电路原理图(附图 3-15)

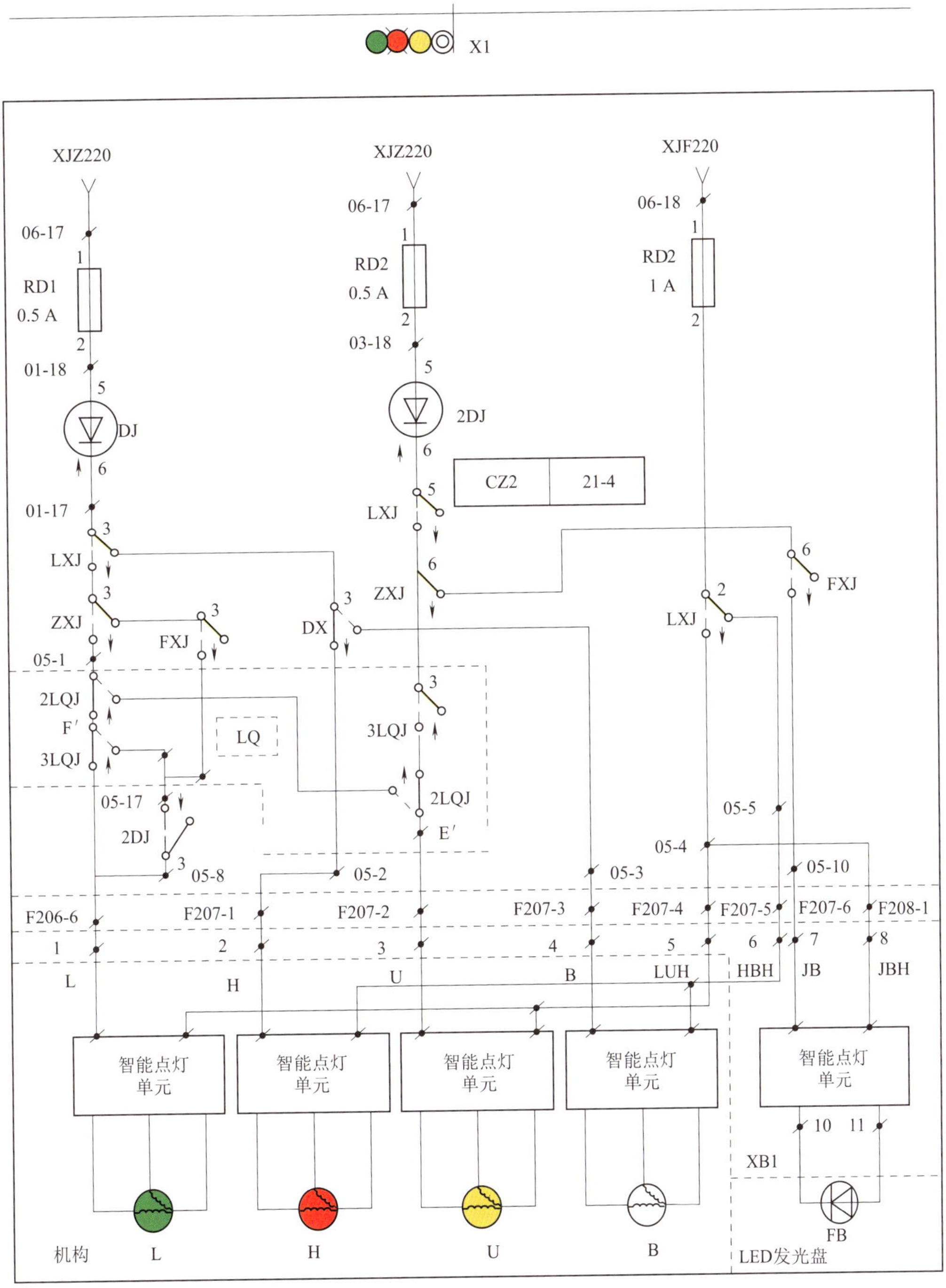

附图 3-15　自闭单表示出站信号机点灯电路原理图

2. 半自动出站信号机点灯电路原理图(附图 3-16)

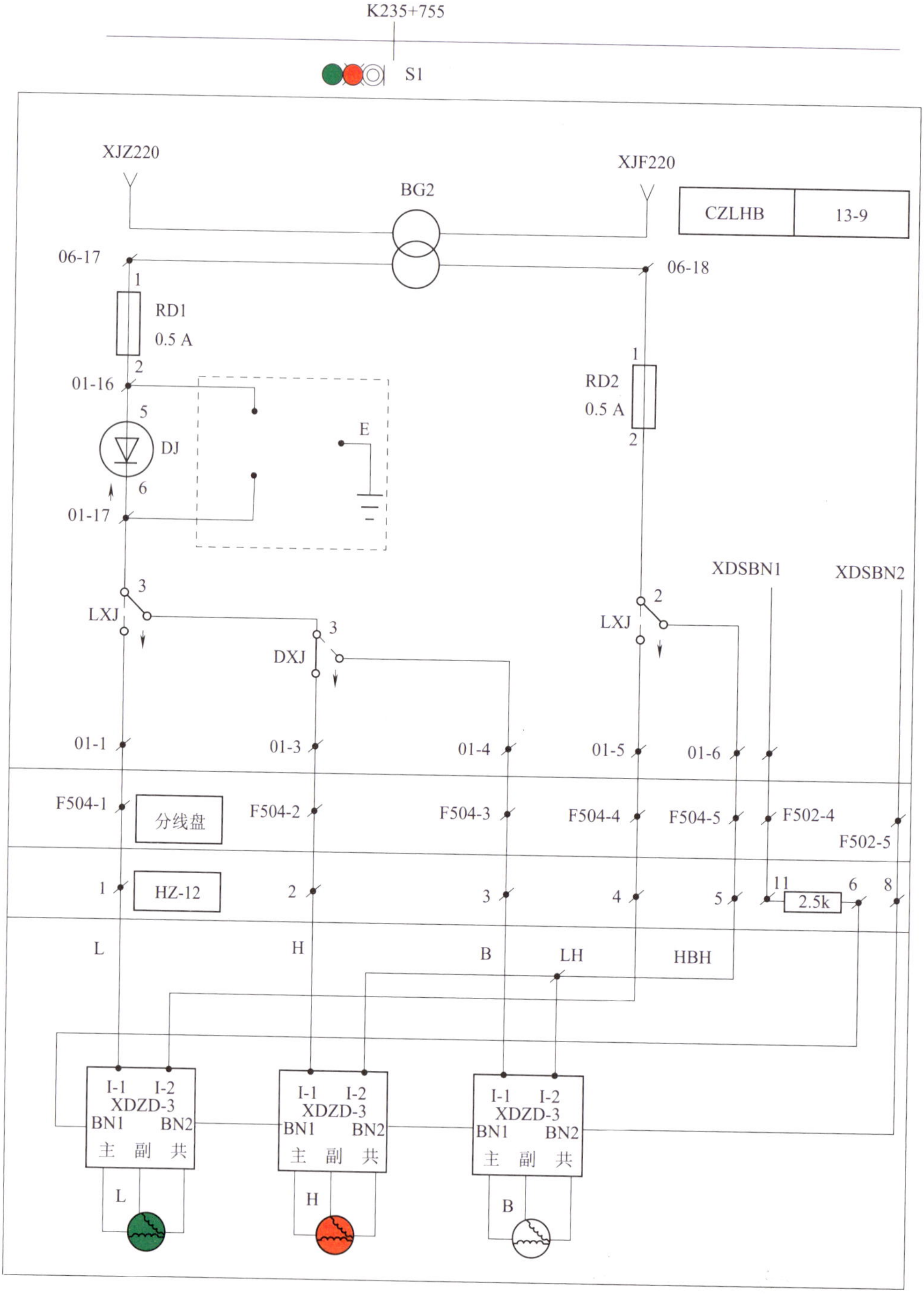

附图 3-16 半自动出站信号机点灯电路原理图

3. 通过信号机点灯电路原理图(附图 3-17)

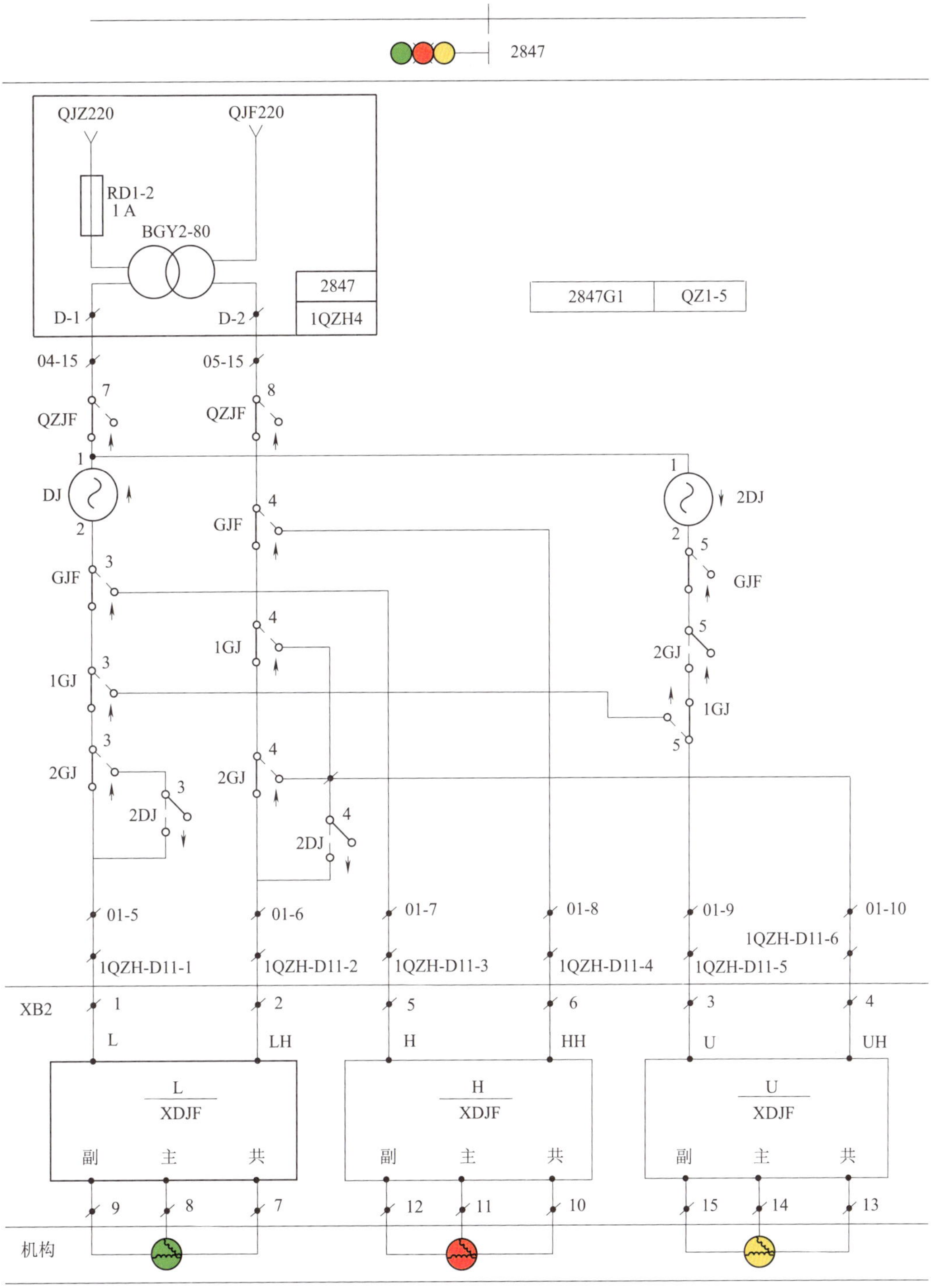

附图 3-17　通过信号机点灯电路原理图

4. 自闭正向进站信号机点灯电路原理图(附图 3-18)

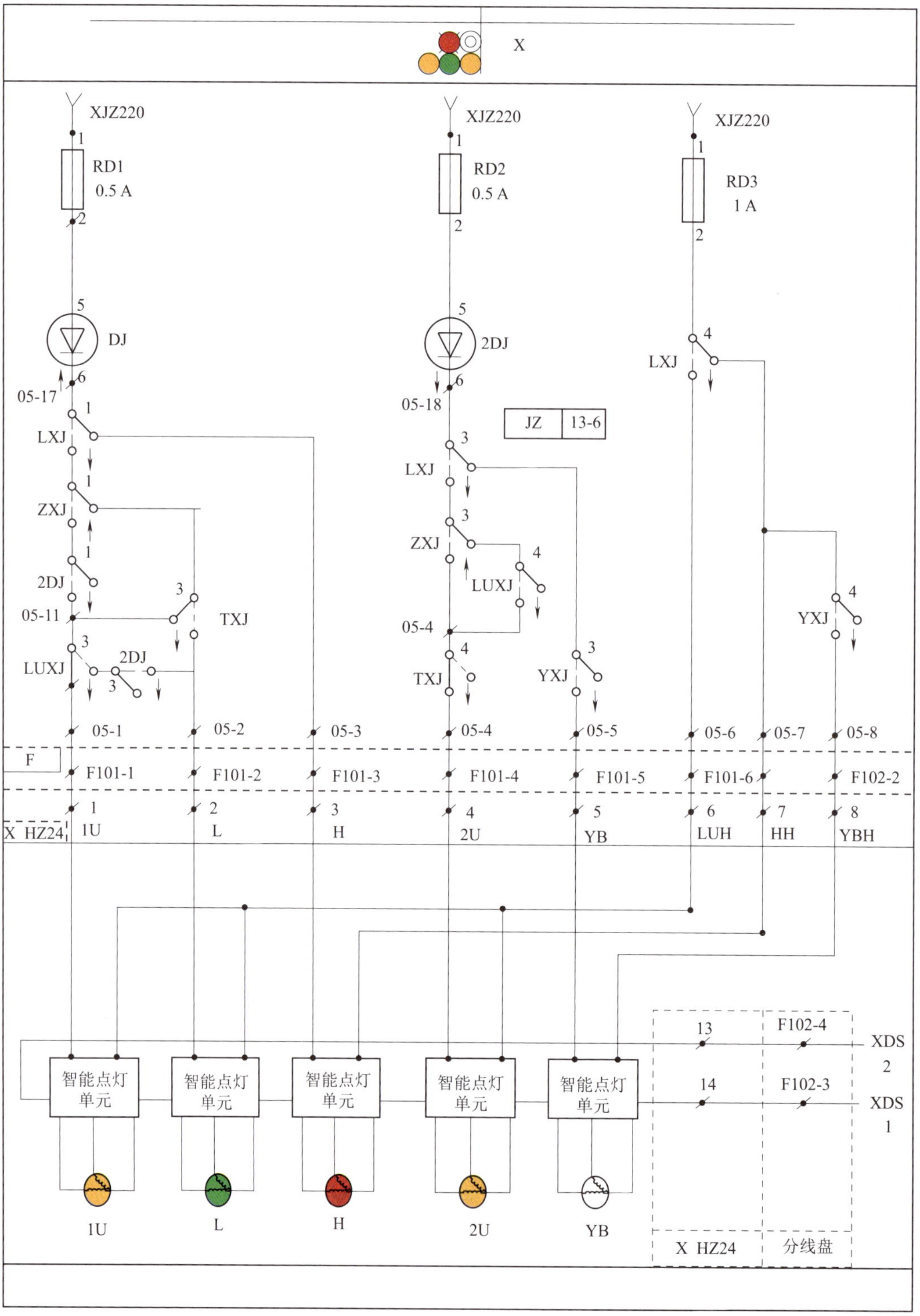

附图 3-18 自闭正向进站信号机点灯电路原理图

5. 自闭反方向进站信号机点灯电路原理图(附图 3-19)

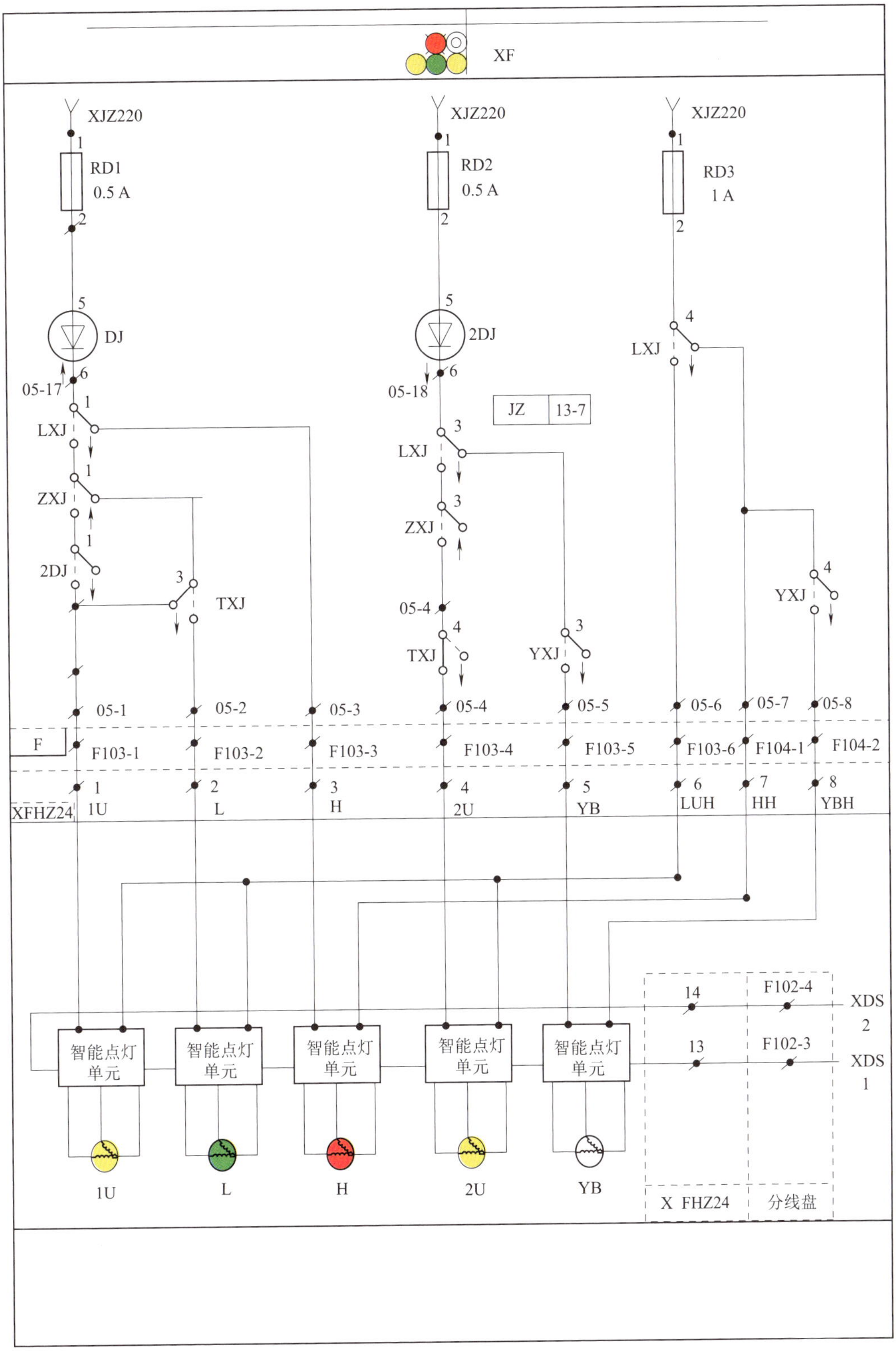

附图 3-19　自闭反方向进站信号机点灯电路原理图

6. 半自动进站信号机点灯电路原理图(附图 3-20)

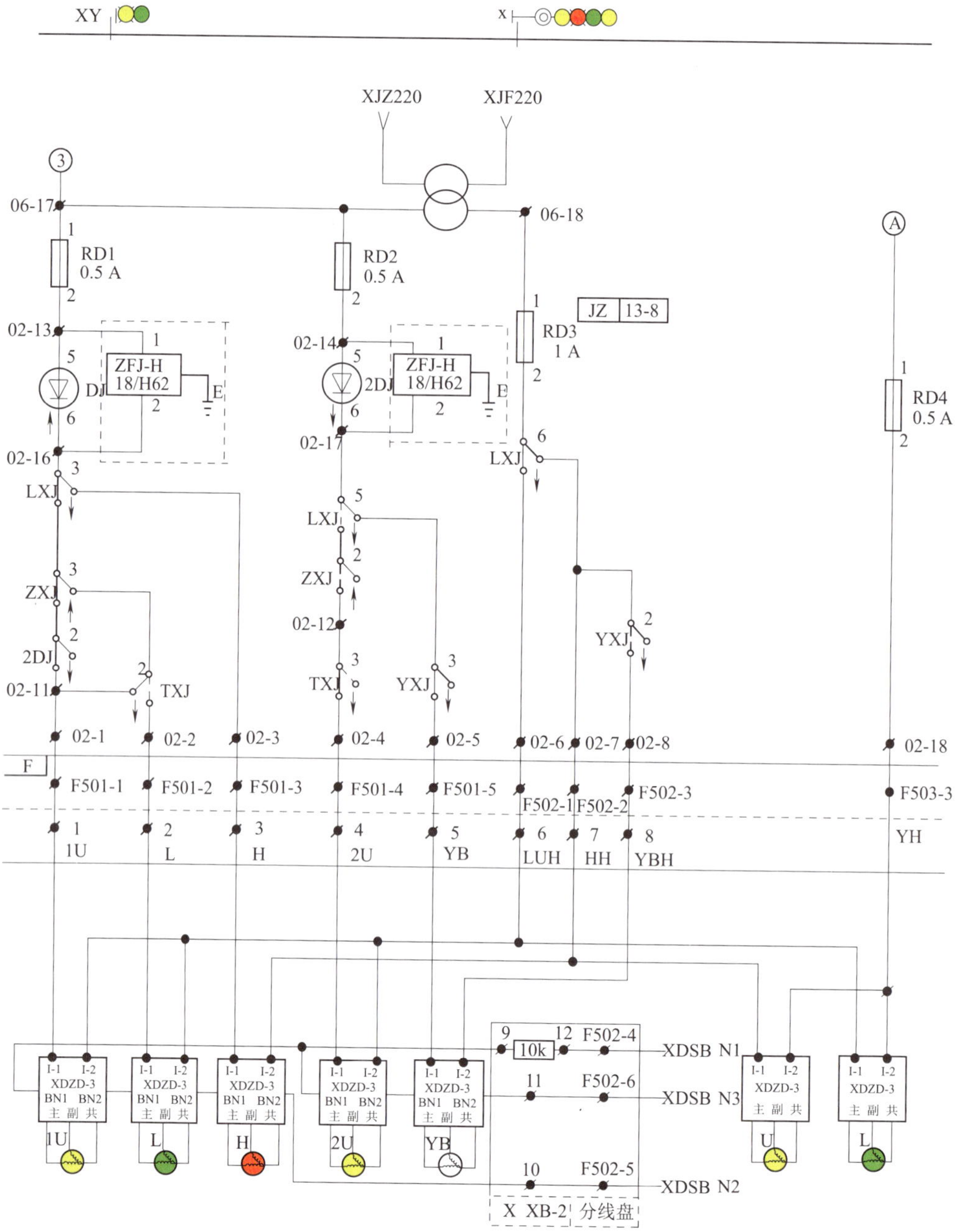

附图 3-20 半自动进站信号机点灯电路原理图